江西省教育厅规划项目（YY20101）成果
江西省社会科学基金项目（20YY10）成果
东华理工大学博士科研启动项目（DHBW2019326）成果
安徽省翻译品牌专业质量工程重点项目(2017ppzy22)成果

翻译学导论

吴 冰 著

中国科学技术大学出版社

内容简介

本书以翻译学所涉及的基本问题为主要研究内容,全面梳理和组织相关资料,以探究式学习为基本理念,以问题为引导,培养学习者的思辨能力、问题意识和探究精神。主要内容包括翻译的概念、翻译的参与者、翻译的类型、翻译的功能、翻译的过程、翻译的方法、翻译的理论、翻译的失误、翻译的批评、翻译的研究等内容。

本书适用于英语专业本科生、翻译专业本科生、翻译专业硕士生及其他相关行业人员学习与研究。

图书在版编目(CIP)数据

翻译学导论/吴冰著. —合肥:中国科学技术大学出版社,2022.4
ISBN 978-7-312-05327-6

Ⅰ. 翻…　Ⅱ. 吴…　Ⅲ. 翻译学—研究　Ⅳ. H059

中国版本图书馆 CIP 数据核字(2021)第 206300 号

翻译学导论
FANYI XUE DAOLUN

出版	中国科学技术大学出版社
	安徽省合肥市金寨路 96 号,230026
	http://press.ustc.edu.cn
	https://zgkxjsdxcbs.tmall.com
印刷	安徽省瑞隆印务有限公司
发行	中国科学技术大学出版社
开本	710 mm×1000 mm　1/16
印张	16
字数	301 千
版次	2022 年 4 月第 1 版
印次	2022 年 4 月第 1 次印刷
定价	68.00 元

前　言

从进入翻译研究这一领域开始，我陆续读了一些概述翻译问题的著作。学者们论域宽阔，不乏真知灼见，我跟随他们，游山览海，探珠拾贝。二十余年弹指间流过，我也逐渐拾阶而上，终有所感。

本书名为《翻译学导论》，意在帮助初涉翻译及翻译研究领域的学子对翻译学科及其研究有一个初步的了解。导论、概论类的著作不应该局限于已有定义，无需说那么多的"一定"，因为知识的真理性往往不是绝对的。此类著作应该是一个开放的组织，应该是一个可以容纳众声喧哗的剧场，这样，读者才能获得思考的空间，这也是教育的一大任务。但目前来看，更多的作者似乎更倾向于表达自己一家的观点和主张，以传道的方式著书立说。不能否认此类著作的价值，但俗话说"兼听则明"，我也深以为然，并尝试将这种"兼听"理念融入本书的撰写中去，围绕同一个问题展现不同的声音，是本书的一大特色。

本书既可以作为翻译领域研究者的科研资料，也可以作为翻译相关专业本科生、硕士生的教材或读本。章节后配有思考题，章节内容适合一个学期的课时安排。

本书共包含十章，涉及翻译的概念、参与者、类型、功能和过程，也涉及翻译的方法、理论、失误、批评和研究方法，尽量从不同方面展现各个论题，努力构建起一个"对话性"的文本，期待能够在"冲突"或"喧哗"中引发兴趣之光的"火花"，让思想之光华、人性之瑰丽不断启幕！法国作家帕斯卡说：人脆弱得像根芦苇，但他是会思考的"芦苇"。这里的"思考"应该是对真知的求索！

本书的写作和出版得到了中国科学技术大学出版社、安庆师范大学外国语学院、东华理工大学外国语学院等单位和领导的大力支持,我的好友和家人也给予了很多的帮助。我在此感谢他们!

　　虽然怀着美好的愿望,但鉴于本人学识有限、学养不足,加之时间有限、世事牵绊,书中浅陋之处自不待言,惟愿读者发砺思想,带着批判性思维来阅读!

吴　冰
2021年10月20日

目 录

前言 ……………………………………………………………… （ⅰ）

第一章 翻译的概念 ……………………………………………（001）

一、语言的局限性 ………………………………………………（003）

二、译者的心灵 …………………………………………………（004）

三、翻译是一个复杂的对立统一体 ……………………………（005）

四、翻译与阐释 …………………………………………………（006）

五、语言的内容与形式 …………………………………………（007）

六、象、寄、译与狄鞮 …………………………………………（008）

七、翻译、格义与反向格义 ……………………………………（009）

八、翻译、语言转换与符号转换 ………………………………（011）

九、翻译的主观性、创造性与艺术性 …………………………（012）

十、定义翻译 ……………………………………………………（015）

问题与思考 ………………………………………………………（021）

第二章 翻译的参与者 …………………………………………（023）

一、作者的本意 …………………………………………………（025）

二、作者的风格 …………………………………………………（029）

三、译者的职责 …………………………………………………（031）

四、译者的目的 …………………………………………………（038）

五、赞助人的影响 ………………………………………………（040）

六、译文读者的类型 …………………………………………（043）
　　七、译文读者是如何参与到翻译中的？ ……………………（043）
　　八、主体间性 …………………………………………………（045）
　　问题与思考 ……………………………………………………（047）

第三章　翻译的类型 ………………………………………………（049）
　　一、语内翻译、语际翻译和符际翻译 ………………………（051）
　　二、口译、笔译和机器翻译 …………………………………（053）
　　三、文学翻译、科技翻译和广告翻译 ………………………（056）
　　四、全译、节译、摘译、编译、译述和译写 ………………（057）
　　问题与思考 ……………………………………………………（061）

第四章　翻译的功能 ………………………………………………（063）
　　一、诗歌翻译的情感传递功能 ………………………………（065）
　　二、翻译的外交功能 …………………………………………（067）
　　三、翻译的宗教传播功能 ……………………………………（069）
　　四、引进新的文学形式 ………………………………………（072）
　　五、革新思想观念 ……………………………………………（075）
　　问题与思考 ……………………………………………………（076）

第五章　翻译的过程 ………………………………………………（077）
　　一、翻译过程中的几个重要环节 ……………………………（079）
　　二、翻译过程中的理解 ………………………………………（081）
　　三、翻译过程中的表达 ………………………………………（085）
　　四、译者的认知识解对翻译过程的影响 ……………………（092）
　　五、译者的文化态度与目的对翻译过程的影响 ……………（102）
　　六、读者对翻译过程的影响 …………………………………（107）
　　七、社会文化与意识形态因素对翻译过程的影响 …………（108）
　　八、翻译思想与理论对翻译过程的影响 ……………………（109）

问题与思考 …………………………………………………… (111)

第六章　翻译的方法 …………………………………………… (113)
　　一、英汉对比与英汉互译的方法 ……………………………… (115)
　　二、直译、意译、音译与形译 ………………………………… (123)
　　三、归化翻译与异化翻译 ……………………………………… (127)
　　四、形式对应与动态对等 ……………………………………… (129)
　　五、深度翻译与浅层翻译 ……………………………………… (132)
　　问题与思考 …………………………………………………… (136)

第七章　翻译的理论 …………………………………………… (137)
　　一、中国传统译论 ……………………………………………… (139)
　　二、中国近现代译论 …………………………………………… (142)
　　三、西方传统译论 ……………………………………………… (146)
　　四、西方现当代译论 …………………………………………… (148)
　　问题与思考 …………………………………………………… (165)

第八章　翻译的失误 …………………………………………… (167)
　　一、遭遇"伪空白" ……………………………………………… (169)
　　二、时间维错位 ………………………………………………… (170)
　　三、空间维错位 ………………………………………………… (171)
　　四、人物维错位 ………………………………………………… (173)
　　五、事件维错位 ………………………………………………… (176)
　　六、语言维失误 ………………………………………………… (177)
　　七、文化维失误 ………………………………………………… (180)
　　八、句子内部关系处理不当的翻译失误 ……………………… (182)
　　九、群体性翻译失误 …………………………………………… (184)
　　十、有意误译 …………………………………………………… (187)
　　十一、哲学阐释学视角看误读 ………………………………… (188)

问题与思考 …………………………………………………… (193)

第九章　翻译的批评 ……………………………………………… (195)
　　一、翻译批评的定义 …………………………………………… (197)
　　二、翻译批评的主体 …………………………………………… (198)
　　三、翻译批评的客体 …………………………………………… (201)
　　四、翻译批评依据的标准 ……………………………………… (204)
　　五、翻译批评的实施方法 ……………………………………… (208)
　　六、翻译批评实例一 …………………………………………… (209)
　　七、翻译批评实例二 …………………………………………… (211)
　　八、翻译批评实例三 …………………………………………… (213)
　　九、翻译批评实例四 …………………………………………… (214)
　　问题与思考 …………………………………………………… (215)

第十章　翻译的研究 ……………………………………………… (217)
　　一、翻译学科的常用研究方法 ………………………………… (219)
　　二、以研究对象为核心的翻译研究 …………………………… (229)
　　三、翻译研究实施 ……………………………………………… (234)
　　问题与思考 …………………………………………………… (238)

参考文献 ……………………………………………………………… (239)

第一章

翻译的概念

第一章

何谓翻译？对这个问题的回答古今中外可谓纷纭，一方面是由于翻译本身的多面性，另一方面则源于人们对翻译的多样化认知。鉴于人们往往是从某一个角度出发来认识事物，其视角决定了他们的见与不见，因此每种定义方法都有可取之处，也同样都有其局限性。完全肯定或否定某种定义的方法往往是狭隘的表现，重要的是从不同的定义中看到翻译的不同侧面，看到人们对翻译的认识不断深化和扩展的方向与维度。

一、语言的局限性

语言具有局限性，它无法完全涵盖或表达出实存世界，也无法完整准确地表达人的思想世界。如果翻译仅仅被认为是语言文字的转换，那它的局限性就更加明显。

《周易·系辞上》有：

子曰："书不尽言，言不尽意。"

书册是记录语言的，但它不能把所有的语言都记录下来；语言是表达思想的，但它无法把人的所有思想完整表达出来。（金景芳，吕绍刚，2005）

《道德经》有：

道可道，非常道。名可名，非常名。（第1章）

从语言和翻译的角度看，老子在这两句话里指出了语言的局限性，即人类所使用的语言无法完全恰当地展现所要表达的思想或事物。这同时对翻译提出了重大挑战——翻译究竟是在翻译什么？翻译究竟能多大程度地表达原作？又有多少意涵会在翻译中丢失？

二、译者的心灵

译者作为连接原作和译文读者的桥梁以及沟通两种文化的信使,该以何种态度参与这场跨文化、跨时空的交流?

《道德经》有:

故常无欲,以观其妙。常有欲,以观其徼。(第1章)

这两句在某种意义上回答了"道可道,非常道。名可名,非常名"所导致的问题。译者如果能够排除翻译中私杂的欲念,就能看到原作意蕴的精妙。而怀揣某些欲念看到的则是它的现实的、应景的功用。

《道德经》有:

吾所以有大患者,为吾有身。(第13章)

以这一句来解释翻译问题就是:译者太过于看重自己(总是想在翻译中表现自己),会对翻译带来大的危害。

《道德经》有:

古之善为士者,微妙玄通,深不可识。夫唯不可识,故强为之容;豫兮若冬涉川;犹兮若畏四邻;俨兮其若客;涣兮其若释;敦兮其若朴;旷兮其若谷;混兮其若浊;孰能浊以静之徐清?孰能安以久动之徐生?保此道者,不欲盈。夫唯不盈,故能蔽而新成。(第15章)

好的译者应该有深厚的知识储备,在翻译的过程中要非常谨慎小心。如何能在翻译中做到谨慎小心呢?就是要保守"不盈",保持虚静的状态,从而获得对翻译对象的客观认识。

《道德经》有:

人法地,地法天,天法道,道法自然。(第25章)

"道法自然"是老子哲学的重要思想,"道"以"自然"为法则,这里的"自然"即

"无为",不带任何目的、纯任自然。于翻译来讲,所谓自然应该是依据源语和目标语各自的特点,做到地道翻译、出神入化,类似于钱锺书所说的"化境",避免牵强生硬。从更高的层面上讲,翻译还涉及译者的伦理意识。老子倡导的是处下哲学,以此为指导则意味着译者要尊重原作,不能凌驾、超越和恣意改动原作。

《道德经》有:

为者败之,执者失之。(第29章)

不遵守"道法自然"的人就会有意地去"有所作为",去强做不该做的事,最终导致失败、损失。翻译也是这样,译者应以此为戒!

《道德经》有:

无欲以静,天下将自定。(第37章)

此句意思与前两句类似,可相互解释。

三、翻译是一个复杂的对立统一体

凡事皆有两面,翻译尤其如此。

《道德经》有:

万物负阴而抱阳,冲气以为和。(第42章)

万物皆有"阴""阳"两面,二者相互碰撞交融则能产生和谐状态,生化出新的事物。翻译也是这样一个复杂的对立统一体,它包含许多对立面,如原作与译作、作者与译者、科学性与艺术性、形式与内容、直译与意译、归化与异化、文与质等,这些对立面的交融生化则会产生翻译的"和"状态。

《道德经》有:

故有无相生,难易相成,长短相形,高下相倾,音声相和,前后相随。是以圣人处无为之事,行不言之教。(第2章)

于翻译来说,原作有其浑然天成之特征,译者应当体悟到原文作为独立语篇其内在的天然肌理与外在语境之间的自然呼应,尊重原作的特点,以"无为"为翻译的基本理念,尽量保持原作的特色,不恣意妄为地随意改动。

《道德经》有:

故有之以为利,无之以为用。(第11章)

老子哲学的超绝之处在于能观他人所不观。一般人看中"有"的好处,但他却能发现"无"的妙用。翻译中也常常会有"无"的妙用,出于语篇的照应、语义的粘连,以不译或省译来处理反倒会取得更好的翻译效果。

四、翻译与阐释

"在翻译过程中,任何一种解释的过程和结果都是译者和文本共同作用的结果,文本的开放性和译者的历史性共同导致了翻译过程和翻译结果不可避免地具有解释性。"(朱健平,2007)翻译具有阐释性,但是翻译不能等同于阐释,过度阐释是翻译的大忌。

《道德经》有:

多言数穷,不如守中。(第5章)

译作经常会有明晰化倾向,译者常常将自己定位为解释者,虽然翻译本身包含着解释的成分,但是并非任何原作都需要阐释。苏珊·桑塔格说:"在现代大多数情形中,阐释无异于庸人们拒绝艺术作品的独立存在。真正的艺术能使我们感到紧张不安。通过把艺术作品消减为作品的内容,然后对内容予以阐释,人们就驯服了艺术作品。阐释使艺术变得可被控制,变得顺从。"(苏珊·桑塔格,2003)艺术品是需要体验的,它会在阐释中失去其艺术性,优秀的文学作品、哲学典籍同样属于艺术品,不当的阐释是对原作的伤害。当然阐释还有另外一面,苏珊·桑塔格还说:"在某些文化语境中,阐释是一种解放的行为。它是改写和重估死去的过去的一种手段,是从死去的过去逃脱的一种手段。在另一些文化语境中,它是反动的、荒谬的、怯懦的和僵化的。"(苏珊·桑塔格,2003)因此,阐释之道在于"守中"。道

家的"守中"不同于儒家不走极端的"中正"之道,而是意味着保守住天地间虚静的状态,也即"无为"。

译者如果在阐释中不能够"守中"又会怎么样呢?钱锺书《林纾的翻译》有:

林纾反复说外国小说"处处均得古文义法","天下文人之脑力,虽欧亚之隔,亦未有不同者",又把《左传》《史记》等和迭更司、森彼得的叙事来比拟,并不是在讲空话。他确按照他的了解,在译文里有节制地掺进评点家所谓"顿荡""波澜""画龙点睛""颊上添毫"之笔,使作品更符合"古文义法"。一个能写作或自信能写作的人从事文学翻译,难保不象(像)林纾那样的手痒,他根据自己的写作标准,要充当原作者的"诤友",自以为有点铁成金或以石攻玉的义务和权利,把翻译变成借体寄生的、东鳞西爪的写作。在各国翻译史里,尤其在早期,都找得着可和林纾作伴的人。正确认识翻译的性质,严肃执行翻译的任务,能写作的翻译者就会有克己工夫,抑止不适当的写作冲动,也许还会鄙视林纾的经不起引诱。但是,正象(像)背着家庭负担和社会责任的成年人偶而(尔)羡慕小孩子的放肆率真,某些翻译家有时会暗恨自己不能像林纾那样大胆放手的,我猜想。(钱锺书,1985)

钱锺书指出了译者和原作的关系,定位了翻译者的工作职责,译者应当能够在翻译中"克己奉译"。如果有了一定的语言功底、写作能力,就要"手痒"不止,非要在翻译中加入一己之私,将翻译变成可供"寄生"的对象,于翻译来讲实为不当。钱锺书还以一位文学史家的话来批评此现象,他说:"有一位文学史家说,译本愈糟糕愈有趣:我们对照着原本,看翻译者如何异想天开,把胡猜乱测来填补理解上的空白,无中生有,指鹿为马,简直像一位'超现实主义'诗人的作风。"(钱锺书,1985)

五、语言的内容与形式

同样的内容可有不同的表达形式,二者之间可以协调一致,也可以相互背离。形式并非毫无意义,特殊的形式有特殊的意义。过分华美的语言形式往往适得其反。

《道德经》有:

信言不美,美言不信。(第81章)

"信言"是由衷之言,"美言"是巧言,前者虽不华美但却可信,后者虽华美却不可信。老子在此论述了语言的内容与形式可能会相背离的情况。

《论语·学而》有:

子曰:"巧言令色,鲜矣仁!"

花言巧语的人很少仁德。和老子一样,孔子质疑了语言形式和语言内容的一致性,并进一步将语言形式和语言使用者的德行联系起来。

《论语·雍也》有:

子曰:"质胜文则野,文胜质则史。文质彬彬,然后君子。"

过于质朴则显粗野,过于有文采则显浮夸,二者相协调,则会成君子之态。质与文并非不可共存,只是要注意它们各自的分寸。支谦在《法句经序》中也记述了文质两种翻译主张间的争论,但他们争论的结果是:"因循本旨,不加文饰。"

六、象、寄、译与狄鞮

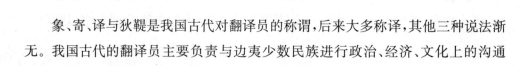

象、寄、译与狄鞮是我国古代对翻译员的称谓,后来大多称译,其他三种说法渐无。我国古代的翻译员主要负责与边夷少数民族进行政治、经济、文化上的沟通交流。

吕不韦《吕氏春秋·慎势》有:

凡冠带之国,舟车之所通,不用象、译、狄鞮,方三千里。

这里的"象、译、狄鞮"是不同地区对译员的称呼,在下文《翻译名义集》和《说文解字》中都有论述。

王充《论衡·变虚》有:

四夷入诸夏,因译而通。同形均气,语不相晓,虽五帝三王不能去译独晓四夷,况天与人异体,音与人殊乎!

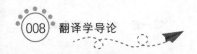

王充论述了翻译在边夷和华夏沟通方面的重要作用。他还指出翻译的基本功能是使语言不同的人相互理解,如果没有人充任翻译,即便是圣人也无法了解周边少数民族的情况。

法云《翻译名义集·卷第一》有:

周礼掌四方之语,各有其官。东方曰寄,南方曰象,西方曰狄鞮,北方曰译。今通西言而云译者,盖汉世多事北方,而译官兼善西语。故摩腾始至,而译四十二章,因称译也。

法云的这段话与本节其他话语可相互参照解释,也似乎道出了今天唯"译"流传的一些玄机。

段玉裁《说文解字注》有:

译,传四夷之语者。依李善、徐坚订。方言。译、传也。王制曰。东方曰寄。南方曰象。西方曰狄鞮。北方曰译。

段玉裁所注之"译"指对周边少数民族语言的翻译,应该属于同一语言不同变体间的翻译,与前述吕不韦和王充的论述类似。

七、翻译、格义与反向格义

法云《翻译名义集·卷第一》有:

夫翻译者,谓翻梵天之语转成汉地之言,音虽似别,义则大同。宋僧传云:如翻锦绣,背面俱华,但左右不同耳。译之言易也,谓以所有易其所无。故以此方之经而显彼土之法。

法云的论述中,尤其值得注意的是:"谓以所有易其所无。故以此方之经而显彼土之法。"这些文字揭示了早期佛经翻译的基本方法:格义法。所谓格义法,王铁钧有以下详细论述:

先是东汉时期,多有译经者计出权宜,于译、释西土佛典之时套用中国传统文化思想之概念、术语,如译"涅槃"为"无为";译"禅定"为"守一";译"五戒"为"五常";译"轮回"为"生死"。迄后,魏正始年间,玄学盛行,佛典翻译于是顺水推舟,译经者亦比附玄学以译释佛典,《高僧传》卷四云"以经中事数拟配外书,为生解之例,谓之格义",还称"外典佛经,递互讲解"。所谓"经中事数",即见诸佛教经籍之义项、教理和概念;"外书""外典",则指与佛教经籍相对应之中国典籍。"格义"者,即以玄学所衍老、庄思想之术语、概念译释佛教义理。固然,比之东汉时期机械套用中土名词概念,采用"格义法",即借玄学之思想旨趣阐释佛教义理,并译、释佛典之举是一大进步,盖其欲求外来宗教与本土传统学术思想二者兼容并存,同生共长。从积极意义上说,魏晋时期借玄学之便译、释佛典之"格义法"为国人接受生成于异文化土壤之佛教信仰开启方便之门,西域佛教得于在华夏与儒、道共成三足鼎立之局面,"格义法"不能不说有其一份功劳。

然"格义法"却也弊害日显。最先不以"格义法"为是者乃前秦释道安,曰"先旧格义,于理多违"。道安认为"格义法"更使中原佛教走向对玄学附庸,且因"格义法"将诸多玄学概念及名词引入中土佛典经义阐释中,与佛教原意多有背离,致使中土佛教大为变味。(王铁钧,2006)

北朝时期中土僧人曾以老庄的术语模拟和解释佛教教义,帮助一般人了解佛教的基本内容,故有所谓"格义""连类"等方法。这种方法的特点是以本土固有的经典解释外来的教义。据《高僧传》说:"(竺)法雅,河间人……少善外学,长通佛义,衣冠仕子,咸附谘禀。时依雅门徒,并世典有功,未善佛理。雅乃与康法朗等,以经中事数,拟配外书,为生解之例,谓之'格义'。及毗浮、昙相等亦辩'格义',以训门徒。"

刘笑敢首先提出了"反向格义"的概念,有如下论述:

但是,与西方哲学和基督教传入中国的情况不同,对中国哲学研究的情况相当特殊。"中国哲学"作为 20 世纪开创的在现代大学中讲授的新科目,不是简单地引入和传播西方文化产品,而是要"自觉地"以西方哲学的概念体系以及理论框架来研究中国本土的经典和思想。这是近代以来中国哲学或哲学史研究的主流,恰与传统的格义方向相反。所以可以称近代自觉以西方哲学概念和术语来研究、诠释中国哲学的方法为"反向格义"(reverse analogical interpretation)。(刘笑敢,2006)

在当今中华文化外译的背景下,刘笑敢提出的"反向格义"及其分析值得翻译者和研究者深思,应仔细思考翻译的功能、译者的立场、阐释的方法。

八、翻译、语言转换与符号转换

翻译离不开语言的转换,自古至今,这都是翻译概念最基本的含义。

贾公彦《周礼·义疏》有:

译即易,谓换易言语使相解也。

贾公彦以最简洁的语言定义了翻译的基本特征和功能:转换语言、传达意义,使语言不同者之间相互理解。

法云《翻译名义集·卷第一》有:

夫翻译者,谓翻梵天之语转成汉地之言,音虽似别,义则大同。宋僧传云:如翻锦绣,背面俱华,但左右不同耳。译之言易也。

法云所讲的翻译仅指将梵语、天竺语转译为汉语。这是最初人们给翻译的定义,比起今天翻译的概念范围狭小很多。他所说的翻译是从印度语到汉语的单向转换生成,所涉及的语言仅限于印度语言和汉语。虽然如此,他给出的定义已经包含了翻译的基本含义——翻译虽改换了源语文本的发音但是却能保留它的语义。"译之言易也",翻译只是语言的转易。

《汉英双语现代汉语词典》中对"翻译"词条有两种解释:

① 把一种语言文字的意义用另外一种语言文字表达出来(也指方言与民族共同语、方言与方言、古代语与现代语之间一种用另一种表达);把代表语言文字的符号或数码用语言文字表达出来。

② 做翻译工作的人。

虽然时至今日,人们对翻译的理解已经有所发展,但"语言转换"仍然是其基本内涵。今天所说的翻译除了指语言文字符号间的翻译,还指语言符号和非语言符号间的翻译,但这往往被认为不是通常意义上的翻译。

九、翻译的主观性、创造性与艺术性

翻译虽然是语言文字的转换,但它并非是一种机械的复制,因为译者在这种有原作规约的转译活动中还有一定的自由空间,可以发挥创造性,正所谓有一千个译者就有一千个哈姆雷特。人类天生就有创造性,创造是人类存在的基本需求和快乐源头,翻译是一门迷人的艺术正是基于这样的原因。创造性使翻译成为艺术行为,使译作成为艺术品。艺术品的价值在于它的独特性和不可复制性。正如不同的作家有不同的风格一样,译者也有自己的风格。傅雷提出了"译者和所译作品适合度"的问题,这也说明了翻译的艺术性。

钱锺书《林纾的翻译》有:

文学翻译的最高标准是"化"。把作品从一国文字转变成另一国文字,既能不因语文习惯的差异而露出生硬牵强的痕迹,又能完全保存原有的风味,那就算得入于"化境"。十七世纪有人赞美这种造诣的翻译,比为原作的"投胎转世"(the transmigration of souls),躯壳换了一个,而精神姿致依然故我。换句话说,译本对原作应该忠实得以至于读起来不象(像)译本,因为作品在原文里决不会读起来象(像)经过翻译似的。(钱锺书,1985)

傅雷在《〈高老头〉重译本序》有:

以效果而论,翻译应当像临画一样,所求的不在形似而在神似。以实际工作论,翻译比临画更难。(傅雷,1951)

创造是翻译的必然要求,其内在原因之一是源语和译入语之间的差异。这种差异表现在语言的方方面面:词语的动态与静态以及抽象与具体、叙事视角的宏大与细微以及主观化与客观化、语言色彩的明丽绚烂与朴实无华、语言质地的细腻与粗疏、语言精神的生机焕发与枯腐陈旧等。既要翻译,又不能翻译出余光中先生所批评的那种"当当之声不绝于耳",这就需要译者的创造。对此傅雷在《〈高老头〉重译本序》亦有论述:"译本与原作,文字既不侔,规则又大异。各种文字各有特色,各有无可模仿的优点,各有无法补偿的缺陷,同时又各有不能侵犯的戒律。像英、法,英、德那样接近的语言,尚且有许多难以互译的地方;中西文字的扞格远过于此,要求传神达意,铢两悉称,自非死抓字典,按照原文句法拼凑堆砌所能济事。"

译者的创造需要建立在对原作深刻理解的基础上,更需要译者情感的投入。

林纾于此堪称典范。林纾在《鹰梯小豪杰》的序言中自述了翻译作品时的切身体验:

或喜或愕,一时颜色无定,似书中之人,即吾亲切之戚畹。遭难为悲,得志为喜,则吾身直一傀儡,而著书者为我牵丝矣。(陈福康,2000)

钱锺书在《林纾的翻译》中也称赞了林纾早期的翻译:

他和他翻译的东西关系亲密,甚至感情冲动得暂停那支落纸如飞的笔,腾出工夫来擦眼泪。(钱锺书,1985)

郭沫若对译者的创造和情感的投入也有论述,他的《雪莱的诗》有:

译雪莱的诗,是要使我成为雪莱,是要使雪莱成为我自己。译诗不是鹦鹉学话,不是沐猴而冠。

男女结婚是要先有恋爱,先有共鸣,先有心声的交感。我爱雪莱,我能感听得他的心声,我能和他共鸣,我和他结婚了。——我和他合而为一了。他的诗便如像我自己的诗。我译他的诗,便如像我自己在创作的一样。(郭沫若,1922)

唯有注入精神与情感的译作才会有灵魂,才能说是艺术的创造,才能感动读者。这种情感的投入也必须建立在对原作深刻理解以及和作品同呼吸的基础之上。

倘若把译者的主观性和创造性发挥过头了,则译作就会成为译者借机发挥的舞台,美则美矣,但已经超出了翻译的范围。钱锺书《林纾的翻译》亦有如下论述:

《滑稽外史》第一七章写时装店里女店员的领班那格女士听见顾客说她是"老妪",险些气破肚子,回到缝纫室里,披头散发,大吵大闹,把满腔妒愤都发泄在年轻貌美的加德身上,她手下的许多女孩子也附和着。林纾译文里有下面的一节:"那格……始笑而终哭,哭声似带讴歌。曰:'嗟乎!吾来十五年,楼中咸谓我如名花之鲜妍'——歌时,顿其左足,曰:'嗟夫天!'又顿其右足,曰:'嗟夫天!十五年中未被人轻贱。竟有骚狐奔我前,辱我令我肝肠颤!'"

这真是带唱带做的小丑戏,逗得读者都会发笑。我们忙翻开迭更司原书(第一八章)来看,颇为失望。略仿林纾的笔调译出来,大致不过是这样:"那格女士先狂笑而后嘤然以泣,为状至辛楚动人。疾呼曰:'十五年来,吾为此楼上下增光匪少。

邀天之祐'——言及此,力顿其左足,复力顿其右足,顿且言曰:'吾未尝一日遭辱。胡意今日为此婢所卖!其用心诡鄙极矣!其行事实玷吾侪,知礼义者无勿耻之。吾憎之贱之,然而吾心伤矣!吾心滋伤矣!'"

那段"似带讴歌"的顺口溜是林纾对原文的加工改造,绝不会由于助手的误解或曲解。他一定觉得迭更司的描写还不够淋漓尽致,所以浓浓地渲染一下,增添了人物和情景的可笑。批评家和文学史家承认林纾颇能表达迭更司的风趣,但从这个例子看来,他不仅如此,而往往是捐助自己的"谐谑",为迭更司的幽默加油加酱。(钱锺书,1985)

从钱锺书的评说可以看出,他对林纾的这种翻译方法并不赞同,为译文"加油加酱"不是译者应该做的事。但是许渊冲有着与钱锺书迥异的看法,他于20世纪与21世纪之交在《中国翻译》上连续发表了《译学要敢为天下先》《新世纪的新译论》两篇文章说明自己的主张,申明译者应该和原作者竞赛的观点。

许渊冲在《译学要敢为天下先》有如下阐述:

我提出了发挥译语优势论;也就是说,翻译时要用译语最好的表达方式,而不一定是对等的译文。

此外,我认为董译、张译、许译是在竞赛,看哪一种译文能更好地表达原文的内容。如果说董译和原文对等,那甚至可以说是三种译文在和原文竞赛,竞赛的结果应该是提高,这是我提出的竞赛论(文学翻译是两种语言两种文化的竞赛)。(许渊冲,1999)

许渊冲在《新世纪的新译论》有如下阐述:

从某种意义上看来,创作也可以算是一种翻译,是把作者自己的思想翻译成文字。而中外翻译则是把作者的思想从一种文字转化为另一种文字。既然两种文字都在表达作者的思想,那就有一个高下之分,这就是两种文字在竞赛了。(许渊冲,2000)

郑海凌(2002)说:"优势竞赛论的学术价值在于它的创新精神,在于它突破了以'信'为本的传统翻译理念,标举译者的创新意识。"但是这样的创造是否可以得到认可,最终可能还是得看它对原作的再呈现情况,尤其是艺术作品。

这样说可能表达得不够清晰,不如举例说明。塞缪尔·厄尔曼的散文名篇 *Youth* 的第一段有:

Youth is not a time of life; it is a state of mind; it is not a matter of rosy cheeks, red lips and supple knees; it is a matter of the will, a quality of the imagination, a vigor of the emotions; it is the freshness of the deep springs of life.

我们以此为例,对比其两个版本的译文。

译文一:青春不只是人生的一个阶段;它是一种心境。它不是指红润的脸颊、红色的嘴唇和柔软弯曲的膝盖;而是指意志力、丰富的想象力和充沛的情感。它是生命深泉之清新。

译文二:青春不是年华,而是心态;青春不是粉面、红唇、柔膝,而是坚强的意志、恢弘的想象、炙热的恋情;青春是生命深泉的自在涌流。

对比这两个译文可以看出文学翻译与创造(创作)是分不开的,在一定意义上创作水平的高低、译入语使用水平的高低,会直接关系着译文质量的高低。

十、定义翻译

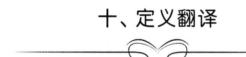

翻译是什么?或者说什么是翻译?该如何定义翻译?不同的学者有不同的理解,找出十几种乃至几十种定义应该不是难事。我们选出一些例子来研究人们都是如何定义翻译的。首先我们略作分类,看这些定义都侧重翻译的哪些方面。粗略来看大致可分为以下几类:

第一类:突显翻译的跨语言转换性。

(1) Translation is an art, a bilingual art. Translation is a representation or recreation in one language of what is written or said in another language. (郭著章,2003)

(2) 运用一种语言把另一种语言所表达的思维内容准确而完整地重新表达出来的语言活动。(张培基)

(3) 广义的翻译指语言与语言、语言变体与语言变体、语言与非语言等的代码转换和基本信息的传达。狭义的翻译是一种语言活动,是把一种语言表达的内容忠实地用另一种语言表达出来。(杨莉黎)

（4）翻译是许多语言活动中的一种，它是用一种语言形式把另一种语言形式里的内容重新表现出来的语言实践活动。（冯庆华）

（5）Translation is rendering the meaning of a text into another language in the way that the author intended the text.（Newmark）

（6）Semantic translation：the translator attempts, within the bare syntactic and semantic constraints of the target language, to reproduce the precise contextual meaning of the author.（Newmark）

（7）翻译是把一种语言的言语产物，在保持内容也就是意义不变的情况下，改变为另一种语言的言语产物的过程。（巴尔胡达罗夫）

（8）译即易，谓换易言语使相解也。（贾公彦）

（9）翻译是一种技巧，它试图把一种语言写成的书面信息和/或陈述替换为另外一种语言所写成的相同的信息和/或陈述。（纽马克）

（10）翻译使用一种语言手段重新全面地表达另一种语言手段表达的东西。（费道罗夫）

（11）翻译是将一种语言（原语）的言语产物用另一种语言（译语）予以再现。（费道罗夫）

（12）翻译的本义、狭义是双语转换、异语沟通的现实言语活动，它以忠实传达原语的意义内容为独有的根本特点。（黄振定）

翻译从根本上说就是一种以双语转换为基本特征的活动，这是翻译最明显的特点，最容易被觉察。早在一千多年前，唐代儒学家、经学家贾公彦就给出了翻译的基本定义。他的定义充分发挥了汉语言约而义丰的特点，寥寥12个汉字就说明了翻译的基本方法和功能，翻译的方法是"换易言语"，就是双语间的转换，其功能则是"使相解也"，使源语和目标语使用者相互理解。从他的定义甚至可以推测，他所说的"译"更有可能是指"口译"活动，因为口译活动一般需要语言不通的交际双方在口译员的协助下进行现场交流，因此才会说"使相解也"（指相互理解，笔译一般是单向的理解）。但是贾公彦对翻译的定义并没有直接说明翻译是什么，是如何转换语言的。虽然如此，从其最终结果来看，交际双方还是能够相互理解的，也就说明他们的意图和思想还是被传递给了彼此。

后人的定义更明确了翻译的对象为语言文字所包含的内容或信息，并且提出了"忠实""准确""完整"等要求作为翻译的标准。另外，多个定义明确指出翻译是一种"再现"(reproduction/representation)。由于源语和目标语之间的差异使得"再现"并非一件容易的事情,因此就需要使用"技巧"来处理语言间的差异。纽马克说翻译是一种"技巧",郭著章说翻译是一种"艺术",也正是因为翻译是跨语言的"再现"。

从上述定义可以看出,似乎大家都忘记了翻译活动在语言转换之前应该还有一个理解原作、原作者、源语说话者的过程。唯有纽马克的定义说"in the way that the author intended the text"(按照作者创作文本的意图),如果要知道原作者的意图,译者一定要深入理解原作和原作者,这是翻译的第一步,也是首要的。

第二类:突显翻译的跨语言信息对等转换性。

(1) Translating consists in reproducing in the receptor language the closest natural equivalent of the source-language message, first in terms of meaning and secondly in terms of style.(Nida)

(2) Translation may be defined as the replacement of textual material in one language(the source language) by equivalent textual material in another language(the target language).(Catford)

(3) 按照信息论的观点,翻译的本质就是通过语种转换把一种语言的言语所承载的信息转移到另一种语言的言语当中,用该种语言表达出来以传递给目标语言读者的过程,是把一种语言的言语转换成另一种语言的言语的活动。(冯志杰,冯改萍)

(4) 将一种语言传达的信息用另外一种语言传达出来(其中信息包括意义、思想内容、感情、修辞、文体、风格、文化及形式等)。(蔡毅)

翻译在一定意义上就是追求对等,最初人们更习以为常的是追求"忠实",所谓"忠实"其实就是语义对等。并且最初人们常常忽略语言形式的作用,但后来发现形式本身就具有意义,因此蔡毅的定义中就对信息做了特殊说明:"其中信息包括意义、思想内容、感情、修辞、文体、风格、文化及形式等。"可见翻译中的"忠实"本质上是追求信息对等。信息对等的提出离不开信息科学的发展,20世纪60年代,信息科学得到了较充分的发展,为重新认识翻译提供了有利的外部条件。一般来说,信息可以界定为由信息源(如自然界、人类社会等)发出的被使用者接受和理解的各种信号。作为一个社会概念,信息可以理解为人类共享的一切知识,或社会发展趋势以及从客观现象中提炼出来的各种消息之和。信息并非事物本身,而是表征事物之间联系的消息、情报、指令、数据或信号。一切事物,包括自然界和人类社会,都在发出信息。我们每个人每时每刻都在接收信息。在人类社会中,信息往往以文字、图像、图形、语言、声音等形式出现。就本体论意义而言,信息具有标志事物存在及其关系的属性。信息一般具有如下一些特征:可识别;可转换;可传递;可加工处理;可多次利用(无损耗性);在流通中扩充;主客体二重性;能动性;可共享性。

奈达是信息对等的倡导者,他曾以英语的"as white as snow"为例,说明信息对等翻译的操作方法。他说如果把这个短语直译为赤道附近国家或部族的语言,他们会不好理解,因为他们那里从来没有下过雪,不知道雪是什么样子,因此要将这个短语所包含的信息抽取出来。这个短语包含的信息就是"白",他就用"石灰"代替了"雪",因为二者都包含了"白"这个信息。信息对等论对指导实用型文本的翻译有很大的帮助,但是不太适合文学文本的翻译,因为如果文学作品中的形象全被译入语中的形象取代,那么文学作品就会失去它本有的特色。另外,没见过实物的"雪",就一定不能理解"雪"吗?事实上,人类的存在和人类的语言往往是现实和虚幻的交织,西王母蟠桃宴上的蟠桃没人见过,可这并不妨碍我们对它的想象与理解。

另外,无论是"忠实"还是"信息对等",都只是立足于原文和译文的对比,这种对比忽视了翻译中的另外一个主体——读者。译者所提供的"信息对等"的译文能否为读者理解?做何种理解?这些都是信息对等追求者所未能回答的。

第三类:突显翻译的跨文化交际性。

(1) 翻译是跨语言(cross-linguistic)、跨文化(cross-cultural)、跨社会(cross-social)的交际活动。(陈宏薇)

(2) Communicative translation: the translator attempts to produce the same effect on the target language readers as was produced by the original on the source language readers. (Newmark)

(3) 翻译是单向的语际和文化之间的交际过程,在此过程中,在对原话语进行有针对性(翻译)分析的基础上,创造另一种语言和文化介质中的次生话语以代替原话语。这个过程的目的是传达原话语的交际效果,但因两种语言、两种文化、两种交际情境的不同,局部会有变化。(什维采尔)

(4) 一个在某社会与境内发生的交际过程。(哈蒂姆,梅森)

(5) 翻译是以符号转换为手段,意义再生为任务的一项跨文化的交际活动。(许钧)

忘掉翻译的交际性是对翻译概念理解上的一种偏差。虽然贾公彦对翻译的定义"译即易,谓换易言语使相解也"已经突出了翻译要达到"使相解也"的目标,包含了翻译是交际活动的基本内涵。但是因为人类早期文字翻译普遍经历了漫长的宗教文本翻译时期,彼时译者又多为神职人员或忠实的信徒,他们害怕曲解神的意旨,故而翻译时亦步亦趋,译文能否为一般读者理解并非译者关心的重点。这一翻译传统对后世翻译影响巨大,以至于后来的非宗教文本翻译也多将注意力放在了原文,在一定程度上忽视了翻译的交际性,以至于后来鲁迅先生提出了"宁信而不顺"这样的翻译主张。为什么一定要把"信"和"顺"对立起来呢?

把翻译视作一项交际活动是对翻译的认识深化。最初人们将翻译视作文字间的转换,后来随着信息科学的发展人们又意识到翻译的实质是信息的转换,是一系列的编码和解码活动,但无论如何都没有跳出把翻译当作处理文字和文本的一项活动,都忽视了翻译活动的目的性和对象性。事实上,翻译本质上是一种跨文化、跨语言的交际活动。跨文化交际需要面对特殊的困难:不同的国家、民族由于不同的历史渊源、不同的社会习俗,形成了特定的文化背景,特定的文化背景又形成了不同的价值取向、思维方式、社会规范、语用规则,这些因素给跨文化交际带来了潜在的障碍,造成沟通效率低、相互误解以及文化冲突。跨文化交际需要研究不同文化背景形成的价值取向、思维方式的差异,需要研究不同社会结构导致的角色关系、行为规范的差异,需要研究不同民族习俗所积淀的文化符号、代码系统的差异,需要研究不同交际情境制约的语言规则、交际方式的差异。由此可见,过去仅将翻译看作文字转换活动是褊狭的、不够深入的。将翻译视为交际活动有利于促使译者在翻译活动中不仅关注语言文字转换的有效性,也会使他们更加关注译文读者的存在,考虑他们的文化、社会、价值观、信仰等一系列问题,更有利于提高跨文化交际的实际效果。

第四类:突显翻译是一种重写或解释。

(1) 翻译是用 Z 文化的 Z 语言模仿 A 文化的 A 语言所提供的信息来提供信息,以实现所希望实现的功能。这就是说,翻译不是通过换码的方式把词语或句子从一种语言转换成另外一种语言,而是某人在新的功能、文化和语言条件下,在新的环境中,通过尽可能模仿原文的形式特点来提供某文本信息的复杂活动。

(弗米尔)

(2) 翻译自然是一个对原文的重写(rewriting)过程。一切重写无论其意图如何,都反映了某种意识形态和诗学,因此都操纵着文学以某种特定的方式在某个特定的社会中发挥作用。(巴斯内特,勒弗维尔)

(3) 翻译(translating)即解释,具体来说,翻译的过程就是在跨文化的历史语境中,具有历史性的译者使自己的视域与源语文本视域互相发生融合而形成新的视域,并用浸润着目的语文化的语言符号将新视域重新固定下来形成新文本的过程。(朱健平)

翻译是一种重写或解释。这在一定意义上是为了突显译者主体性在翻译活动中的作用,说明了翻译往往因为译者的作用而发生了一些变化,与原作和源语文化发生了一定程度的偏离。但是最好不要把翻译理解成纯粹的重写或解释,因为那样就会偏离翻译的本质。弗米尔所定义的翻译看起来更像是平行写作:处在不同语言、文化中的两个作者共同书写同一事物,产生近似效果。弗米尔的定义可能更适合一些文化差异巨大,特别需要译者发挥创造力的翻译。

第五类:翻译的其他属性或含义。

(1) translation *n*. the act or an instance of translating; a written or spoken expression of the meaning of a word, speech, book, etc. in another language. (*The Concise Oxford English Dictionary*)

(2) Translation: An incredibly broad notion which can be understood in many different ways. For example, one may talk of translation as a process or a product, and identify such sub-types as literary translation, technical translation, subtitling and machine translation; moreover, while more typically it just refers to the transfer of written texts, the term sometimes also includes interpreting. (Mundy)

(3) 翻译是一个做决定的过程:一系列若干个连贯的情景迫使译者必须在若干个(而且通常是可严格限定的)可选项中做出选择。(列维)

(4) 翻译是将一种语言文字所蕴含的意义用另一种语言文字表达出来的文化活动。(王克非)

除了可以指代语言文字的转换活动,翻译还可以指代人们的翻译成果、翻译职业,又涵盖口译和笔译。但从更为本质的角度来看,翻译是一项文化活动,是不同语言族群、不同类型文明之间的文化交往活动。千百年来,人们正是通过翻译活动,实现了不同文明之间的相互交流、借鉴,促进了文化的创新和发展。季羡林在谈及翻译与中华文化传承的关系时说:"倘若拿河流来作比,中华文化这一条长河,有水满的时候,也有水少的时候,但却从未枯竭。原因就是有新水注入。注入的次数大大小小是颇多的。最大的有两次,一次是从印度来的水;一次是从西方来的水。而这两次的大注入依靠的都是翻译。中华文化之所以能长葆青春,万应灵药就是翻译。翻译之为用大矣哉!"王克非通过考察翻译对文化,尤其是对译入语文化的影响,包括翻译在文化史上的作用,以及文化对于翻译的制约,特别是在通过翻译摄取外域文化精华时,翻译起到什么样的作用,达到什么样的目的,发生什么样的变异,发现了翻译的文化属性。因翻译而产生的文化现象连接起来构成了独特的翻译文化史,它实际上是翻译史与思想史、文化史的结合。通过对历史上翻译活动的考察,可以发现不同文化接触中的种种现象,包括政治、经济、思想、社会、语言、文学的变化,并探究它们在思想文化发展上的意义。

问题与思考

1. 翻译具有哪些属性?它们有何表现?
2. 翻译活动具有哪些特点?请举例说明。
3. 翻译的科学性和艺术性有何表现?请举例说明。
4. 为什么说翻译是科学性与艺术性的统一?
5. 如何定义翻译?

第二章

翻译的参与者

当我们被问及谁是翻译的参与者时,我们最初可能仅是感觉这个问题太幼稚,但稍加思考后又会说:是译者。可是回答完之后,又会不太满意自己的答案,因为再作思考就会发现翻译的参与者不仅包括译者,还包括原文的作者,没有原作者的创作译者又能翻译什么呢?当然翻译也离不开译文出版的赞助人或赞助机构,他们会拟定选题、制定规范,然后译者从中选题、按要求翻译,因此他们也一同参与了翻译过程。译文的编辑在编辑过程中会对译者提出一些意见或建议,还会对意识形态方面进行审查,要求译者消除或改换某些译文以便顺利通过图书出版审查机构的审核。至此还有一个重要的翻译参与者该露面了,那就是译文读者(使用者)。译文读者虽然经常默不作声,但是他们其实已经参与了整个翻译过程,包括语言文字转换过程以及后期的阅读和批评过程。或许还有更多的翻译参与者等待被发现,我们本章主要讨论上述五类翻译参与者:作者、译者、赞助人(机构)、编辑和译文读者(使用者)。

一、作者的本意

翻译的特殊性就在于它必须有原文作为参照,舍此则与创作无异。原文出自作者之手,作者在一定的背景下开始自己的创作。首先,作为自然界的衍生物,他们日出而作,日落而息,与宇宙大化协调一致。其次,作为自然的人,他们同样饥食渴饮,同样经冬历春,与生活的自然环境相呼应。再者,作为社会的人,他们拥有人的各种情感、需求、规约和追求,他们的思想、情志、笔风、交游、话语等都与所处的社会环境分不开。因此,原作在一定意义上是原作者的影像,这一点在我国早期的经典著作中已有论述。

《虞夏书》有:

帝曰:"夔!命汝典乐,教胄子,直而温,宽而栗,刚而无虐,简而无傲。诗言志,歌永言,声依永,律和声。八音克谐,无相夺伦,神人以和。"

夔曰:"於!予击石拊石,百兽率舞。"①

舜帝这段关于诗歌和音乐的作用的看法,后来被儒家当作"诗教"的经典言论,也成了历代文人推崇的文艺观,成了我们的民族文化传统。按这种观点,诗歌和音乐是人们内心想法和情感的表现;表现的最高标准是和谐;和谐就是美,是优雅,可以感天动地;和谐的诗歌和音乐可以培育、陶冶人们的内在情操,培养性情高雅的君子。可见,诗歌是人真挚情感的积聚、凝结和表达,语言文字是人们思想情感的载体,真情所致著文为诗为歌,书胸中块垒,写心之所向。对于读者来说,这样的诗作则能引发共情,感同身受,增加审美体验,起到涵养心灵、德化育人的作用。

艾布拉姆斯在《镜与灯》中认为,文学理论可以在整体上分为四大类:模仿理论(mimetic theories),主要关注作品和宇宙之间的关系;实用理论(pragmatic theories),关注作品和受众之间的关系;表现理论(expressive theories),关注作品和作者之间的关系;客观理论(objective theories),关注文本细读。在梳理完文学理论的类型后,他进而提出了作者、宇宙、读者、作品等文学四要素的说法:"每一件艺术品总要涉及四个要点,几乎所有力求周密的理论总会大体上对这四个要素加以区辨,使人一目了然。第一个要素是作品,即艺术品本身。由于作品是人为的产品,所以第二个共同要素便是生产者,即艺术家。第三,一般认为作品总得有一个直接或间接地导源于现实事物的主题——总会涉及、表现、反映某种客观状态或者与此有关的东西。这第三个要素便可以认为是由人物和行动、思想和情感、物质和事件或者超越感觉的本质所构成,常常用'自然'这个通用词来表示,我们却不妨换用一个含义更广的中性词——宇宙。最后一个要素是欣赏者,即听众、观众、读者。作品为他们而写,或至少会引起他们的关注。"这种说法囊括了与作品相关的最重要的几个方面,引领人们更全面、更本质地看待文学作品,至今仍为很多人推崇。

《孟子·万章上》有:

故说诗者,不以文害辞,不以辞害志。以意逆志,是为得之。如以辞而已矣,

---

① 舜帝说:"夔啊!我任命你掌管乐官,教导年轻人,使他们正直温和、宽厚恭谨,刚强而不暴虐,简约而不傲慢。诗是表达思想情感的,歌是唱出来的语言,音调要合乎吟唱的音律,音律要谐和五声。八种乐器的音调能够调和,不失去相互间的次序,让神和人听了都感到和谐。"
夔说:"好吧!我轻重有致地击打石磬,使各种兽类都能随着音乐舞蹈起来。"

《云汉》之诗曰："周余黎民,靡有孑遗。"信斯也,是周无遗民也。①

孟子是在和学生讨论有关大舜的事迹时顺便说到读诗的方法问题的。但他的这段话,尤其是关于"以意逆志"的命题,却成为了中国古代文学批评中的名言,直到今天,仍然受到现代文学批评专家、学者们的重视。

所谓"诗言志",语言只是载体、媒介。因此,读诗贵在与诗人交流思想感情。刘勰《文心雕龙·知音》说:"夫缀文者情动而辞发,观文者披文以入情,沿波讨源,虽幽必显。""情动而辞发"是"诗言志";"披文以入情"是"以意逆志"。刘勰所阐发的正是孟子的读诗法。

《孟子·万章下》亦有:

孟子谓万章曰:"一乡之善士,斯友一乡之善士;一国之善士,斯友一国之善士;天下之善士,斯友天下之善士。以友天下之善士为未足,又尚论古之人。颂其诗,读其书,不知其人,可乎?是以论其世也。是尚友也。"②

孟子的本意是论述交朋友的范围问题。乡里人和乡里人交朋友,国中人和国中人交朋友,更广泛的范围,则和天下的人交朋友,也就是朋友遍天下了吧。如果朋友遍天下还嫌不足,那就上溯历史,与古人交朋友。当然,这只是神交而已。这种神交,就是诵读他们的诗,读他们的书。而为了要正确理解他们的诗和他们的书,就应当要了解写诗著书的人,要了解写诗著书的人,又离不开研究他们所处的社会时代。这就是所谓"知人论世"的问题。

实际上,孟子这段话对后世真正产生影响的,正是"知人论世"的主张。它与"以意逆志"一样,成为传统文学批评的重要方法,也奠定了孟子在中国文学批评史上的重要地位。事实上,直到今天,无论现代主义新兴的文学批评方式方法多新奇,发展到什么程度,在我们的中小学课堂上、大学讲台上,以及占主导地位的文学批评实践中,依然主要使用着的还是"知人论世"和"以意逆志"的方式方法。所谓"时代背景分析""作者介绍""中心思想""主题"等,这些人们耳熟能详的概念,无一

---

① 所以解说诗的人,不要拘于文字而误解词句,也不要拘于词句而误解诗人的本意。要通过自己读作品的感受去推测诗人的本意,这样才能真正读懂诗。如果拘于词句,那《云汉》这首诗说:"周朝剩余的百姓,没有一个留存。"相信这句话,那就会认为周朝真是一个人也没有了。

② 孟子对万章说:"一个乡的优秀人物就和一个乡的优秀人物交朋友,一个国家的优秀人物就和一个国家的优秀人物交朋友,天下的优秀人物就和天下的优秀人物交朋友。如果认为和天下的优秀人物交朋友还不够,便又上溯古代的优秀人物。吟咏他们的诗,读他们的书,不知道他们到底是什么人,可以吗?所以要研究他们所处的社会时代。这就是上溯历史与古人交朋友。"

不是"知人论世"或"以意逆志"的产物,由此足以见得孟子对中国文学批评的深远影响。

为了终结文学上的作者中心论,罗兰·巴特提出了"作者已死"。他在《作者之死》中写道:

这永远都不可能知道,因为有充分的理由认为所有的写作本身就是这种特殊的声音,它由几种无法区分的声音组成,而文学恰恰是发明了这种声音。我们无法为其赋予特定的来源:文学就是中性物、复合体,让每个主体都要滑进去的倾斜面,令所有身份都丧失的陷阱。文学从写作的那个躯体的身份开始。

可能情况总是这样:一件事情一经叙述,原有指涉消失,不再是对现实的直接反映(也就是说,最终只是对符号的使用,不再有任何功能),这种分离就会发生,声音失去了起源,作者进入了死亡,写作开始了。① (罗兰·巴特,2009)

对于文学作品的理解和解读来说,作者是"死"是"活"无非是改变了人们解读作品的方法,读者各有所得,并不会产生太多妨碍。但是对于翻译来讲,如果不去研究作者的生平与所处的社会环境就无法发现原作最初的核心意蕴,以忠实为己任,以意义传译为依归的翻译活动将成为无源之水、无本之木。对巴特来说,作者的死亡意味着文本生命力的释放以及文本意义的衍生和繁荣,但对译者来说,作者死亡是可怕的而且是不能接受的,他们一定要"知人论世""以意逆志","披文以入情,沿波讨源",以显幽微,方能获得他们意欲捕捉的作者的本意。

---

① It will always be impossible to know, for the good reason that all writing is itself this special voice, consisting of several indiscernible voices, and that literature is precisely the invention of this voice, to which we cannot assign a specific origin: literature is that neuter, that composite, that oblique into which every subject escapes, the trap where all identity is lost, beginning with the very identity of the body that writes. Probably this has always been the case: once an action is recounted, for intransitive ends, and no longer in order to act directly upon reality — that is, finally external to any function but the very exercise of the symbol — this disjunction occurs, the voice loses its origin, the author enters his own death, writing begins.

二、作者的风格

越是优秀的作家,他们的作品往往越是有自己明显的风格。长期以来人们无法细说风格,只能以一些笼统抽象的词语加以描述,譬如雄浑、淡雅、清瘦、丰腴等,这些风格类型的描述虽然整体上可以为读者提供一些读解和欣赏的参考,但是总似雾里看花、水中观月,不那么明朗,显得神秘莫测。风格作为一个作家特质的展现,究竟能否翻译?

1959 年,周煦良在《翻译与理论》一文中写道:

有人自诩翻译哪一个作家就能还出这个作家的面目或风格,我看这只是英雄欺人语;据我所知,就有翻译家对本文还不大能弄懂得,就大吹自己的翻译是旨在表现原作诗一般美丽的风格。依我看,对一个作家或者风格的认识也还是根据对作品本文的理解而来的,否则便是空话。教外国文学的人最喜欢谈风格,但是,对于一个搞实际翻译的人来说,风格却是一个最难谈得清楚的东西。我觉得,在通常情形下,它好像只是在无形中使译者受到感染,而且译者也是在无形中把这种风格通过他的译文去感染读者的,所以既然是这样的情形,我看就让风格自己去照顾自己好了,翻译工作者大可不必为它多伤脑筋……我觉得翻译工作者如果要花许多功夫去钻研作品的风格,还不如花点工夫去培养自己的外语感受能力好些,因为翻译工作究竟是和语言文字打交道的工作,而语言却不止是数字符号那样抽象而无情的东西。

周煦良认为风格无法翻译,因为风格总在无形中感染读者,但又总难以解释清楚,因此翻译时就不用管它了。并且他还在《翻译三论》一文中认为:

我们现在提文学翻译要有风格,也不宜要求译出原文风格:原文风格是无法转译的……我仍旧认为风格是无法翻译的,风格离不开语言,不同的语言无法表达同样的风格。

究竟何谓风格?风格是否可以翻译?

风格内化则体现为作品的神韵,外化则表现为作品的形式。高健认为:

风格也显然不仅是泛指一般性的表达方式或广义性的体裁格式之类的纯形式方面的特征,而更主要的是特指那种能区别于众多别的作品的某一品性、气质、神情、风韵等等。要想在一部译作中复制出它的原作中的各种形式特征已经不是容易的事,要想重现那里的神情风韵就更是难上加难,尽管这后一方面的种种特点无一不是凭借着那些前者(形式因素)才得以实现的。(高健,1995)

张中楹认为风格是一些语言要素的外化,因此,深入分析原作的语言特点,在翻译中尽量展现原作的语言特色,就能再现出原作的风格。

形成作品风格的最重要的因素,是作家驱遣文字、运用语言的独特手法。这种手法跟人走路的步法、写字的笔法一样,各有特点。但它总是依赖于语言的一般规律而存在,绝不是不可捉摸的。风格既然可以表现在语言形式上,尽量重现原作的语言形式特点就在一定程度上可以重现原作的风格。作家的风格因此总是逃不出集体或个人的社会表达的各种稳固的或变化的言语形式,逃不出各种言语风格,语言的各种语法(及词汇)手段的应用规律,及其结合与联合的方法。风格的具体内容不外乎下列四点:题材(subject matter)、用字(choice of words)、表达(mode of expression)、色彩(color)。(张中楹,1961)

以此来看,风格并非是一种抽象的、难以捉摸的感觉或印象,而是与文章的主题和行文方式紧密关联的。对翻译而言,译者最重要的是领悟原作的主题旨趣和文字意趣,进而在主题旨趣的统领下,体悟和再现原作在选词造句及行文色彩上的独特之处。

亦有人认为风格应该是原作形与神的完美结合,所以翻译时也要做到内观其神,外摩其形。

译文的风格来自它与它的原作在形与神两方面的最完美的结合,为此,它就不应仅仅满足于单纯外形的摩拟,而应从此出发并在此基础上和透过重重层层的形式因素而对那更靠内的部分乃至内容自身做一种反复不绝的突进与深入,从而不仅使译文在形式上、方式上与内容上酷肖其原作,而且能最好地把握其总的神情、一般格调与特殊韵味等。说得再具体一些,我们的译者更贵乎在对外部形式进行模拟的同时,能够察觉、识辨和捕捉到一些更细微的特征、更精致的差别与更加不易把握的性状情态等等,而这些就存在于一切(形式到内容)的流动、变化、重叠、渗透、过渡、融合与推移之中;能够更敏锐地窥测出那隐含于篇篇页页、字里行间的某些特有的神情,追踪出产生、寄寓、依附、隐现、飘动、流贯和弥漫于其全部作品的那种既固定,又一般,而又特殊的某一色泽韵味,格调风神,在这里,并透过这些,我们不仅可以隐隐觑出作品的原著者在其秉笔直书之际的种种心声与焦灼,他的得意与苦心,他在雕章琢句时的保留、顾虑与分寸感,而且透过他个人的文体而感受到他那个国土、他那个时代的一般的行文规范与文风笔致,甚至更进一步嗅闻到产生这些语言文学背后的民族习性乃至民风国魂等等;不仅如此,他还能循此继进,勾画描述出这个地域的风习卷、精神史、舆情画、心态图乃至政治晴雨表等。(高健,1995)

三、译者的职责

任何一个职业的工作者都有自己的职责,老师要教导学生,校长要管理学校的事务,保洁员要维护工作区域的卫生,那么译者的职责又是什么呢?

从不同角度来看,译者的身份都有所不同,但大体包括以下几种:原作的"奴仆"、交际者、创造者、挪用者。因为身份不同,相应的职责也不相同:作为原作的"奴仆",就要把原作看作自己的主人,一切要追随主人的意愿,不能有半点差错和逾越;作为交际者,就要把自己看作信使,要稳妥地将信息传送给接收者,要保证信息的完整、易懂、乐见;作为创造者,一方面表现在"因难见巧"的跨语言转换,另一方面表现在对原作的艺术化再现,在一定程度上使译作带上译者的气质;作为挪用者,就是在翻译过程中以自我为中心,以译入语文化篡改原作的思想,它可以是有意识的行为,也可以是无意识的。

英国翻译家德莱顿(Dryden)在 *Steering between Two Extremes* 中写道:

……我们是奴隶,在另一个人的种植园上劳作;我们精心打理葡萄园,但葡萄酒是所有者的:如果有时土壤贫瘠,那么我们肯定会受到鞭打;如果它肥沃多产,并且我们的照顾取得了成功,我们将不受感激。因为骄傲的读者只会说,可怜的苦工

已经履行了自己的职责……①

杨绛将译者比喻成"仆人"：

> 谈失败的经验，不免强调翻译的困难。至少，这是一项苦差，因为一切得听从主人，不能自作主张。而且一仆二主，同时伺候着两个主人：一是原著，二是译文的读者。译者一方面得彻底了解原著；不仅了解字句的意义，还须领会字句之间的含蕴，字句之外的语气声调。另一方面，译文的读者要求从译文里领略原文。译者得用读者的语言，把原作的内容按原样表达；内容不可有所增删，语气声调也不可走样。原文的弦外之音，只从弦上传出；含蕴未吐的意思，也只附着在字句上。译者只能在译文的字句上用功夫表达，不能插入自己的解释或擅用自己的说法。译者须对原著彻底了解，方才能够贴合着原文，照模照样地向读者表达。可是尽管了解彻底，未必就能照样表达。彻底理解不易，贴合着原著照模照样地表达更难。（杨绛，1985）

"仆人"的比喻说的是译者的身份。译者不仅是仆人，而且是"一仆二主，同时伺候着两个主人：一是原著，二是译文的读者。"众所周知，仆人的本分或者说特点就是百分之百地忠实于主人。作为仆人的译者，必须将原作的内容、原作的语气、原作的声调、原作的弦外之音等，"照模照样地向读者表达"，且"不能插入自己的解释或擅用自己的说法"。

译者的另一职责就是要促成不同语言使用者之间的成功交际。从这个意义上讲，译者的职责类似于信使。信使，又称使臣、使者，是奉派担任使命或传达消息、递送书信的人，其工作的本质在于沟通和交际。从翻译定义的演变也可以看出人们对译者职责看法的变化，最初人们主要将翻译定义为语言文字转换工作，后来就发展到将它定义为交际活动。将翻译定义为交际活动就意味着译者的工作职责不再是单纯的文字转换，而是要以交际的达成为职责。

交际翻译指的是把翻译看作"发生在某个社会情境中的交际过程"（Hatim, Mason, 1990）的任何一种以目的语读者或接受者为导向的翻译方法或途径。采取交际翻译的译者在处理原文的时候，旨在传递信息而不是复制一串串的语言单位，译者所关心的是如何保留原文的功能和使其对新的读者产生作用，在这个过程

---

① ... slaves we are, and labor on another man's plantation; we dress the vineyard, but the wine is the owner's; if the soil be sometimes barren, then we are sure of being scourged; if it be fruitful, and our care succeeds, we are not thanked; for the proud reader will only say, the poor drudge has done his duty ...

中交际语境和译文读者是译者重点考虑的因素。

纽马克认为交际翻译①的目的是"努力使译文对目的语读者所产生的效果与原文对源语读者所产生的效果相同"(Newmark,2001)。交际翻译的重点是根据目的语的语言、文化和语用方式传递信息,而不是尽量忠实地复制原文的文字。译者在交际翻译中有较大的自由度来解释原文、调整文体、排除歧义,甚至是修正原作者的错误。由于译者要达到某一交际目的,有特定的目的读者群,因此译文必然会打破原文文字的约束。通常采用交际翻译的文体类型以非文学类作品为主,包括新闻报道、教科书、公示等。

但是交际不能只顾及读者一方,也要顾及作者一方。为此,鲁迅曾主张"宁信而不顺":

但我想,我们的译书,还不能这样简单,首先要决定译给大众中的怎样的读者。将这些大众,粗粗的分起来:甲,有很受了教育的;乙,有略能识字的;丙,有识字无几的。而其中的丙,则在"读者"的范围之外,启发他们是图画,演讲,戏剧,电影的任务,在这里可以不论。但就是甲乙两种,也不能用同样的书籍,应该各有供给阅读的相当的书。供给乙的,还不能用翻译,至少是改作,最好还是创作,而这创作又必须并不只在配合读者的胃口,讨好了,读的多就够。至于供给甲类的读者的译本,无论什么,我是至今主张"宁信而不顺"的。自然,这所谓"不顺",决(绝)不是说

---

① Translation scholar Peter Newmark (1916~2011) tackled the notion of equivalence by asking if a translation should try to remain as close as possible to the source language or if it should, instead, aim to be free and idiomatic. He called these two approaches semantic translation and communicative translation respectively.

According to Newmark, "semantic translation attempts to render, as closely as the semantic and syntactic structures of the second language allow, the exact contextual meaning of the original". Semantic translation has a source language bias; it is literal and the loyalty is to the ST (source text) author. It is readable but remains with the original culture and assists the reader only in its connotations if they constitute the essential message of the text. It tends to be more complex, more awkward, more detailed, and tends toovertranslate — it is more specific than the original in transferring nuances of meaning. Semantic translation relates to the word or the word-group.

On the other hand, for Newmark, "communicative translation attempts to produce on its readers an effect as close as possible to that obtained on the readers of the original". Communicative translation has a target language bias; it is free and idiomatic. It attempts to make the reading process easier for the TL reader "who does not anticipate difficulties or obscurities, and would expect a generous transfer of foreign elements into his own culture as well as his language where necessary". It mustemphasise the force rather than the content of the message. It is likely to be smoother, simpler, clearer, more direct, more conventional, tending to undertranslate — it uses more generic terms in difficult passages. Communicative translation relates to the sentence. (Newmark, 2001)

"跪下"要译作"跪在膝之上","天河"要译作"牛奶路"的意思,乃是说,不妨不像吃茶淘饭一样几口可以咽完,却必须费牙来嚼一嚼。这里就来了一个问题:为什么不完全中国化,给读者省些力气呢?这样费解,怎样还可以称为翻译呢?我的答案是:这也是译本。这样的译本,不但在输入新的内容,也在输入新的表现法。中国的文或话,法子实在太不精密了,作文的秘诀,是在避去熟字,删掉虚字,就是好文章,讲话的时候,也时时要辞(词)不达意,这就是话不够用,所以教员讲书,也必须借助于粉笔。这语法的不精密,就在证明思路的不精密,换一句话,就是脑筋有些胡(糊)涂。倘若永远用着胡(糊)涂话,即使读的时候,滔滔而下,但归根结蒂,所得的还是一个胡(糊)涂的影子。要医这病,我以为只好陆续吃一点苦,装进异样的句法去,古的,外省外府的,外国的,后来便可以据为己有。这并不是空想的事情。远的例子,如日本,他们的文章里,欧化的语法是极平常的了,和梁启超做《和文汉读法》时代,大不相同;近的例子,就如来信所说,一九二五年曾给群众造出过"罢工"这一个字眼,这字眼虽然未曾有过,然而大众已都懂得了。

可见鲁迅先生的"宁信而不顺"也并非是一个绝对的翻译原则,它的条件是译文的读者必须是受过良好教育的,换言之,此类读者具备良好的阅读能力和理解能力,同时又有相对开阔的胸襟,能够尝试和接受新的语言形式。而对于其他类型的读者,他也给出了不同的翻译策略。从本质上讲,鲁迅先生的翻译主张是一种针对不同读者类型提出的交际翻译。

译者并非原作的机械复制者,由于跨语言和跨文化的交际需求,他们必须创造性地克服翻译中遇到的种种语言和文化上的障碍,因此他们又是创造者。

本雅明在《译者的任务》中认为译者的职责就是通过再创造,将囚禁于源语文本中的纯语言释放出来:

相反,所有超历史的语言之间的亲属关系存在于每种语言各自的整体意图(intention)中——然而,这种意图不是任何单一的语言可以通过其自身实现的,而只能通过各种语言一切互补的意图的总体来实现,这种总体意图即是:纯语言(pure language)。虽然各种外国语言的所有个别因素——词语、句子、结构——都是互相排斥的,这些语言在意图上却是互相补充的。

翻译中的忠实与自由一向被视为两种相互冲突的倾向。对其中一种倾向的深入阐释并不能调和两者,事实上,这似乎反而会否认另一种倾向的合理性。因为除了认为传递意义不再重要以外,自由还能意味着什么?除非把文学作品创作的意义和它所传达的信息等同起来,那些终极的、决定性的要素才变得无法传达——它们十分接近但又极其遥远,潜隐着但又是可以辨明的,支离破碎的但又是强有力的。在所有语言及其创造性作品中,除了一些可以转述的东西以外,仍然存在着不可转述的东西,即那些依赖上下文语境显露出来的东西,就是那些象征物和被象征物。前者仅仅存在于有限的语言作品中,而后者存在于诸语言自身的演变中。而在语言的演变过程中力图表现、创造自身,正是纯语言的核心所在。尽管这一核心是潜隐的和支离破碎的,可是作为被象征物自身,这是其生命的积极动力,尽管它只是以象征形式存在于语言作品之中。因为纯语言这一终极本质,在各种语言中仅仅和语言性要素及其变化紧紧相连,而在语言作品中它负载着深邃的、不同的意义。使纯语言从这种重负中解脱出来,将象征物转化为被象征物,在语言的长流中重获纯语言,是翻译最了不起,也是唯一的功能。这种纯语言不再意指或者表达任何东西,但它作为非表现的、创造性的言语,依存在所有的语言中间,在这种纯语言中,所有的信息、意义和意图最终将碰到一个语言层,在那里它们注定将湮灭无痕。正是这一语言层为自由的翻译提供了新的、更合适的正当理由,这一理由并非来自所要表达的意义,因为从这种意义中解放出来正是忠实翻译的任务。更确切地说,因为纯语言的缘故,意译作品是在自身语言上经受这一考验的。译者的任务就是在自己的语言中将纯语言从另外一种语言的魔咒中释放出来,是通过再创造将囚禁于一部作品中的语言解放出来。因为纯语言的缘故,他得突破自己语言衰败的障碍。

　　本雅明认为译者的任务就是将纯语言从原作中释放出来。他认为语言间一切超历史的亲缘关系都在于每种语言作为整体而言其意指一致,但是这一意指并非任何单个的语言所能够企及的,唯有把各种语言的表意互补为一个整体才行,这个整体就是纯语言。不同语言的单个元素,如单词、语句、关联可能会相互冲突,但却能够在表意中相互补充。为此,还要在表意这一概念中,区分开意指和意指方式。

　　许渊冲提出进行文学翻译时,在对同一事物的表现中,译者要和原作者竞赛,从而赋予了译者更大的创造性。他认为"文学翻译是两种语言、甚至是两种文化之间的竞赛,看哪种文字能更好地表达原作的内容"。"创造性的翻译应该等于原作者用译语的创作。"(许渊冲,2000)

　　文学翻译要使读者愉快,得到美的享受,犹如原作者在用译语写作,这就是再创作论。翻译风格有"形似"与"神似"之分,在"形似"的译文和原文的内容有矛盾时,翻译只能"神似",也就是再创作。再创作有高低程度的不同,如"倾国倾城"理解为"失园、失城、失色",就是由低而高的再创作。再创作要发挥译语优势,和原文竞赛,才能建立新的世界文化。(许渊冲,1999)

忠实并不等于保留原语的表现形式。文学翻译更要保存原作的艺术魅力。译者要尽可能利用最好的译语表达方式,以便更好地传达原作内容。这就是我的竞赛论和优势论。(许渊冲,2001)

从某种意义上看来,创作也可以算是一种翻译,是把作者自己的思想翻译成为文字。而中外翻译则是把作者的思想从一种文字转化为另一种文字。既然两种文字都在表达作者的思想,那就有一个高下之分,这就是两种文字在竞赛了。如果说"袅袅兮秋风"是原作的思想,那白话文的"阵阵生凉"虽然发挥了汉语叠字"阵阵"的优势……(许渊冲,2000)

但有时译者还会有意识或无意识地扮演文化挪用者的角色。作为社会中的人,译者无法脱离其所处的社会环境,突出的社会问题、社会矛盾、社会需求、社会现象等都会影响到社会中的译者,引起他们的关注。另一方面,译者身处于特定的社会文化,仿佛人置身于空气中、鱼在水中,虽未觉察但是已经深受影响。除此二者之外,可能还有其他因素的影响。但这两种因素无疑会作用于译者,引发了他们在翻译中的挪用行为。

林纾的翻译是一例证。他生活在中华民族存亡危机的时代,胸中涤荡着对民族危亡的忧患,他所发的译论里"一以贯之的就是爱国救世"(陈福康,2000)。因为强烈的民族忧患意识,他将自己从事的翻译工作当成了唤醒同胞、救亡图存的工具。在翻译《黑奴吁天录》的例言中,林纾写道:

国蓄地产而不发,民生贫薄不可自聊,始以工食于美洲,岁致羡其家。彼中精计学者,患泄其银币,乃酷待华工以绝其来,因之黄人受虐,或加甚于黑人。而国力即弱,为使者复馁愞,不敢与争……其中累述黑奴惨状,非巧于叙悲,亦就其原书所著录者,触黄种之将亡,因而愈生其悲怀耳。(林纾,1981)

他还在跋中写道:

余与魏君同译是书,非巧于叙悲以博阅者无端之眼泪,特为奴之势逼及吾种,不能不为大众一号。……今当变政之始,而吾书适成,人人既蠲弃故纸,勤求新学,则吾书虽俚浅,亦足为振作志气,爱国保种之一助。海内有识君子,或不斥为过当之言乎?(林纾,1981)

林纾在《黑奴吁天录》的序跋中以书中黑奴命运之悲惨来警醒国人,除了直陈国力衰弱这一根本祸根,还号召国人向日本人学习,争取自己的权利。他还劝勉国人勤学新知,振奋国威,以求救亡图存。上述强烈的爱国情感在一定程度上遮蔽了林纾对原作思想的认识与再现。以小说第三十八章《胜利》为例,斯陀夫人想要通过本章说明:"'胜利'对于当时的黑奴意味着甚么,并试图说服他们,坚定不移的(基督教)信仰是他们的寄托和归宿,会引导他们赢得'胜利'"。(张佩瑶,2003)。但是原著的这些思想及故事发展的安排对于一心想要警醒国人的林纾来说显得并不重要,因此林纾将一部分与情节牵连不大的此类内容删除,而保留下来的部分也采取十分简单的语言一笔带过。与此相对,林纾对李格理欺压蹂躏汤姆的场景、言行则刻画细致。林纾的翻译虽然在一定程度上实现了自己救国图存的理想,但是对原著宗教主题的遮蔽也是十分明显的。

斯蒂芬·米切尔的《道德经》译本也是挪用的典型。他以通俗化的翻译方法,将自己的禅宗观念、美国人的现代家庭观念和价值观念融入到他的《道德经》翻译中,用现代工业社会的意象替代《道德经》中原始农业社会特有的文化意象,使译文变得"摩登"起来,并受到当今美国读者的欢迎(吴冰,2013a)。但是上述做法也使他的译本极大地偏离了原作。他在译本的序言将老子的《道德经》形容为"一本关于生活艺术的经典著作,像宝石一样澄澈,散发着幽默、雅致、仁爱和睿智的光芒"(Mitchell,1989)。他把老子这种根本目的在于修道、成圣、治国的哲学从一开始就世俗化为"生活的艺术"。老子哲学对人、社会乃至宇宙的深刻洞察就此被米切尔弱化为一种生活哲理,无怪乎老子说:"吾言甚易知,甚易行。天下莫能知,莫能行。"米切尔还在序言中说他十四年漫长的禅修经历"使他能够和老子及其徒弟还有一些早期的中国禅宗大师面面相见"(Mitchell,1989)。对此欧阳桢认为虽然禅宗和道家思想有关联,但是它们毕竟是一佛一道,仍有不小差别,精通禅宗并不是就必然精通道家思想(Eugene Chen Eoyang,1990)。事实上,米切尔在译文中就用禅宗的内省观把老子的"为腹不为目"释译为"trust his inner vision",他还通过"ready for death""ready for sleep"等翻译引入了佛家生死观,将道家的现世哲学改变为佛家的来世哲学(吴冰,2014)。

四、译者的目的

德国学者汉斯·弗米尔(Hans Vermeer)首先提出了目的论(skopos theory),认为:翻译是一种人类行为,任何人类行为都有一定目的,翻译是一种目的性的行为,翻译的方法和策略必须由译文预期目的和功能决定。翻译是在目的语情境中为某种目的及目的受众而生产的语篇,(翻译)行为的目的决定达到预期目的的策略。

客户或委托人定下了译文的预期目的或功能,但这种预期的目的或功能离不开目标语受众及目标语文化的制约,译者根据交际时的特定目的来决定源语文本的地位,它不一定是第一位的因素。可以说目的论将原文赶下了神坛。

目的论的三大法则是:

(1)目的法则。该法则认为翻译行为所要达到的目的决定了翻译过程和翻译方法与策略的选择。翻译行为所要达到的目的主要有三种:译者的目的、译文的交际目的和使用某种特殊手段所要达到的目的。

(2)连贯性法则。指的是译文要符合语意连贯的标准,可做适合目标语接受者所处情境的解释,即让译文为接受者理解,并在目标语文化和交际情境中有意义。

(3)忠实性法则。指译品(按照目的论法则产生出的翻译产品,一个原文可根据不同目的产生若干个译品)与原文之间应该保持连贯。它类似于所说的忠实于原文,但忠实的程度和形式则由翻译的目的和译者的理解来决定。

在目的论中,翻译的目的决定了翻译的方法和策略,目的是要产生一个功能恰切的译文,弗米尔称此译文为译品。因此,对译者来说,弄清楚要翻译的源语文本和目标语文本的功能十分重要。

霍尔兹-曼塔利(Holz-Manttari)从交际理论和行为理论中得到启发,提出了翻译行为理论(translational action),认为翻译是受目的驱使,以结果为导向的人类交往的行为,他重视翻译过程,将其视为涉及跨文化转换的信息传递者的复合行为。跨文化翻译是一个涉及多种角色和参与者的交际过程,包括发起人(the initiator)、委托人(the commissioner)、作者(the ST producer)、译者(the TT producer)、译文使用者(the TT user)和译文接受者(the TT receiver)。翻译行为理论关注如何才能使译文对于译文接受者来说交际功能恰切。这就突出了译语和译语文化的作用,翻译并不是对原文字面的照搬。

该理论提示人们,现实的翻译会受到多种参与者的作用,受不同目的支配,很多情形下译者会采用不同的翻译策略,产生不同的译文。

克莉丝汀娜·诺德(Christiane Nord)将"忠诚"(loyalty)这一道德范畴的概念引入翻译,这与常说的"忠实"(faithfulness)不同,"忠实"是指译文与原文之间的关系,而"忠诚"指译者、原文作者、译文接受者和翻译发起人之间的人际关系,它强化了译者和客户之间对翻译任务的协商。她认为具体文化中有不同的惯例,惯例与译本读者的关系十分密切,译者应在违背惯例时向读者申明其在翻译中做了什么,以及为什么这样做,这是译者的责任,即"忠诚"。

语言学家舍尔(Searle)认为,惯例是社群成员有规律的活动,在以下三种情况下,这些有规律的活动可称为惯例:每个人都遵循;每个人都期望所有人遵循;每个人都想遵循。惯例是常规(norms)在具体情境中的运用。图里(Toury)认为常规就是由某一社会群体共有的关于孰是孰非的普遍价值、观念转变来的适用于具体情境的行动指导。由于翻译是一种跨文化交际行为,交际中的法则、规范和惯例(就如同语法规则、文体规范、语篇类型或言语惯例一样)同样在翻译中生效。译者要考虑目标语文化中的法则、规范和惯例以及读者是否接受。

需要指出的是,翻译的目的往往和大的社会环境紧密关联。著名英国汉学家、翻译家阿瑟·韦利(Arthur Waley)在他的《道德经》译本序言中写道:

我在本书中的目的之一是为普通人类学家提供一定的动力,以期他能够将中国纳入其调查范围。但是,这并不意味着本书只针对一小部分专家。所有有知识的人,也就是说,所有想了解周围世界正在发生什么的人,他们都是"普通人类学家",因为从某种意义上说,他们都致力于发现人类是如何成为今天的情形的。

(Waley,1934)①

这一目的就深深地影响了韦利的翻译行为,他在译文中大量添加相关的文化背景知识,试图还原《道德经》的历史文化语境,其中不乏对汉字语义演变的追踪、对中国古代不同思想主张的梳理和对比、对古代礼仪和宗教信仰的分析,所有这些都与其目的紧密关联。

五、赞助人的影响

安德烈·勒菲弗儿(Ander Lefevere)著有《翻译、改写以及对文学名声的控制》(*Translation, Rewriting and the Manipulation of Literary Fame*)等。他的核心思想是把翻译研究与政治、权力、意识形态和赞助人等结合起来,触动了翻译的政治经济基础。

他提出了"折射"和"改写"的理论,强调意识形态、赞助人和诗学对翻译的操控以及对翻译过程与策略的影响。他认为:作家的作品是通过"误解和误释"或者叫"折射"而曝光并产生影响的。"折射"是文学作品针对不同读者所进行的改编,意在影响读者阅读该作品的方式,翻译是明显的折射形式,不太明显的有批评、评论、历史传记、教材、文选等,这些折射对于确立一些作家或作品的声誉十分有益。

他把翻译置于广大的文化背景中研究,认为翻译必定会受到译者或社会的意识形态及诗学的操控,不能真实反映原文。他进而指出翻译是改写文本的一种形式,是创造文本另一形象的形式,改写使原文的生命得以延续。他认为翻译与权力相关,改写是为权力服务的有效手段。

勒菲弗儿认为文学系统有两个制约因素,即内部因素和外部因素,前者指文学的专业人士,后者主要指赞助人。当一些作品背离主导观念(主要包括诗学和意识

---

① "One of my aims in this book is to supply the general anthropologist with at any rate an impetus towards including China in his survey. This does not however mean that the book is addressed to a small class of specialists; for all intelligent people, that is to say, all people who want to understand what is going on in the world around them, are 'general anthropologists', in the sense that they are bent on finding out how mankind came to be what it is today." (Waley, 1934)

形态）时，专业人士就会出来干预。他认为赞助人可以是个人、机构、群体或政府等，赞助人最关心的是意识形态问题。诗学由两部分组成：一部分是文学要素，包括文学手段、文学式样、主题、原型人物、情节、象征等；另一部分是观念，指人们认为文学在社会系统中应该是什么样的一些主导价值观念。他认为翻译的忠实绝不仅仅是语言层次的对等，文学翻译在本质上是对社会的和历史的研究。

  赞助人的要求往往会对译者的翻译活动产生较大影响。比如，编辑欧文·洛克（Owen Lock）[①]的要求就影响到了韩禄伯对《道德经》英译的策略。韩禄伯在其帛书本《道德经》的翻译序言中说，早在1976年冬他就通读了帛书《道德经》，那时就萌生了要翻译它的想法。之后，他发表了10余篇与之相关的论文，但始终没有动笔翻译。直到1986年底，洛克编辑问他是否可以翻译帛书《道德经》以供大众读者阅读，本着一来可以完善以前对文本的研究，二来可以"为普通读者提供有关这部重要道家文献的最新知识"的想法，他才以此为契机开始翻译。[②]（Henricks，1989）韩禄伯在译本的序言中这样写道：

  ……欧文·洛克问我是否有兴趣将马王堆《道德经》文本翻译成供大众消费的书籍。经过思考，我很快就发现这将使我有机会以某种方式完成我之前对文本所做的工作；同时，这为普通读者提供了我们对道家这一重要经文的最新知识。

  由此可见，韩禄伯译本不同于以前众多译本的一大特点是他选用了马王堆帛书《道德经》来做底本，因此必定会有不同于以往的地方，会包含着新时期新的考古发现，以及由此带来的新的解读和释义。此外，主编洛克在这次翻译活动中起到了赞助人的作用[③]，他要求韩禄伯将对帛书《道德经》的翻译定位于面向普通读者，以满足他们的消费需求。他的要求和意见会直接影响或决定翻译过程和翻译产品。

---

  ① 洛克是德瑞图书公司（Del Rey Books）的编辑，该出版社隶属于巴兰坦图书公司（Ballantine Books）。

  ② "... Owen Lock ... asking whether I might be interested in translating the Ma-wang-tui texts for popular consumption. Giving the matter some thought, I soon saw this would give me the opportunity to bring to a completion in some ways the previous work I had done on the texts; at the same time, this makes available for the general readership the latest knowledge we have of this important text in Taoism."（Henricks，1989）

  ③ 勒菲弗尔认为"在文学系统之外也存在着一些权利（powers），如个人或机构，他们会深化或阻碍对文学的阅读、书写或重写"（Bassnett, Lefevere, 2004）。他们被称为赞助人。与诗学相比，赞助人更关心意识形态。"赞助人通过三种成分实施对文学的操控：利用意识形态制约文学形式和主题的选择和发展；为作家和重写者提供谋生手段，在经济上予以控制；给予作家一定的社会地位，使其融入某种圈子和生活方式。"（方梦之，2004）

显然,随着中西文化交流的深入和发展,随着中国的改革开放和不断发展,西方社会日益想要了解中国,因此在西方读者中潜藏着一个庞大的读者群体。但是他们大部分是普通读者,缺乏专业知识和趣味,详细的考证和严谨的注解在他们看来却是沉重的负担,只能吓跑他们。因此必须要有针对他们的特定翻译方法和版本处理方法。洛克的译本读者定位对韩禄伯起到了明显作用。他的帛书《道德经》英译本包括导言、第一部分、第二部分、附加注释和参考文献。导言部分介绍了马王堆出土的文本、马王堆出土的帛书《道德经》及其与其他老子文本的比较,还介绍了老子的哲学思想,主要包括"道""复归于道"和修身长生等思想。第二部分是对帛书《道德经》的翻译,在前面的译者寄语里,韩禄伯交代了文本的编排方式,还告诉读者第一部分的翻译采取的是"直接呈现整个文本,而所有的校勘和修正都在第二部分","这一部分主要是为普通读者所做的"(Henricks,1989)。其译文主要是以帛书乙本为底本进行的翻译,同时参照了帛书甲本和世传本。其总体顺序是按照帛书《道德经》出土时的面貌呈现,德经在前,道经在后,每章的顺序也按出土时的顺序编排。帛书《道德经》不分章,但为了方便阅读,译文进行了分章处理。第二部分则是为专家学者准备的,内容包括译文、评注和帛书甲乙本的原文。最后是附加注释,对疑难问题作进一步说明。

根据勒菲弗儿的说法,赞助人还包括专业人士,他们的想法对翻译活动也会产生直接的影响。这种影响甚至在中国最早的译论《法句经序》中都有所反映:

(竺)将炎虽善天竺语,未备晓汉,其所传言,或得梵语,或以义出音,近於质直。仆初嫌其为辞不雅,维祇难曰:"佛言,依其义不用饰,取其法不以严。其传经者,当令易晓,勿失厥义,是则为善。"座中咸曰:"老氏称'美言不信,信言不美。'仲尼亦云:'书不尽言,言不尽意。'明圣人意,深邃无极。今传胡义,实宜径达。"是以自偈受译人口,因循本旨,不加文饰。译所不解,即阙不传,故有脱失,多不出者。然此虽词朴而旨深,文约而义博,事均众经,章有本故,句有义说。

从这段记载中可以看出,支谦认为竺将炎的翻译语言不够优美雅致,但是这种说法立即受到专业人士维祇难的反驳,他援引佛祖的话阐明翻译佛经的主要目标:当令易晓,勿失厥义。其他在座的专业人士也纷纷引用孔子和老子的话来支持他的观点,并主张佛经翻译应该做到:今传胡义,实宜径达。受到这些专业人士的反驳,支谦遂改变了先前的看法,在佛经翻译中采取了"因循本旨,不加文饰"的翻译策略。

六、译文读者的类型

在翻译史上,最受人关注的莫过于原作者,其次是译者,而译文的读者在接受美学的理论及传播学的相关理论引入到翻译研究领域中之前,则一直处于沉默状态,他们没有话语权,没有自己的声音,要靠译者自觉或不自觉地去照顾他们的需求,他们一直都被认为是翻译产品的被动接受者。研究者也曾对他们进行模糊的描述:

所以译文的"达"与"不达",不能普遍地以一切可能的读者为标准,乃只相对于一部分人,即这篇翻译的理想读者。也只有这些人方能评判,译文是否满足了这"达"的条件。(陈康,2009)

然而接受美学认为,读者积极参与了文本的创造;传播学的受众分析理论认为,受众是积极的,作为读者的受众会根据自己的需求选择文本,并根据自己的知识经验做出符合自己需求的理解。因此,读者是有具体需求的读者。

七、译文读者是如何参与到翻译中的?

译文的读者参与翻译的方式有两种:一种是通过直接或间接的方式和译者取得联系,将自己的意见和建议反馈给译者,从而参与到翻译中去;另一种是通过译者对目标读者的定位和评估,充分考虑他们的类型、学识、兴趣、需求等,在翻译时制定具体的翻译策略,服务于这些读者,在这个过程中,读者虽未发声,但是他们作为预期的读者对象已经参与到了翻译的过程中。

更多的时候,译文读者是以第二种方式参与到翻译过程中的。译者常常通过移情的方式将自己转为读者的角色,以外观者的身份去体味译文。曾虚白曾从读

者的"感应"角度反观自己译文的效果:

至于翻译的标准,应有两重:一在我自己,一在读者。为我自己方面,我要问:"这样的表现(翻译)是不是我在原文里所得的感应?"为读者方面,我要问:"这样的表现是不是令读者得到同我一样的感应?"若说两个问句都有了满意的认可,我就得到了"神韵",得到了"达",可以对原文负责,可以对我自己负责,完成了我翻译的任务。(曾虚白,2009)

朱生豪在翻译《莎士比亚戏剧全集》时,也常常自拟为读者,阅读译文,看译文是否有难以理解的地方,不仅如此,他还把自己假想成演员,看台词是否译得顺口。他在《莎士比亚戏剧全集》译者自序中写道:

余译此书之宗旨,第一在求于最大可能之范围内,保持原作之神韵;必不得已而求其次,亦必以明白晓畅之字句,忠实传达原文之意趣;而于逐字逐句对照式之硬译,则未敢赞同。凡遇原文中与中国语法不合之处,往往再四咀嚼,不惜全部更易原文之结构,务使作者之命意豁然呈露,不为晦涩之字句所掩蔽。每译一段竟,必先自拟为读者,察阅译文中有无暧昧不明之处。又必自拟为舞台上之演员,审辨语调之是否顺口,音节之是否调和。一字一句之未惬,往往苦思累日。然才力所限,未能尽符理想;乡居僻陋,既无参考之书籍,又鲜质疑之师友。谬误之处,自知不免。所望海内学人,惠予纠正,幸甚幸甚!(朱生豪,2009)

傅东华在翻译《飘》时,为了让中国读者能够顺畅、轻松、有趣地阅读译文,在翻译时将外国人名、地名中国化,删减了一些冗长的描写和心理的分析,这些其实都是读者参与到翻译中的结果。他这样写道:

关于这本书的译法,我得向读者诸君请求一点自由权。因为译这样的书,与译 classics 究竟两样,如果一定要字真句确地译,恐怕读起来反要沉闷。即如人名地名,我现在都把它们中国化了,无非要替读者省一点气力。对话方面也力求译得像中国话,有许多幽默的、尖刻的、下流的成语,都用我们自己的成语代替进去,以期阅读时可获如闻其声的效果。还有一些冗长的描写和心理的分析,觉得它跟情节的发展没有多大关系,并且要使读者厌倦的,那我就老实不客气地将它整段删节了。(傅东华,2009)

与傅东华相类似的情形也发生在伍光建的武侠小说翻译中,茅盾专门著文指出:

总括起来,在《侠女飘零记》里,我觉得伍光建先生的翻译方法可以列为原则三

条:第一,他并不是所谓"意译"的;在很多地方,他是很忠实的"直译者"。不过他又用他的尖利的眼光判断出书中哪些部分是表现人物性格的,哪些部分不是的,于是当译到后者时,他往往加以缩小或节略。第二,景物的描写和心理的描写(如上所举例),他往往加以缩小。第三,和结构及人物个性无多大关系的文句、议论,乃至西洋典故,他也往往加以删削。

这三个原则,从《侠隐记》到《侠女飘零记》,是一贯的。这三个原则,使得伍先生的译本尽管是删节本,然而原作的主要人物的面目依然能够保存;甚至有时译本比原作还要简洁明快,便于一般的读者——例如《侠隐记》。(茅盾,2009)

除了上述所说的读者会参与到翻译的生产过程中的情形外,他们还会积极地参与到翻译的消费过程中,或者说是翻译产品的使用过程中,也即他们对译文的接受。在这个过程中,他们会充分发挥自己的积极主动性,对译本做出各种理解,乃至出现"一千个读者就有一千个哈姆雷特"的现象,说明了鉴赏者的再创造。由上面的论述可以看出,译文读者并非远离翻译过程,实则积极参与到了翻译的生产过程和消费过程中,对译者的翻译目标、方法、效果等都能产生很大的影响。

八、主体间性

主体间性概念最初的含义是主体与主体之间的统一性。哈贝马斯认为在现实社会中人际关系分为工具行为和交往行为,工具行为是主客体关系,而交往行为是主体间性行为。翻译活动是一项涉及多个主体的活动,他们之间存在着"交往行为",这种交往行为是翻译活动的主体间性行为。哈贝马斯提倡交往行为,以建立互相理解、沟通的交往理性,以达到社会的和谐。伽达默尔的视域融合理论同样说明了不同主体共同参与意义构建的主体间性关系。"翻译中主体间性问题不仅是译者主体与读者主体、作者主体、文中人物主体和翻译发起者主体之间对话的必要性和可能性问题,更重要的是各主体在交往过程中应遵循的规范、准则性问题。"(宋晓春,2006)

胡塞尔从人对世界的理解和认知方面指出,我们所经验的世界是一种主体间

的世界,他认为:

在我的先验的还原了的纯粹意识或生命之内,我所经验的这个世界(包括他人),按其经验意义说来,它们并非是我私人的综合组成的,而是作为不仅对我自己,而且对每一个别人都是存在着的,每一个别人都能理解的一种主体间的世界而加以经验的。(倪梁康,1997)

同样反对西方主客分离的传统,伽达默尔认为真正的历史对象是自身和他者的统一,他认为:

真正的历史对象根本不是一个客体,而是自身和他者的统一,是一种关系。在这关系中同时存在着历史的真实和历史理解的真实。(伽达默尔,1999)

哈贝马斯则从主体交往和合理交往的维度讨论了主体间性。

哈贝马斯将主体间性问题作为一个突出的社会历史问题进行了深入、系统的研究。他的社会交往理论没有从纯粹的认识论角度确立人生存的理想化模式,而是力图从历史和现实的角度解决主体交往的意义和合理交往的可能性条件,为解决晚期资本主义社会危机找到理论突破口。他认为,理性在现代社会中一个最大的病变形态就是走上了工具化道路,这使现代性面临种种危机。克服危机的方案是以"交往理性"代替"工具理性",其实质是理性由以"主体"为中心转变为以"主体间性"为中心,以普遍语用学为前提,在一个"理想的言语环境"中,实现话语交往的理性化。哈贝马斯认为在目的性行为(劳动)、规范控制性行为、戏剧性行为、交往性行为等四种社会行为中,只有交往行为是最为合理的,它具有人类解放的旨趣和社会发展的旨趣。这种旨趣意在解决晚期资本主义社会的合法性危机,也就是解决市场金钱关系和权力统治关系对生活世界的侵入,消除伪交往,重建合理的生活世界。哈贝马斯重视交往活动的另一个原因在于,他认为马克思的错误在于把交往行为归结为劳动这种工具行为,没有理解交往行为本身的特殊本性与独特逻辑。在哈贝马斯看来,"理解"是交往的核心要素,"交往行为"是以"理解为导向的行为"。而这里的理解就是展开于主体之间的交互意识性活动,是通过建立为各交往共同体成员共同遵守的"商谈伦理学"在语言交往主体之间达成"共识"的过程。(高鸿,2006)

结合到翻译问题,译者主体与读者主体、作者主体和翻译赞助人主体之间的对话是存在的、必要性,各主体在交往过程中应遵循一定的规范、准则,"翻译中各主体对话时应同时遵守真实性、正确性与真诚性的三大有效性要求"(宋晓春,2006)。

成功的翻译应该充分实现主体间性的完美建立，即通过翻译各主体之间的沟通，做到最大效度的相互理解、同情和思想的契合，从而走出片面强调译者主体性带来的困境。

问题与思考

1. 原作者的本意可以获知吗？为什么？
2. 翻译活动中有多少参与者？他们之间有何关系？
3. 翻译的主观性和客观性各自体现在哪些方面？如何平衡二者之间的关系？
4. 译文读者是如何参与到翻译活动中的？
5. 翻译活动的赞助人有多少种？他们是如何影响翻译活动的？

第三章

翻译的类型

第三章

間文與訊間

翻译的类型其实并不是一个很好说明白的问题,因为划分标准的变化就会导致不同的划分类型。通常有以下分类方法。

一、语内翻译、语际翻译和符际翻译

根据源语和目标语是否为同一种语言,可分为语内翻译(intralingual translation)和语际翻译(interlingual translation)。如果为同一种语言的不同变体之间的翻译,则是语内翻译。语内翻译包括同一种语言内不同方言之间、方言和该种语言的通用语之间、古代语言和现代语言等。如果是不同语言之间的翻译,则是语际翻译,这也是我们通常意义上讲的翻译。不同符号类型之间的翻译,是符际翻译。比如手势、眼神和声音符号、文字符号之间的转译,图标和文字符号之间的转换,等等。这种分类方法是由罗曼·雅各布逊(Roman Jakobson,1896~1982)在《论翻译的语言学问题》(*On Linguistic Aspect of Translation*)一文中提出来的(2000):

我们区分三种解释语言符号的方法:可以将其翻译成同一语言的其他符号,另一种语言或另一种非语言符号系统。

这三种翻译应有不同的标记:① 语内翻译或改写是通过同一语言的其他符号对口语符号的解释。② 语际翻译或翻译本身是通过其他某种语言对语言符号进行的解释。③ 符际翻译或嬗变是通过非语言符号系统的符号对语言符号的解释。①

雅各布逊的翻译理论建立在符号学和语言学基础之上,不同于以往的语文学派的翻译理论,自引入我国学界,广受关注。潘文国认为:

(翻译理论发展的)第二阶段的特点是有朦胧的学科意识,认为需要加强翻译

---

① We distinguish three ways of interpreting a verbal sign: it may be translated into other signs of the same language, into another language, or into another, nonverbal system of symbols.
These three kinds of translation are to be differently labeled: ① Intralingual translation or rewording is an interpretation of verbal signs by means of other signs of the same language. ② Interlingual translation or translation proper is an interpretation of verbal signs by means of some other language. ③ Intersemiotic translation or transmutation is an interpretation of verbal signs by means of signs of nonverbal sign systems.

学的理论研究,使之成为一门"科学",但并没有想到使翻译学成为一门独立的学科,而只是心甘情愿地让翻译研究成为别的学科的附庸,具体来说,就是成为语言学的一个分支。人们把这一阶段的翻译研究称为"语言学派"或"'科学'学派",是有道理的。这一阶段的代表性学者有雅可布逊、奈达(Eugene Nida)、卡特福德(J. C. Catford)、威尔斯(Wolfram Wilss)等人。

这一阶段的开山之作是雅可布逊发表于1959年的《翻译的语言观》一文,此文第一次将语言学、符号学引进了翻译学,强调"广泛的语际交流,特别是翻译活动,必需时刻接受语言科学的细查"。他把翻译分为语内翻译(intralingual translation)、语际翻译(interlingual translation)、符际翻译(intersemiotic translation)三种,并把它们看作为理解语言符号的根本途径。(潘文国,2002)

罗曼·雅各布逊是著名的语言学家,是布拉格学派的创始人之一。该学派对翻译所持的基本观点包括:

(1) 翻译必须考虑语言的各种功能,如认知功能、表达功能、工具功能等;

(2) 翻译必须重视语义、语法、语音、语言风格及文学体裁方面的比较。(李文革,2004)

雅各布逊在《论翻译的语言学问题》一文中,除了将翻译区分为三类外,他还谈到了以下几个方面:

(1) 对词义的理解取决于翻译。他把翻译分成三类的目的在于说明,在语言学习和语言理解中,翻译起着决定性作用。意义与符号有关,而与所指事物或对象没有多大关系。

(2) 准确的翻译取决于信息对等。他认为双语符号之间不存在完全对等的关系,对等关系存在于符号所承载的信息。因此语际翻译不是符号转换,而是信息转换。

(3) 所有语言都有同等表达能力。他认为"任何认知的经验及其分类在任何存在的语言中都能表达"。(仲伟合,2001)

(4) 语法范畴是翻译中最复杂的问题,尤其是对于有时态、性、数等语法形式变化的语言来说,更是如此。语言的词法结构决定了该语言必须表达的基本信息;语言的句法结构制约了该语言信息组织的方式。(李文革,2004)

二、口译、笔译和机器翻译

根据译者翻译时主要凭借的工具,可以将翻译分为口译、笔译、机器翻译。

口译应该是最古老的、最常用的翻译形式。在中国翻译史上,翻译人员最早在周代称作"象胥"或"舌人"。从"舌人"的字面意义来看也不难发现,"舌人"主要是从事口译工作。

《周礼·秋官》有:

象胥,每翟上士一人,中士二人,下士八人,徒二十人。

象胥,掌蛮夷闽貉戎狄之国使,掌传王之言而语说焉,以和亲之。若以时入宾,则协其礼与言辞传之。

《国语·周语》记载:

夫戎狄冒没轻儳,贪而不让,其血气不治,若禽兽焉。其适来班贡,不俟馨香佳味,故坐诸门外,而使舌人体委与之。

我国第一篇诗歌翻译据说是《越人歌》。据楚大夫庄辛说,当年鄂君子皙"泛舟于新波"之日,有个越人"拥楫而歌",但歌是用越语唱的,鄂君子皙不懂越语,只好请人翻译,才明白原来歌词表达了对他的仰慕之情。

从上面的记载来看,无论是"象胥"或"舌人",都是口译员,同时兼任外交官的使命。对《越人歌》的翻译也是以口译的方式进行的。可见口译是一种古老的职业,口译员往往在国家的外交活动中起着重要的作用,他们有时还会起到类似今天外交部发言人的作用。

今天的口译活动从本质上讲与古代的口译没有不同,只是在两个方面有了较大的发展:一是人们对口译的认识不断加深,表现在其理论的发展;二是口译实践的发展,主要表现在口译领域的拓展、技术的提高和人工智能工具的开发利用。

根据塞莱丝柯维奇的释意理论,口译有以下特点:

用塞莱丝柯维奇自己的话讲,她创建的释意派理论"应该叫交际与释意理论",

首先是"一种口译理论"。该理论建立在对口译现实的观察和分析基础上,其出发点和角度同当时的语言学派翻译理论完全不同,其研究对象不再停留在语言层次,而是解剖口译的意义传递现象。她在1998年接受许钧教授的专访时这样解释:"在我们的研究中,我们有自己的重点和特色。我们是将翻译作为交际行为而不是作为交际结果进行研究的。翻译首先是人类的交际行为。在自然的交际活动中,语言主要起工具的作用,因此我们强调,翻译的对象应该是信息内容,是意义,而不是语言。"(许钧,2001)能够观察到的事实是,译员听到的是一连串的有声语链,这些语链转瞬即逝,话语是怎样变为译员要理解和表达的意义呢?理解了语言是否等于理解了意义?意义产生的基本条件是什么?有人认为,翻译是语言接触(穆南),也有人说,翻译就是用一种语言替代另一种语言,越来越多的人认为,口译是理解和表达的过程,是将一种语言表达的意思用另一种语言表达出来。释意学派理论研究人员在塞莱丝柯维奇领导下,在长期积累的经验基础上投入了许多力量,观察口译的过程,录制有声资料,采用科学的方法进行实证分析、对比和论证,最终提出三角形翻译过程的假设,即在理解和表达中间增加了"脱离原语语言外壳"这一意义产生的阶段:三角的左边是源语,右边是目的语,中间顶部则是意义的产生阶段。"从理论上讲,理解的前提是语言知识、主题知识、百科知识和交际环境等。理解是整体的活动,包括理解语言知识、认知补充、调动语言知识、确定交际环境等方面"(许钧,2001)。按照释意学派的观点,意义是语言同认知知识结合的结果,意义的产生也是译员表达的前提条件,这个条件不成立,用另一语言表达原讲话意义便很难实现。(刘和平,2001)

柯平(2005)对释意理论的特点、核心和优缺点有很好地理解和总结:

释意派理论的核心是把语言意义(linguistic meaning)和非语言的意思(non-verbal sense)区分开来。译者所要传达的不是语言符号的意义,而是讲话人在其话语中所表达的非语言的意思。也就是说,意义的本质是交际者通过语言符号所传达的"意思",而不是语言符号本身的意义。意思(sense)由两个成分组成,一为"内含意思"(implicite/implicitness),即作者或说话人意欲表达的意思;一为"外显意思"(explicite/explicitness),即作者或说话人实际写出或说出的内容。基于上述认识,翻译的目的应为传递意思,亦即交际意义;译者所译的东西应为篇章所传达的信息内容,是言语(亦即语言的使用),而不是语言本身。口译并非基于对原讲话人语言的记忆,而是基于译者对原讲话人所传递的交际意义的把握以及随后用

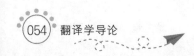

目标语言对该交际意义(即讲话人的意思)进行的重组。概括说来,释意理论不是把翻译看作一个从源语言到目标语言的单向解码过程,而是将其视为一个理解思想与重新表达思想的动态过程。用塞莱丝柯维奇一句形象的话来说,译员把法文译成英文的过程就好像是把一件法国式样的毛衣拆开,把毛线都洗净理好,然后再按照英国的式样把它织成一件新的毛衣。新织好的衣服当然还是一件毛衣,而不是别的什么衣服,但式样,或者说形式却可以同原来的那件毛衣大不相同。

释意理论对于口译、实用文笔译以及翻译教学都有积极的启示意义。它明确地告诉译者需要译出的是什么东西(是意思,而意思是语言知识和对现实世界的感知相结合的产物);它要求译者弄懂自己所译对象的内容以及讲话人或作者所要达到的交际目的,而不是像纽马克所批评的那样,仅仅满足于使自己相信:自己译就的句子"从语言上来说是有意义的"。

释意理论的缺点在于:它只关注交际的直接目的以及交际过程中所传递的指称意义(或称认知意义),而未充分考虑到语言信息可能具有的多重意义(如表情与表感、风格与修辞等方面的意义),因此它在文学翻译的实践与研究上价值有限。不过该派理论实事求是,倒也并不声称自己可以同样有效地适用于文学文本的翻译,这是它的可贵之处。

根据口译活动的连续性,口译可分为两种基本方式:一是同声传译(simultaneous interpretation),简称"同传",又称"同声翻译""同步口译",是指译员在不打断讲话者讲话的情况下,不间断地将内容口译给听众的一种翻译方式,同声传译员通过专用的设备提供即时的翻译,这种方式适用于大型的研讨会和国际会议,通常由两名到三名译员轮换进行;二是交替传译(consecutive interpreting),简称"交传",口译员坐在会议室里,一面听源语讲话,一面记笔记。当讲者发言结束或停下来等候传译的时候,口译员用清楚、自然的目的语,准确、完整地重新表达源语发言的全部信息内容,就像自己在演讲一样。会议口译中的交替传译要求口译员能够听取长达五至十分钟连续不断的讲话,并运用良好的演讲技巧,完整、准确地译出全部内容,主要用于会议发言、宴会致辞、商务谈判、学术研讨、游览参观等场合。

笔译就是笔头翻译、文字翻译,多用于社会科学、文学艺术和科学技术等文献资料的翻译。它不像口译那样有紧迫的时间限制,因此可以反复斟酌,可以查找资料,但在标准方面则要求更严更高。笔译和口译一样,是一项古老的职业,在文化输入和输出方面起着重要的作用。在我国,笔译的第一个繁盛期就是佛经翻译时期,这一时期历时千年,涌现出许多著名的翻译家和译论,这一时期的翻译活动为我国引入了佛教智慧,为日后的儒释道共存共融奠定了文化根基。

机器翻译(machine translation),又称为自动翻译,是利用计算机将一种自然语言(源语言)转换为另一种自然语言(目标语言)的过程。它是计算语言学的一个分支,是人工智能的终极目标之一,具有重要的科学研究价值。同时,机器翻译又具有重要的实用价值。随着经济全球化及互联网的飞速发展,机器翻译技术在促进政治、经济、文化交流等方面起到了越来越重要的作用。

三、文学翻译、科技翻译和广告翻译

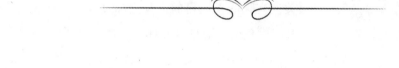

根据翻译材料的内容、文体和功能,可以将翻译分为文学翻译、科技翻译和广告翻译。这里的文学翻译泛指所有文学作品的翻译,包括诗歌、散文、小说、剧本等,它们使用文学性语言,塑造形象、产生意象、记述故事、渲染情感、融情于理,具有较强的文学特征。文学作品主要实现的是情感体验和审美功能,这也是文学翻译的重点。而科技翻译是一个宽泛的概念,指所有以信息传递为主旨的文本或文体类型,包括社会科学文本、自然科学文本、公告说明类文本、法律合同类文本、文献资料类文本,以及其他重在信息传递的文本。此类科技翻译的重点在于信息传递得准确无误、专业规范、逻辑清晰、语意明了和读者友好。广告翻译泛指所有以广告宣传的方式来传递信息,意图促使受众按照其所设想的方式采取行动的文本类型的翻译。此类翻译主要包括、商业广告、公益广告、招募令、动员令、影视海报等。

上述分类获益于凯瑟琳娜·莱丝(Katharina Reiss,1923~)对文本类型的划分。她是德国功能学派翻译理论的早期创始人之一,后文会详细论述她的理论。

四、全译、节译、摘译、编译、译述和译写

全译是指译者将原文原封不动地翻译出来，保留所有内容，不作任何删减。

节译是指对原文进行局部的删节性翻译，删除在译者看来不太必要的、冗长而繁琐的部分，但保留原文的核心内容，保持原文内容相对完整。

摘译是指译者根据实际需要，摘取原文的中心内容或个别章节或句段进行翻译，摘译的内容一般是原作的核心部分或内容梗概。

编译是指译者把一个甚至几个文本的相关内容进行编辑加工，根据要求作出概述性的传译。

译述是最为灵活的翻译方式，一般指译者仅仅表达出原文的主要内容或大意，而不必拘泥于原文的论述格式或语言表现。译述中，可以对原作内容进行客观介绍，也可以加上译述者自己的观点。

译写是指在翻译过程中，译者根据自己的理解和想要达到的效果，在译文中增加、删减、改变原文内容，在翻译中融入了写作的成分，改变了原文的阅读效果。

以上六种处理方式以全译使用最多。由于全译也是其他翻译处理方式的基础，因此最适于初学者采用。其他几种翻译处理方式各有特点，适用于不同的目的，译者可根据材料来源、原文性质、工作需要和读者兴趣，采取适当的处理方式。但无论采取何种翻译，都应在译本上注明资料来源、原文题目、作者姓名和处理方式，这既是对作者、读者负责，也是培养译者自身良好学风的方式。

编译也是较为常用的翻译方法。编译是从读者的特殊诉求出发，摄取原作最有价值的内容进行翻译和加工的创造性活动。对编译的概述有如下：

"文以辨洁为能，不以繁缛为巧"（刘勰，《文心雕龙·议对》），编译就是（可能）采用摘译的方法，再作处理和加工，正确处理量中求质、长中求短、乱中求序和一般需求中求特殊需求的几对辩证关系。简言之，编译指编辑和翻译，是夹杂着编辑的翻译活动，是先编后译的过程，是根据翻译对象的特殊要求对一篇或几篇原作加工整理后再进行翻译的变译活动。加工指将原作制成新作，以达到翻译的特定要求；

另一层意思是使原文更完善,更能为译文读者所接受;整理则指使原文更加条理化,或据译者(或读者)要求更具针对性,调整秩序,使之有序化。编译方法有宏观和微观之分。微观方法主要有五种:摘取、合并、概括、调序、转述;宏观方法则包括段内编译、段际编译、篇内编译、篇际编译、书内编译、书际编译。编译的最小语言单位是段,往上再是篇(章)和书,篇和书的数量可以是一,也可以不定,不过篇际和书际的编译原作数量最好不超过五。编译的原则大致有七种:译前的编辑性、主题的明确性、材料的集中性、材料的典型性、详略的得体性、结构的调整性、篇幅的合理性。

编译有七大原则:

(1) 译前的编辑性。通常,编译是先编后译,至少是边编边译,很少是先译后编的,所以在译之前,需要一定的加工或预处理。预处理或加工是指将原作制成符合读者阅读兴趣、达到规范的行为,包括:① 确定信息与接受者的相关性。人们比较关心与自己兴趣有关的信息,因而译者对原作进行筛选,摘取所需的信息;② 初步调整原作的结构。原作因本身逻辑思维上的混乱而导致语言上的无序,译者必须予以纠正;或者译者按照自己的写作手法,或者是根据译文的潜在读者的兴趣,对原作的结构进行调整。

(2) 主题的明确性。主题集中,是说一段话、一篇文章或一本书都只能有一个主题,它是篇章的灵魂,材料的统帅。编译的作用还在于深化主题,明确中心。方法是着眼于文章的内容,通读全文,看写作意图是否清楚,主题是否明确,重复的是否必要。编译的目的是把极端的编得全面,把面面俱到的编得重点突出,把主题不明确的编得观点鲜明。

(3) 材料的集中性。通过编辑使主题明确后,主题和论点就可以统帅材料,使材料足以说明主题和论点,求得主题论点与材料的统一。材料过多会使文章臃肿,甚至会淹没主题论点,这时就要删掉多余的无关紧要的材料。材料不在多,而在精,在于有序,在于例证严密,从而具有说服力。

(4) 材料的典型性。删除不必要的材料和细节,减少用词数量,是压缩篇幅的成功方法。不要在译作中提供不必要的背景知识和多余的解释性描述。上例的前言部分含有一些越南地域等特征的信息,编译时删除。信息的量多,并不等于质好。

(5) 详略的得体性。在编译过程中,可根据主题、文体、新旧和读者等方面决

定原文内容的详略程度。按主题需要决定详略,有利于突出主题者宜用详笔,反之用略笔。

(6) 结构的调整性。文章贵在言之有序,不同文体结构的方法不尽相同。如记叙文记人记事、状物写景要理清时间顺序和空间顺序,做到言之有序。如有的原文在时间上呈无序状态,读来杂乱、不通畅。编译者若按照年代顺序来定,叙述则井然有序,脉络畅通。结构的调整要考虑全文的布局,如开头是否引人入胜,结尾是否深刻有力,各段的中心意思是否明确,段与段之间的内在联系是否紧密。过渡段衔接是否自然,层次脉胳(络)是否分明,前后照应是否得当等。另外,标题是否得当,有无必要增删。增设的标题其语法结构必须一致。标题的层次或数量的多少亦应适当,以便于阅读为原则。

(7) 篇幅的合理性。有的原作篇幅过长,其主要原因是内容太多,措词造句繁琐。原作含有几个主题,可以分为两篇或三篇论文,以缩短每篇的篇幅。篇幅和长短,还应根据文章的内容、期刊编辑部和读者的要求确定。供期刊发表的文章,篇幅不宜太长,受读者欢迎的是短篇,内容充实,文字清楚,没有漏洞的文章。(刘丽芬,黄忠廉,2001)

编译策略广为采用,其具有以下特点:① 自由度高,不拘泥于原文结构和内容,任取所需;② 实用性强,各种体裁风格领域的文本都适用;③ 语言灵活、通俗化,易于读者阅读和接受;④ 应用性强,可编、评、述、译同时进行,便于普及文化知识,有利于与本土文化相融合;⑤ 有利于资源整合,可以综合一部或几部文本的信息,编译出版满足读者的需求。

然而,编译策略也存在一定的不足:① 编译文本不利于保持原作的文体风格和篇章脉络;② 不利于读者找寻原作中的文本细节信息,如引用来源文本索引等各种注释;③ 使用受到一定程度的限制,对于文学文本来说,编译可能造成很大的文本损失。

译者在编译过程中,需要以目标语读者为中心,以译入语为依归,使译文达到原文的预期功能。这就要求译者遵循信息度原则和关联度原则:遵循信息度原则,指在编译过程中要保留原文的关键信息,这对实现译文的预期功能十分重要,遵循关联度原则,指在编译过程中要保证原文信息与译语读者的相关程度。具体而言,编译要遵循以下原则:

编译是编辑和翻译,二者缺一不可,而且是先编后译或者编译并行的活动。如果是先译后编,就只能称为"译编"。"译编"虽然在实践中存在,但比较罕见,因为译编比全译要付出更多的劳动,与编译节省时间、节省精力、提高效率的初衷背道而驰。一篇作品之所以进行编译而不是全译,即对原作进行编辑的理据,在于原作结构上的松散、混乱,语言上的模糊、啰嗦,内容上的面面俱到、艰深、错误或偏离事实以及在政治文化方面有不适合译入语读者的内容等。编译中"编"的基本含义是加工、整理。加工就是对原文摘删、并合。摘什么,删什么,由原作内容和译者/读者的需要所决定。这里,兼顾原作主旨和编译者的需要很重要,要善于找平衡点。如果不顾原作主旨,一切摘删都以编译者的意志为转移,编译就会变质为摘译。另外,对原文的删减要采取辩证、审慎的态度。例如胡乔木同志就曾指出,大仲马的小说如果译给小学生看,不适合用全译,编译似乎更好,因为他的小说中有些情节对小学生"似乎很不相宜",需要作些删节。但他同时又说,"大仲马小说的结构是很严密的",删节要"十分仔细"。整理是对摘选材料的重新组合与排序,总体上应遵循原作语篇内容的内在逻辑。对原作进行删减之后,剩下的材料虽然是原作的精华,但原作的固有结构已被破坏,如原作的纽带被切断,一些有机组成部分被删去。缘此,要使剩下的材料成为一篇结构合理、条理清晰的作品,句段间的并合与调序是十分必要的。并合的依据有两点,第一,各材料部分有无某种内在联系;第二,有无并合之需要,即原材料之间有无衔接与连贯上的问题,有无行文松散、啰唆的毛病。句段重组完毕之后,还要考虑整个材料宏观逻辑上的合理性,要考虑是否需要在局部、有时甚至是整体上进行顺序调整,以使编译文在时间、空间、思维逻辑上合情合理。为了译文的衔接、连贯、加强主旨而进行的编译中的增词、句、段,虽然是在翻译过程中或译毕之后发生的,本质上也属于编辑行为。编译中的增译,不能与原作的主题相悖,其主要功能是加强译文各部分的衔接及原作主旨。(田传茂,2005)

译写是一种翻译与写作的混合模式,很难给出具体的操作标准,也很难规定翻译和写作所占的比例。从本质上讲,译写更应该是一种创作方法,因此更应该以写作的标准来衡量译写的质量,但是如果以译写为借口来掩盖拙劣的、不负责任的翻译行为,那则是另外一回事了。

问题与思考

1. 讨论一下中华典籍外译中语内翻译和语际翻译的关系。
2. 什么是符际翻译？符际翻译如何辅助语际翻译？
3. 编译的基本原则和方法有哪些？请尝试进行一次编译实践。
4. 什么是译写？你赞同译写这种形式吗？为什么？
5. 除了本章讲到的翻译分类外，还有哪些分类方法？

第四章

翻译的功能

翻译表现为不同语言文字间的转换,可谓译即易。但究其原因,翻译无不是为了实现某种功能,诸如情感传递、外交沟通、宗教传播,等等。

一、诗歌翻译的情感传递功能

诗歌是与人类生活相伴的古老的文学形式,古代的诗和歌是不分家的。那时的诗歌具有很强的音乐性,词句较为简单、直接,便于歌唱,擅长于传递心声,表达情感。譬如,夏商时期的《击壤歌》就反映出普通百姓一边玩"击壤"的游戏,一边歌唱的情形。它反映了上古时期人们的日常生活:太阳升起就去劳作,太阳落下就去休息,开凿水井就有水喝,耕种田地就能收获粮食。一切都靠自己的劳动获得,不靠帝王的力量。

《击壤歌》
日出而作,
日入而息。
凿井而饮,
耕田而食。
帝力于我何有哉?

诗歌展现了劳动人民合于自然、自给自足、无忧无虑、自信从容的生活,传递了先民们对自由农耕生活的热爱之情。我们从中还可以看到老子"小国寡民……甘其食,美其服,安其居,乐其俗。邻国相望,鸡犬之声相闻,民至老死,不相往来"的理想社会生活的影子。

《毛诗序》有:

诗者,志之所之也,在心为志,发言为诗。情动于中而形于言,言之不足,故嗟叹之,嗟叹之不足,故咏歌之,咏歌之不足,不知手之舞之,足之蹈之也。

这是我国对诗歌最早的定义,它论述了诗歌的产生过程,还论及了诗与志、情、言的关系。诗人情志蕴含于内心时称为情志,用语言表达出来时即为诗歌。由此可见,诗歌主要用来传情达意,是诗人情感的流露。英国桂冠诗人华兹华斯说"所有的好诗都是强烈情感的自然流露"(the spontaneous overflow of powerful emotion),他反对以18世纪格雷为代表的"诗歌辞藻",主张诗人"选用人们真正用的语言"来写"普通生活里的事件和情境"。我国现代诗人、文学评论家何其芳曾说:"诗是一种最集中地反映社会生活的文学样式,它饱含着丰富的想象和感情,常常以直接抒情的方式来表现,而且在精炼与和谐的程度上,特别是在节奏的鲜明上,它的语言有别于散文的语言。"从何其芳对诗歌的描述中我们也可以看出,"包含情感"是诗歌语言的一个重要特征。我国记载的最早的诗歌翻译是《越人歌》的翻译,是从越语到汉语的语内翻译。《越人歌》是一首情感真挚、语言优美的诗歌,其译文精美绝伦,震人心魄,堪称中国文学史上的名品。游国恩在《楚辞的起源》(《国学月报》)中高度评价了《越人歌》的艺术成就。他说《越人歌》"的确可以代表一个《楚辞》进步很高的时期,虽是寥寥短章,在《九歌》中,除了《少司命》《山鬼》等篇,恐怕没有哪篇赶得上它"。他还认为《越人歌》对《离骚》和《九章》等"骚体"的形成也起了重要的作用。

对《越人歌》的记载最早出现在《说苑·善说》里:

襄成君始封之日,衣翠衣,带玉剑,履缟舄,立于游水之上,大夫拥钟锤,县令执桴号令,呼:"谁能渡王者于是也?"楚大夫庄辛,过而说之,遂造托而拜谒,起立曰:"臣愿把君之手,其可乎?"襄成君忿作色而不言。庄辛迁延沓手而称曰:"君独不闻夫鄂君子皙之泛舟于新波之中也?乘青翰之舟,极䓣芘,张翠盖而犗犀尾,班丽袿衽,会钟鼓之音毕,榜枻越人拥楫而歌,歌辞曰:'滥兮抃草滥予昌枑泽予昌州州鍖州焉乎秦胥胥缦予乎昭澶秦逾渗惿随河湖。'鄂君子皙曰:'吾不知越歌,子试为我楚说之。'于是乃召越译,乃楚说之曰:'今夕何夕搴中洲流,今日何日兮,得与王子同舟。蒙羞被好兮,不訾诟耻,心几顽而不绝兮,知得王子。山有木兮木有枝,心说君兮君不知。'于是鄂君子皙乃揄修袂,行而拥之,举绣被而覆之。鄂君子皙,亲楚王母弟也。官为令尹,爵为执圭,一榜枻越人犹得交欢尽意焉。今君何以逾于鄂君子皙,臣何以独不若榜枻之人,愿把君之手,其不可何也?"襄成君乃奉手而进之,曰:"吾少之时,亦尝以色称于长者矣。未尝过僇如此之卒也。自今以后,愿以壮少之礼谨受命。"

这段文字讲述了这样一则故事:鄂君子皙乘着雕纹饰彩的舟船出行于江上,随行人员击鼓鸣乐,这时一个划船的越人拥楫而歌,歌声十分优美动人。但因为歌者

是用越语演唱的,鄂君子皙无法听懂,于是叫人将它翻译成楚地语言,才明白原来歌者表达了自己对鄂君子皙的仰慕之情。鄂君子皙获悉就走过去,为她披上美丽的织锦绣缎。在这个故事中,翻译起到了传递情感、沟通精神的作用。如果没有翻译或者说没有如此动人心魄的翻译,那么越女就可能因为心思不能被理解而抱憾终生,这对子皙来说又何尝不是一件憾事呢?

今天保留下来的《越人歌》的越语记音和楚语译文如下:

(越语原文)

滥兮抃草滥予昌枑。泽予昌州州𨋢州焉

乎秦胥胥缦予乎昭澶秦踰渗惿随河湖。

(楚语译文)

今夕何夕兮,搴舟中流?

今日何日兮,得与王子同舟?

蒙羞被好兮,不訾诟耻。

心幾顽而不绝兮,得知王子。

山有木兮,木有枝,

心说君兮,君不知。

总之,对于诗歌这种以情感表达和传递为主的典型文学体裁,在翻译时要主要考虑其情感功能,注重译文和原作情感功能之间的对应和翻译效果的实现。

二、翻译的外交功能

在中国翻译史上,翻译人员最早在周代称作"象胥"或"舌人"。《周礼·秋官》有:

象胥,每翟上士一人,中士二人,下士八人,徒二十人。

象胥,掌蛮夷闽貉戎狄之国使,掌传王之言而谕说焉,以和亲之。若以时入宾,则协其礼与言辞传之。

可见象胥是负责与周边蛮夷、闽貊、狄戎之类藩国交往事务的官，类似今天的外交官。他们要负责传达王所说的话使周边藩国明白，以此密切本国和藩国的关系。如果有使者来到本国，就要做好有关礼仪的协调和语言的翻译工作。

《国语·周语》记载：

夫戎狄冒没轻儳，贪而不让，其血气不治，若禽兽焉。其适来班贡，不俟馨香嘉味，故坐诸门外，而使舌人体委与之。

同样，舌人的工作也是处理与外族的关系，接待和管理来朝贡的使者。因为文化间的差异，外族使者的行为、品性和喜好与汉族不同，因此需要舌人来沟通、管理。

综上可见，我国古代的翻译官肩负着语言翻译、传达王命、了解各民族思想愿望、改善民族关系等多重职责，本质上类似于今天的外交官。

翻译在外交工作方面则不仅仅起辅助作用。周恩来总理说："外交工作的主要任务是处理国家间的关系。"外交是通过会谈、会议、谈判等方式处理国家关系、解决国际争端和问题。与外国政府官员进行口头或书面对话，是外交的主要手段。如果两国官员语言相通，就可以直接对话。但如果语言不通，则必须经过翻译。所以，翻译在外交工作中起着双向转换语言、消除语言障碍、传递信息的重要作用，是外交工作不可缺少的一部分。从一定意义上说，译员是领导人在外事活动中的"嘴巴"和"耳朵"。没有嘴巴，说不通；没有耳朵，听不懂。没有翻译，两国领导人无法交谈。用手比划，可以表达简单意向，但不能交换看法、想法。所以，对于不懂外语的领导人来说，翻译是必不可少的。外交翻译区别于其他翻译的两个主要特点是"政治上的高度敏感和用词分寸的把握。外交翻译的特点决定了外交翻译人员必须具备的政治素质要求。即站稳立场、掌握政策、认真严谨、严守纪律、良好译德"（徐亚男，2000）。

翻译的外交功能是其古老而重要的功能之一。因为不同主权国家交往间的重要性和正式性，外交翻译对译者提出了较高的翻译标准和操作规范，要求译者站稳政治立场，准确选用词语，维护国家权益。

三、翻译的宗教传播功能

我国的宗教文本翻译活动主要是佛经的翻译。我国的佛经翻译,从东汉桓帝末年安世高译经开始,在魏晋南北朝时期有了进一步的发展,到唐代臻于极盛,北宋时已经式微,元以后则是尾声。

佛教创立于公元前6世纪的古印度。公元前3世纪,孔雀王朝的阿育王大弘佛法,派僧侣四出传教。早在公元65年之前佛教就传入了中国。

中国佛经翻译中涌现出了众多的翻译大家,他们的翻译思想至今仍是译界宝贵的财富。

支谦的《法句经序》是最早带有佛经翻译理论性质的文章,记录了佛经翻译中文质两派的争论。序中云:

诸佛典皆在天竺,天竺言语,与汉异音。云其书为天书,语为天语。名物不同,传实不易。唯昔蓝调、安侯、世高、都尉、佛调,译胡为汉,审得其体,斯以难继。后之传者,虽不能密,犹尚贵其实,粗得大趣。始者维祗难出自天竺,以黄武三年来适武昌。仆从受此五百偈本,请其同道竺将炎为译。将炎虽善天竺语,未备晓汉,其所传言,或得胡语,或以意出音,近於质直。仆初嫌其为辞不雅,维祗难曰:"佛言,依其义不用饰,取其法不以严。其传经者,当令易晓,勿失厥义,是则为善。"座中咸曰:"老氏称'美言不信,信言不美'。仲尼亦云:'书不尽言,言不尽意。'明圣人意,深邃无极。今传胡义,实宜径达。"是以自偈受译人口,因循本旨,不加文饰。译所不解,即阙不传,故有脱失,多不出者。然此虽词朴而旨深,文约而义博。

道安提出的"五失本""三不易"佛经翻译思想也反映出当时佛经翻译的情况:

译胡为秦,有五失本也:一者,胡语尽倒,而使从秦,一失本也。二者,胡经尚质,秦人好文,传可众心,非文不合,斯二失本也。三者,胡经委悉,至于咏叹,叮咛反复,或三或四,不嫌其烦,而今裁斥,三失本也。四者,胡有义说,正似乱辞,寻说向语,文以无异,或千五百,刈而不存,四失本也。五者,事已全成,将更傍及,及腾前辞,已乃后说,而悉除此,五失本也。

然《般若经》,三达之心,覆面所演,圣必因时,时俗有易;而删雅古,以适今时,一不易也。愚智天隔,圣人叵阶;乃欲以千岁之上微言,传使合百王之下末俗,二不易也。阿难出经,去佛未久,尊者大迦叶令五六百通,迭察迭书;今离千年,而以近义量裁,彼阿罗汉乃兢兢若此,此生死人而平平若此,其将不知法者勇乎?斯三不易也。

道安的"五失本""三不易"翻译思想是针对当时佛经翻译中存在的问题提出的,是一种经验和规律的总结。道安"五失本"之本意是在告诫译者不要"失本"。但由于他的"五失本"理论,从语言对比的角度很好地总结了梵汉语言差异,又由于翻译的本质属性使然,该理论进而在佛经翻译实践中被演绎为指导如何"失本"的方法,这既是翻译实践和翻译理论矛盾运动的必然结果,又是人们对翻译本质认识不断深化的必然结果,反映出了当时佛经翻译观念的演变。

鸠摩罗什(Kumārajīva,344~413)是一位来我国传教的西域高僧,祖籍天竺,五岁开始博览群书,七岁跟随母亲一同出家,曾游学天竺诸国,遍访名师大德,深究妙义。他年少精进,又博闻强记,既通梵语,又娴汉文,佛学造诣极深。他博通大乘小乘,精通经藏、律藏、论藏三藏,并能熟练运用,乃三藏法师第一人,与玄奘、不空、真谛并称为中国佛教四大译经家。东晋太元八年(384年),后凉太祖吕光迎接鸠摩罗什到达甘肃凉州,鸠摩罗什在凉州弘扬佛法十七年,同时学习汉文,后秦弘始三年(401年)入长安,至秦弘始十一年(409年)与弟子译成《大品般若经》《法华经》《维摩诘经》《阿弥陀经》《金刚经》等经和《中论》《百论》《十二门论》等论,系统介绍了龙树中观学派的学说。总计翻译经律论传94部、425卷,其中"三论"(《中论》《十二门论》《百论》)为三论宗主要依据;《成实论》为成实学派主要依据;《法华经》为天台宗主要依据;《阿弥陀经》为净土宗所依"三经"之一。

玄奘(602~664),又称"三藏法师",俗名陈祎,洛阳缑氏人,是佛经翻译大家。玄奘为探究佛教各派学说分歧,于贞观元年一人西行5万里,历经艰辛到达印度佛教中心那烂陀寺取真经。历时17年学遍了当时的大小乘各种学说,共带回佛舍利150粒、佛像7尊、经论657部,并长期从事翻译佛经的工作。玄奘及其弟子共译出佛典75部、1335卷。玄奘的译典著作有《大般若经》《心经》《解深密经》《瑜伽师地论》《成唯识论》等。《大唐西域记》十二卷,记述了他西游亲身经历的110个国家及传闻的28个国家的山川、地邑、物产、习俗等。他在译经中已成功运用了补充法、省略法、变位法、分合法、译名假借法、代词还原法等多种翻译技巧。他还提出了"五不翻"的音译原则,即秘密故、含多义故、此无故、顺古故和生善故。梁启超认为:"若玄奘者,则意译直译,圆满调和,斯道之极规也。"

佛教起源于印度,发展在中国。佛教传入中国在东汉,滋长发展在曹魏、西晋、北魏,鼎盛于隋唐。在东汉、曹魏、西晋、北魏时均曾以洛阳为都,这为佛教的传播提供了优越的条件。《魏书·释老志》云:"愔仍与沙门摄摩腾、竺法兰东还洛阳,中国有沙门及跪拜之法自此始也。愔又得佛经四十二章及释迦立像……寸音之还也,以白马负经而至,汉因立白马寺于洛城雍关西,摩腾、法兰咸卒此寺。"据《高僧传》说,最早的汉文佛经《四十二章经》,即译自白马寺,"汉地见存诸经,唯此为始也"。《四十二章经》体裁略仿《论语》,内容偏于佛教的小乘学,它曾对我国佛教的早期传播发挥过重大作用,是研究我国早期佛教的重要资料。东汉初年白马寺的创建,标志着封建国家正式承认佛教的合法地位,允许甚至倡导佛法传布,由此至东汉末年的一百多年中,来华的西域僧徒渐多,而入华日频的商贾及使臣中,信佛者也不少,佛经遂被更多的翻译过来,佛教势力便随之一天天扩大。(徐金星,1983)

佛经翻译在我国历时久远,影响巨大,且有不少人通晓梵语,以致梁启超在《佛典之翻译》中发出疑问:"当时梵文何故不普及耶?"梁启超的问题需要学者们共同研究,但他的问题从一个侧面反映出佛经翻译在我国的影响深广。所以后来人们普遍认为中国文化是儒释道三家思想的融合与发展就不足为奇了。

吾撰本章已,忽起一大疑问,曰:"当时梵文何故不普及耶?"吾竟不能解答此问题。自晋迄唐数百年间,注意及此者,惟彦琮一人。其言曰:"彼之梵法,大圣规摹。……研若有功,解便无滞。匹于此域,固不为难。难尚须求,况其易也。或以内执人我,外惭咨问,枉令秘术,旷隔神州。静言思之,憋然流涕,向使……才去俗衣,寻教梵字,……则应五天正语,充布阎浮;三转妙音,普流震旦。人人共解,省翻译之劳;代代咸明,除疑罔之失。……"(《续高僧传》本传)琮之此论,其于我学界污隆,信有绝大关系。前此且勿论。隋唐以降,寺刹遍地,梵僧来仪,先后接踵,国中名宿,通梵者亦正不乏。何故不以梵语,泐(lè)为僧课?而乃始终乞灵于译本,致使今日国中,无一梵籍。欲治此业,乃藉欧师,耻莫甚焉。诘其所由,吾未能对。吾认此为研究我国民性者应注意之一事实而已。(梁启超,1998)

总之,在人类历史上,不同文化间的宗教经典的翻译是人类不同宗教文明交流的主要内容。宗教翻译历时久远、规模宏大、译家辈出、译论焕彩,是人类翻译史上的第一个高潮时期,既展现了翻译在宗教传播上的功能,又展现了人们对宗教智慧和文化的渴求,是早期文化间交流的重要形式。

四、引进新的文学形式

埃文·佐哈尔(Itamar Even Zohar)是以色列著名翻译理论家,他的多元系统理论是文化学派翻译理论的基石,后文会展开详细论述。

埃文·佐哈尔多元系统理论的主要思想反映出翻译文学与本土文学之间的关系,也反映出文学、翻译等与社会文化环境、政治环境等之间的关联。他所讲到的翻译文学会处于中心位置的第三种情形,即文学出现了转折点、危机或文学真空阶段,有助于我们理解我国清朝末期出现的大规模的外国文学作品的翻译情形。在此次翻译外国文学作品的浪潮中,林纾是一位十分突出的译者,他通过与他人合作先后翻译外国小说180多种。林纾译得最多的小说是英国小说家哈葛德的作品,有《迦因小传》《鬼山狼侠传》等20种;其次为英国作家柯南道尔的作品,有《歇洛克奇案开场》等7种。林译小说中属于世界名作家和世界名著的,有托尔斯泰的《现身说法》,小仲马的《巴黎茶花女遗事》,大仲马的《玉楼花劫》,狄更斯的《贼史》,莎士比亚的《恺撒遗事》,司各特的《撒克逊劫后英雄略》,欧文的《拊掌录》,伊索的《伊索寓言》,易卜生的《梅孽》,塞万提斯的《魔侠传》,笛福的《鲁滨孙漂流记》,菲尔丁的《洞冥记》,斯威夫特的《海外轩渠录》,斯蒂文森的《新天方夜谭》,里德的《吟边燕语》,安东尼·霍普的《西奴林娜小传》,斯托夫人的《黑奴吁天录》,巴尔扎克的《哀吹录》,雨果的《双雄义死录》,德富健次郎的《不如归》等。林纾的翻译当时影响巨大,其中的《巴黎茶花女遗事》一经刊行就令"洛阳纸贵",严复、夏曾佑、康有为等都为之触动,严复的"可怜一卷《茶花女》,断尽支那荡子肠"是对其风行情况的生动写照。然而,林纾的贡献不止于此,他还是引进和传播现代小说文体的旗手,由此催生了我国的现代小说,而在此之前我国的小说主要是章回体小说。章回体小说是中国古典长篇小说的主要形式,它是由宋元时期的"讲史话本"发展而来的。"讲史"就是说书的艺人们讲述历代兴亡和战争的故事。讲史一般都很长,艺人在表演时必须分成若干次才能讲完。每讲一次,就等于后来章回体小说中的一回。在每次讲说以前,艺人要用题目向听众揭示主要内容,即章回体小说回目的起源。从章回体小说中经常出现的"话说"和"看官"等字样,就可以明确看出它与话本之间的继承关系。章回体小说的艺术特征有情节连贯、故事完整、意向明朗,具有可叙述性,叙事角度基本上是第三人称;它的形式特征为散韵结合,散文是主体,韵文主要起过渡、装饰等作用。而现代西方小说则在不少方面不同于章回体小说,其一就表现在叙事人称的选择上,它不仅有第三人称叙事,还有第一人称叙事。林纾在翻译时保留了原作的叙事人称,丰富了我国小说的叙事角度。林纾用第一人称来翻译的西方小说也有一个缓慢的接受过程:

林纾的翻译小说既是中国章回小说的"掘墓者",又是新小说的"催生者",为中国小说的改弦易辙起到了积极的推动和先导作用。五四运动后,鲁迅、郁达夫、叶圣陶、茅盾、巴金等作家相继登上文学舞台,创作出与传统白话章回小说完全不同的新小说,完成了中国小说的现代转型。林译小说问世促成了中国小说叙事模式的转变。此前的中国小说,很少采用第一人称叙述,多为第三人称全知全能的叙述模式。正如第五章所述,林纾翻译西洋小说之初,对西洋小说中的第一人称叙事角度并不适应,因此他和合作者常常对第一人称叙事模式进行中国化的改造。在《巴黎茶花女遗事》中,他把故事的第一人称叙述者"我"改为"小仲马",在《块肉余生述》中,第一人称叙述者"我"改为"大卫·考伯菲而",在《离恨天》中,把第一人称叙述者"我"改为"著书者"。但是当林纾翻译《现身说法》时,他已经习惯了这种新的叙事角度,不再对第一人称叙述进行中国化的改造。林纾等从西洋小说引入的第一人称叙事模式,后来被吴跃人、苏曼苏等人模仿。(刘宏照,2010)

除了引入西方小说的第一人称叙事方式,林纾还为中国文学引入了日记体小说体裁。在《巴黎茶花女遗事》中有大量的日记,以第一人称叙述,增加了作品的真实感,给读者带来极大的震撼。这让中国作家感受到了日记体小说的极大魅力。1902年在翻译《鲁滨孙漂流记》时,林纾正式为中国读者引进了日记体小说这一文学体裁。

林纾翻译的《巴黎茶花女遗事》中有相当的篇幅是玛格丽特的日记,把日记当作小说的一部分,是中国传统小说原来所没有的。这种情况受到小说家的关注和模仿。民国小说《玉梨魂》第二十九章中的日记,模仿《巴黎茶花女遗事》的痕迹非常明显。林纾翻译的孟德斯鸠的《鱼雁抉微》(今译名《波斯人信札》)是书信体小说,中国传统小说也没有这种小说形式,也被当时的作者所模仿。包天笑的小说《冥鸿》,用给亡夫的书信写成。

所以,从当时章回小说的衰微、叙事角度的改变、新小说的出现,到日记、书信入小说,乃至现代小说的产生,都同林译小说有关。林纾及其合作者翻译的外国小说所产生的"蝴蝶效应"最终改变了中国小说的面貌。虽然中国现代小说仍有传统小说的影子,但是同明清小说相比,在形式和内容上已经发生了质的变化。先有林纾及其合作者的翻译小说,才有中国小说家模仿西洋、学习西洋小说,从而改变了中国文学传统的走向和命运。(刘宏照,2010)

另外在小说结构方面,中国小说注重故事情节的连贯、发展,西方小说除了注重故事情节外,还注重心理描写和环境描写,林纾在翻译时为了适应中国读者的阅读习惯将此类描写删除了一部分,但是那些对故事情节明显有用的描写,他还是基本都保留了下来。对西方小说此类特点的引入促进了中国小说的发展,后来还出现了专门以描写心理见长的心理小说,比如,施蛰存的一系列心理小说。

域外小说的输入,以及由此引起的中国文学结构内部的变迁,是 20 世纪中国小说发展的动力。可以这样说,没有晚清开始的对于域外小说的积极介绍和借鉴,中国小说不可能产生脱胎换骨的变化。(陈平原,2005)

在 20 多年的翻译生涯中,林纾和合作者们翻译了近 200 种作品,文类繁多:有戏剧、寓言、战记、报刊评论、社会学等不一而足。而其中小说类型的丰富程度着实让国人眼界大开,按篇幅分有长篇小说(如《滑稽外史》)、短篇小说(如《拊掌录》),按内容分有社会小说(如《块肉余生述》)、冒险小说(如《斐洲烟水愁城录》)、侦探小说(如《电影楼台》)、爱情小说(如《巴黎茶花女遗事》)等,这些都是传统小说没有分列出来或根本不具备的。

毋庸置疑的是,林纾对西洋小说大规模的译介,丰富了当时本土作家的文体类型意识,带动了他们的创作热情,客观上促进了近代小说类型的发展完善。(杨丽华,2012)

总之,在中国近代小说由古典走向现代的过程中,林译小说在思想主题的表现、小说艺术形式的译介、文学理论的革新、小说类型的丰富上,都扮演过重要角色,起到了承前启后的作用。

五、革新思想观念

翻译的社会功能主要体现在它对思想观念的革新上。这样的事例有很多,以林译《巴黎茶花女遗事》为例,这部小说首先肯定了妇女追求爱情的权力,同时也揭示了虚伪的社会道德对这种追求的种种束缚和遏制。该小说在社会上的流传,为人们提供了重新考量我国传统婚姻制度的机会,传统的"父母之命,媒妁之言"不断受到质疑和抨击,为新的爱情观的树立打开了通道。并且林纾还通过翻译对"贞节"观念进行了新的阐释:

在《茶花女遗事》文本中,林纾对贞节评判的标准进行了巧妙的演绎,使得"贞节"二字的重心不在"性贞"——肉体及性行为的纯洁上,而是转移至"情贞"——对"爱情"的忠贞之上。"茶花女"忠贞的基础在于她和亚猛之间的爱情,是爱情让她的"忠贞"具有合法性和正当性。林纾肯定茶花女,其实是肯定以"真挚之爱"为核心的两性道德。这一主旨,无疑与五四青年的追求遥相呼应,成为林纾作品具有现代价值内涵的力证。(陈瑜,2012)

林纾的翻译对五四新文学运动的作家普遍存在着影响。周作人说:"老实说,我们几乎都因了林译才知道外国有小说,引起一点对外国文学的兴味"(周作人,2009)。钱锺书也是林纾的忠实读者,他写道:

最近,偶尔翻开一本林译小说,出乎意外,它居然还没有丧失吸引力。我不但把它看完,并且接二连三重温了大部分的林译,发现许多都值得重读,尽管漏译误译随处都是。我试找同一作品的后出的——无疑也是比较"忠实"的——译本来读,譬如孟德斯鸠和迭更司的小说,就觉得宁可读原文。这是一个颇耐玩味的事实。当然,能读原文以后,再来看错误的译本,有时也不失为一种消遣。有人说,译本愈糟糕愈有趣。我们对照着原本,看翻译者如何异想天开,把胡猜乱测来填补理解上的空白,无中生有,指鹿为马,简直象(像)一位"超现实主义"的诗人。但是,我对林译的兴味绝非想找些岔子,以资笑柄谈助,而林纾译本里不忠实或"讹"的地方也并不完全由于他的助手们语文程度低浅、不够理解原文。举一两个例来说明。

《滑稽外史》第一七章写时装店里女店员的领班那格女士听见顾客说她是"老妪",险些气破肚子,回到缝纫室里,披头散发,大吵大闹,把满腔妒愤都发泄在年轻貌美的加德身上,她手下的许多女孩子也附和着。林纾译文里有下面的一节:

"那格……始笑而终哭,哭声似带讴歌。曰:'嗟乎!吾来十五年,楼中咸谓我如名花之鲜妍'——歌时,顿其左足,曰:'嗟夫天!'又顿其右足,曰:'嗟夫天!十五年中未被人轻贱。竟有骚狐奔我前,辱我令我肝肠颤!'"

这真是带唱带做的小丑戏,逗得读者都会发笑。我们忙翻开迭更司原书(第一八章)来看,颇为失望。(钱锺书,2009)

林纾的翻译促使国人重视对国外情况的了解,也改变了他们长期以来面对"四夷"以"中国"自居的优越感。林译小说向人们展示了西方小说的魅力,提高了小说文体的社会地位。阿英说:"小说在中国文学和社会地位的提高,'林译小说',最先是小仲马这一部名著译本,起了很大的作用"(阿英,1981)。

问题与思考

1. 如何评价文学作品译文在情感上的表现力?
2. 翻译有哪些社会功能?又是如何影响社会的?请举例说明。
3. 翻译和国家外交有何关系?什么是外交话语构建?
4. 林纾的翻译思想有哪些特点?这些特点和当时的社会有什么联系?
5. 郑振铎和钱锺书是如何评价林纾的翻译的?你认为他们的评价合适吗?

第五章

翻译的过程

翻译的过程就是译者阅读、理解原作,然后用译入语将原作再现出来的过程。这个过程是翻译活动的核心过程,也是最重要的一步。同时,这个过程又是整个翻译活动中最隐秘、最复杂的一步,因为这个过程发生在人的大脑中,像是一个神秘的黑匣子,里面发生了什么很难说清楚。本章主要探讨翻译过程包含的主要环节和影响翻译过程的若干因素。

一、翻译过程中的几个重要环节

萧乾认为翻译主要涉及理解和表达两个环节,这也是我们对翻译过程的一般认识。所谓的理解就是仔细阅读原作,吃透原作的意思和精神。在这个过程中查字典解决生词问题,查找资料解决文化背景问题,查找作者的生平与所处的社会背景帮助深入理解作者的思想观念等,这些都是理解一部作品和一个作家所必需的工作。除了透彻理解原作,还要将原作的思想、精神与风貌完整、生动地再现出来,这就是表达。萧乾认为在理解与表达中,表达甚至比理解更难、更重要。因为汉语和外语之间的巨大差异,这种说法可能并非虚言。不过对于中国译者来说,外译汉的翻译活动中,理解外语往往更难一些。文洁若在接受采访时谈到了自己多年做翻译工作的感受和想法:

"做了这么多年翻译工作,我没有总结出高深的理论。我认为,翻译是运用所学的知识、所积累的人生经验,去理解不同国家的文化,既努力保留原作神韵,又有所润色。当然,做翻译不是一件容易的事,它要求译者不但要对两种语言都能驾驭自如,还要深入了解两国历史文化。外文很好、中文表达能力不行,就不能准确表达原意;中文很好、不精通外文及其文化背景也容易出问题。

做好翻译工作,还要了解作品语言风格,对作者生平经历、思想观念有深入、系统研究,要坚持不懈地阅读。我在翻译日本作家芥川龙之介和井上靖的作品之前,先认真阅读巴金、沈从文、郁达夫、老舍等作家的小说,力求使译文语言贴近文学大家的气质和风格。翻译中遇到陌生的词语时,我会查各种字典,确保准确理解词义之后,还要根据作品中的具体语境来揣摩更细微的含义。为确保不出差池,我一直坚持用传统的手写方式从事翻译工作,这样虽然很累,但是心里踏实。"

文洁若在接受采访的这两段文字记录中谈到的正是翻译中的理解与表达环节。"译者不但要对两种语言都能驾驭自如,还要深入了解两国历史文化""还要了解作品语言风格,对作者生平经历、思想观念有深入、系统研究,要坚持不懈地阅读""翻译中遇到陌生词语时,我会查各种字典,确保准确理解词义之后,还要根据作品中的具体语境来揣摩更细微的含义",这些要求和做法都是为了确保翻译过程中能够理解正确。"外文很好,中文表达能力不行,就不能准确表达原意""我在翻译日本作家芥川龙之介和井上靖的作品之前,先认真阅读巴金、沈从文、郁达夫、老舍等作家的小说,力求使译文语言贴近文学大家的气质和风格",这些则是针对翻译表达提出的主张和分享的经验。

黄振定主张翻译是科学性和艺术性的统一,他认为翻译的思维过程具有以下特征:① 它是包含了将源语的语言形式转换为语义信息,再将语义信息转换为目标语形式的双向思维过程;② 翻译思维过程受到原作的客观限制,不能随意发挥,这也是翻译区别于写作的地方;③ 翻译的思维过程具有一般思维过程的特点,既有抽象的概念逻辑的形式,又有形象、直觉、想象、模仿、创造的成分。

由这三个基本的思维特征,决定了翻译操作的一般程序和具体方式:一是解构—重组,即知性科学的逻辑思维,它以较为客观、确定的概念和逻辑推理为根本特点;二是直观—模拟,即感性艺术的顿悟思维,它以较为主观模糊的形象和主观感受为特点;它们无疑是一般而言的"理解—表达"过程的具体表现。(黄振定,2009)

尤金·奈达(Eugene A. Nida)在《翻译理论与实践》一书中论述了翻译过程中的四个步骤——分析、转换、重组、检验。这四个步骤各有其重要性,其中分析、转换、重组是翻译过程中最重要的部分。奈达主张从语言学的角度对原作的语句进行表层结构和深层结构的分析,深入理解原作的语义。其次是将理解好的语义按照译入语的语言规范和习惯进行转换,将源语文本的意义转换或拆解为若干更小的语义单位,以便可以按照译入语的规范灵活调整和结合。分析和转换类似于我国学者说的"理解",但我们说的理解往往更倾向于意义的理解,而忽视了语言转换前的语义切分和句子结构转换,或者说是处于未言明的模糊状态。重组则类似于表达,就是把切分好的语义单位按照译入语的规范和语言习惯重新组织起来,成为新的语句。奈达借用了非洲蟒蛇吞吃猎物的形象来打比方,蟒蛇能吞下比自己身体大数倍的猎物,因为它在吃猎物之前会将猎物拧成细长的形状,猎物变形后便于它吞咽。翻译也是一样,因为语言之间的结构性差异,有些语句不能直接转变为译入语语句,就需要对其进行拆解、重组,以满足译入语的需要。检验就是翻译完成后对译文的再次阅读、审视、问题发现和修改完善的过程。奈达的四步式翻译过程描述比起"理解—表达"这种二步式过程描述来说,更加具体详细,因为其凸显了转换过程,更能强化译者的语言转换意识。

奈达还在该书中灵活运用了转换生成语法,创造性地提出了"逆转换"(back-transformation)的概念,即在翻译过程中,译者可以先把原文表层结构(surface structure 现实中使用的较复杂的句子结构)转变成深层结构,即一些核心句(kernels 语言中最简单、最基本的句子结构),这样有利于排除语言结构造成的障碍,方便译者完整地传递语义信息。

二、翻译过程中的理解

凯瑟琳娜·莱丝是德国功能学派翻译理论的早期创始人之一,她早期的理论主要围绕对等概念展开,认为对等应在语篇层面进行而非词句层面。她主张根据语言功能、语篇类型以及文章体裁来选定不同的翻译策略,根据原文功能和译文功能之间的关系来将文本功能实现的程度作为评价译文好坏的标准。此外,她还提出了一系列评价目标语文本的语内和语外的标准,语内标准包括语义、词汇、语法和风格等特征,语外标准包括情境、主题场、时间、地点、接受者、发出者和表达感情的一些言外意等。虽然莱丝后来也认识到绝对的对等是不可能实现的,但是如果把翻译视作对原作的再现,她的这些评价标准对于翻译实践还是有很好的指导意义的。

蒋坚松也认为翻译中要分析原作的句法、词义、修辞、作者倾向等因素对理解产生的影响,而理解的策略应当建立在结合所译作品对制约理解的言内、言外因素的具体分析上。关于理解,他认为:

理解是翻译过程的第一步,也是翻译的基础。用一位法国译者的话说就是:

"翻译就是理解和使人理解（Traduire，c'est comprendre et faire comprendre）。"王宗炎先生把翻译工作比作一座三层楼，第一层是语言知识，第二层是背景知识，第三层是翻译理论知识。"第三层能起作用，全靠有第一、第二层支撑着。"语言知识和背景知识都是为理解服务的，离开它们，翻译理论、原则、技巧就无用武之地，也就不会有翻译。（蒋坚松，2001）

结合上述观点，我们尝试用具体的例子从句法、词义、修辞、作者倾向等方面加以说明。

从句法上看，英汉句子呈现出不同的特点。汉语句子最大的特点是缺少连接词语，富有弹性，但因此有时会给理解句子间的逻辑关系带来困难。译者要利用上下文语境和汉语知识进行判断。以《菜根谭》为例，它"是一种格言体的语言，言简意赅，含蓄蕴藉。在句法上，省略频繁，无主语和主语省略句多，连词基本不用，词句讲究对称平衡。这种简约的风格和对读者'悟性'的依赖，给理解语句的确切意义带来一定的困难。"（蒋坚松，2001）《菜根谭》中有"好动者云电风灯，嗜寂者死灰槁木。须定云止水中，有鸢飞鱼跃气象，才是有道的心体"。在翻译前，就要梳理清楚各个部分的句法关系，补出句中隐去的主语、连接词语，为进一步转换成英语做结构上的铺垫，转换如下：好动者（如）云（中）（闪）电（和）风（中）灯（火），嗜寂者（如）死灰（和）槁木。（人）须（有）定云（和）止水中，有鸢飞（和）鱼跃气象，（人）才是有道的心体。转译为今天的汉语是：好动的人像云中的闪电，倏忽即逝；像风中的灯光，摇摆不定；喜静的人像烧余的灰烬，枯槁的树木，了无生机。一个人只有做到静中有动，动中有静，动静相宜，如同在不动的云中有鹞鹰飞翔的景致，在静止的水里有鱼儿腾跃的气象，才算找到了道的真谛。其英译为："The active are flitting like lightning in the cloud or flickering like a lamp in the wind; the sluggish are dead like burnt ashes or lifeless like a withered tree. Only when one reaches a state in which, as it were, "kites fly among unmoving clouds and fish leap in still water", will one have gained the heart of the Tao."汉译英是将松散的汉语小句按照英语的句法特点"搭床叠屋"一般拧紧在一起，形成语义逻辑严密、结构复杂的句子。

弄清词义是准确理解的前提。这里有一个例子："One by one, these friends, acquaintances, and strangers from the different times of my shortened life stood by my casket to say farewell, adieu, zaijen."有人将其译为：我短暂的一生里，不

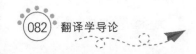

同阶段的朋友、熟人、陌生人们，一个接一个站在棺材前说"再见"。在这个译文中，译者没有结合故事的上下文去认真理解"shortened"的含义，导致将"shortened"等同于"short"。故事中讲，主人公陈碧碧60岁生日那天，突然想要把墙上的一幅画摘下来，她爬上一个高凳子，一不小心失去平衡摔了下来，因为这次意外事故也不久便去世了。如果不是这次意外事故，陈碧碧完全可以继续活下去，因此文中使用了"shortened"，意味着"她的生命被弄短了"，而并非是"短暂的一生"，毕竟60岁也是不少人难以达到的生命长度。改译为：在我提前结束的生命里，我在不同时期所结交的朋友、认识的熟人，还有一些陌生人，都一一走到我的棺材前，使用不同的语言跟我说"再见"。可见，忽视上下文容易导致对词语的理解错误。

另外，忽视文化间的差异也容易导致误译。下面是岳麓山爱晚亭景点的介绍：爱晚亭始建于清乾隆五十七年（1792年），为当时岳麓书院山长罗典创建。原名为红叶亭，后据湖广总督毕沅之意，取杜牧"停车坐爱枫林晚，霜叶红于二月花"诗意，将亭改名为爱晚亭。

景区提供的译文为："Firstly it was named the Crimson Maple Pavilion. Later, at the proposal of Bi Yuan, Governor of Hunan and Hubei, it was renamed the Autumn-Admiring Pavilion, which alludes to Du Mu's lines: "I stop, just conquered by the woods in later autumn, when maple leaves are more crimson than flowers in February.""

"二月花"中的二月是指英语中的"February"吗？二者相同吗？事实上，杜牧的"二月"是唐朝农历中的二月，而非公历的二月。公历二月的岳麓山还很寒冷，到了公历三月底四月初，也就是农历的二三月份，天气转暖，山花才次第开放。译者完全以今天的公历替换杜牧时代的农历，自然就会在译文中出现理解与阐释的差错。这里，杜牧的"二月"一般译为"the second lunar month"。翻译是一门跨语言、跨文化的交际行为，其中满布陷阱，翻译时要格外小心。

修辞往往是原作风格的展现方式，保留原作的修辞是保留原作风格的重要手段。现代的修辞方法基本比较好辨识，但是古汉语中的一些修辞方法及其在现代汉语中的遗存常常会给译者的理解带来困难。例如互文，也叫互辞、互言等，意为"参互成文，含而见文"，上下两句或一句话中的两个部分，看似说不同的事，实则是互相呼应，互相阐发，互相补充，说的是同一件事。互文的特征是"文省而意存"，结构互省而语义互补,这种结构既可发生在同一句内,也可发生在相邻的句子中。如"秦时明月汉时关"(王昌龄《出塞》),"主人下马客在船"(白居易《琵琶行》),"烟笼寒水月笼沙"(杜牧《泊秦淮》),"将军百战死,壮士十年归"(《木兰诗》),"当窗理云鬓,对镜贴花黄"(《木兰诗》)等。互文在古汉语诗文中应用较多,是为了适应韵文表达内容与表达形式的需要,但它在现代汉语中并未消亡,如"中国军人的屠戮妇婴的伟绩,八国联军的惩创学生的武功"(鲁迅《纪念刘和珍君》),但是译者往往会忽视修辞手法的继承性,无法正确理解现代汉语中的"互文"。在对岳麓山的介绍中,有这样一句话:古树名木在山中随处可见,晋朝罗汉松、唐代银杏、宋元香樟、明清枫栗,皆虬枝苍劲,生机勃勃。其译文为:"Everywhere in the mountain are found old and rare trees, such as 15-century-old podocarpus trees, 13-century-old gingko trees, 10-century-old camphor trees, 5-century-old maple trees and chestnut trees. Old as they are, these trees still seem strong and lush"。这个英译的问题就在于译者没有觉察出其中"互文"的修辞手段,造成呈现的译文意义古怪、不合情理。其实,"晋朝罗汉松、唐代银杏、宋元香樟、明清枫栗"这几个平行并列结构之间也是互文关系。应该将其理解为:岳麓山上古树众多,有晋朝、唐代、宋元、明清等历朝历代的古树,包括罗汉松、银杏、香樟、枫树、栗树等。据此,拟将其改译为:"such as podocarpus trees, gingko trees, camphor trees, maple trees and chestnut trees, almost aged from 500 to 1500."

借助古诗文修辞手法的知识,仔细研究、辨认原文中的修辞手法,特别是合叙、互文、对偶等手法,是理解策略的重要组成部分。因为它不但有利于对言内意义、指称意义、文体风格的理解,而且通过与英语修辞手法的比较,可以发现两者的异同以及对应和非对应的情况,从而在翻译中或直译,或转换,或变通,采取相应的方法。(蒋坚松,2001)

理解作者在作品中想表现的东西,即作者的意向。作者的意向会在作品中呈现出来,有时很明确,有时又如草灰蛇线,不易觉察。作者的意向往往可以通过不同色彩词语的选择、特殊句式的使用来得到体现,作者所处的社会背景和个人境遇也是理解读作者意向的重要参考。鲁迅在散文《秋夜》的开头有一句话:"在我的后园,可以看见墙外有两株树,一株是枣树,还有一株也是枣树。""一棵是枣树,另一棵也是枣树",以通常的眼光来看完全是啰嗦。但是,正是这样一句看似累赘的话,才创造了一种氛围。1924 年 12 月,当时的北京,正处于北洋军阀政府及封建势力

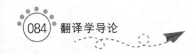

的黑暗统治之下,鲁迅先生对当时北京的评价是"实在黑暗的可以!"结合鲁迅所处的时代背景,这句话想必是有些特殊含义。慢慢体会,就能感觉到一种孤寂和莫名的压抑。这种孤寂的感觉,如果用"墙外有两棵枣树"这样的句子,肯定是表达不出来的。又如在一篇记录作者在日本旅行见闻和感受的文章里,作者写道:"At the door to the restaurant, a stunning, porcelain-faced woman in traditional costume asked me to remove my shoes."译文为:在通往餐厅的门口有一位妇女,涂脂抹粉、细皮嫩肉、身着和服、十分迷人,她叫我脱下鞋子。这样的译文就属于没有顾及作者的意向,首先作者的行文风格以幽默为特点,本句中用"a stunning, porcelain-faced in traditional costume"做句子主语,核心词"woman"的前后都有较长的修饰性成分,这一过长的主语违反了英语句子主语一般较短的习惯,显得很独特,有明显的渲染色彩,和短小、戛然而止的谓语部分形成鲜明对比,产生滑稽幽默的效果。其次,作者有意突显日本歌妓的独特装扮和给人的独特印象,因此特意选用了"porcelain-faced"这一词语来形容日本歌妓"无眉、白脸"的特点。现有的译文将其淡化为"涂脂抹粉",很明显没有捕捉到作者的意向。

除了上述四点,交际功能、交际情景、各种语境等都应在翻译时多加考虑。

三、翻译过程中的表达

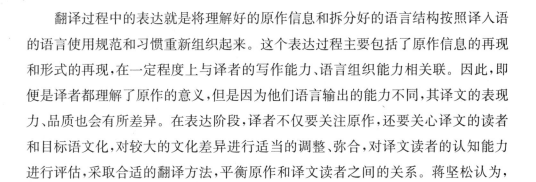

翻译过程中的表达就是将理解好的原作信息和拆分好的语言结构按照译入语的语言使用规范和习惯重新组织起来。这个表达过程主要包括了原作信息的再现和形式的再现,在一定程度上与译者的写作能力、语言组织能力相关联。因此,即便是译者都理解了原作的意义,但是因为他们语言输出的能力不同,其译文的表现力、品质也会有所差异。在表达阶段,译者不仅要关注原作,还要关心译文的读者和目标语文化,对较大的文化差异进行适当的调整、弥合,对译文读者的认知能力进行评估,采取合适的翻译方法,平衡原作和译文读者之间的关系。蒋坚松认为,翻译的表达阶段主要考虑如下问题:

表达是译者在准确、透彻、全面理解原文的基础上,用译语将原文的内容恰当、充分而自然地传达给译文读者。"表达阶段的一个大问题,也是自有翻译以来就出现的古老问题,即如何正确地认识和解决两种语言、两种文化以及在不同时空条件下的两种受众的差异。"如果说正确认识两者之间的差异主要是个理解问题,正确地处理这种差异以便沟通两者则主要是个表达问题。表达的正确首先在于理解的正确,而表达的精粗、文野、高下则取决于译语的修养。当然两者也都离不开翻译原则、方法、技巧在具体译事活动中的灵活运用。(蒋坚松,2002)

表达虽然是一个完整的过程,但其中会涉及不同的方面或层次,如语义、文化内涵、风格、语言形式等。下面就分别以语义和文化内涵为一方面,以风格和语言形式为另一方面,探讨英汉互译在表达上可能遇到的问题以及处理的原则和方法。

从语义和文化内涵看,表达的一个重要任务就是能准确传递原作的语义及其中的文化内涵。在典籍翻译中,鉴于汉语意合的特点,常常需要在翻译中进行增补,以求语义畅通,逻辑连贯。如原文:机息时便有月到风来,不必苦海人世;心远处自无车尘马迹,何须痼疾丘山。蒋坚松翻译为:"When one's calculation ceases, there will be the enjoyment as of bright moon and pleasant breeze; this world need not be a sea of bitterness; when one's mind transcends, there will be no vexation as by dust-raising carriages and boisterous horses; why set one's mind on a life of seclusion?"在翻译时,译者将"月到风来"扩展成了"清风明月般的享受""车尘马迹"扩展成了"车马扬尘喧嚣的烦扰",原文深层结构的意义就豁然明朗了。对原文意义的理解依赖于对文化背景的熟悉,有时为了传达文化信息,常用增益的手法交代有关文化背景或含义。例如,诗思在灞陵桥上,微吟就,林岫便已浩然;野兴在镜湖曲边,独往时,山川自相映发。译文:"The sentimental Baling Bridge where the ancients saw off friends is a source of poetic inspiration; the moment a poem is composed, forests and mountains seem to be invested with the poetic spirit; the scenic Lake Mirror and River Qu'e are a place of rustic charm; when one sets foot there alone, one will find mountains and stream vividly set off each other.""灞陵桥"泛指古人送别之地,在"音译+意译"的基础上补上"sentimental"和"where the ancients saw off friends",其文化背景和联想意义就清楚了。"镜湖曲"即"镜湖"和"曲娥江",是风景名胜,翻译时在专名前加"scenic",这样,原来仅有指称意义的两个地名就有了内涵意义。

有的文字有特殊的文化含义,不能只翻译它们的字面意义或发音,需要查找其文化含义。例如,岳麓山是儒、释、道文化并存发展的名山,有着深厚的湖湘文化内涵,留下了众多历史古迹与传奇故事。其核心区域内列为省级以上重点文物保护单位的就有15处。爱晚亭之幽,岳麓书院之深,麓山寺之古,云麓宫之清,以及白鹤泉、禹王碑、二南石刻、隋舍利塔、印心石屋等无不引人入胜。译文:"The profound Yuelu Academy, the tranquil Autumn-Admiring Pavilion, the old Lushan Temple, the high Yunlu Temple, as well as the White Crane Spring, the Monument to King Yu, the stone inscriptions by 2 Nan's, the dagoba of the Sui Dynasty, the Stone House of Yinxin and so on, are all attractive to tourists."

这段文字中,"二南石刻"和"印心石屋"分别被翻译成了"the stone inscriptions by 2 Nan's"和"the Stone House of Yinxin"。在考究译文前,先将它们放回所处的历史时空,来了解一下二者背后的史实。首先来说"二南石刻",在岳麓山爱晚亭附近有一放鹤亭,亭正中立有一块方柱型石碑,名曰"二南诗刻"或"二南石刻"。石碑的第一面书:"宣统三季秋,补葺爱晚亭,刻南轩、南园二先生诗,并征罗鸿胪故事,书'放鹤'二字,以永嘉游。程颂万并记"。在剩下的三面上刻有南轩、南园二先生的诗句。这里的"南轩、南园二先生"又是谁呢?据史载,张栻(1133~1180),字敬夫,一字钦夫,又字乐斋,号南轩,世称南轩先生,南宋汉州绵竹(今四川绵竹县)人,著名理学家和教育家,湖湘学派集大成者。其与朱熹、吕祖谦齐名,时称"东南三贤",官至右文殿修撰,著有《南轩集》。钱沣(1740~1795),号南园,字东注,一字约甫,云南昆明人,于乾隆三十六年(1771年)考上进士。后来选入翰林词馆,度过十年的翰苑生涯。后两任湖南学政,都察院湖广道监察御史。由此可见,"二南石刻"其实是张栻和钱沣诗文的碑刻,景点介绍所提供的译文"the stone inscriptions by 2 Nan's"——被两个南(雕刻)的石刻——无法说通。了解其历史文化背景后,问题变得简单、明晰起来,可取其意译为"the inscriptions of Nanxuan's and Nanyuan's poems"。接着再来说"印心石屋"。说到"印心石屋",先要知道陶澍。陶澍(1779~1839),字子霖,号云汀,湖南安化人,道光十五年(1835年)入觐,赐御书"印心石屋"匾额。关于"印心石屋"的来源,姚莹《印心石屋图说》跋文说:"……上以公督两江地方,军政漕河盐务庶绩,咸懋褒嘉之,所以慰劳公者殊厚。既询公家世,公悉以对。且请一月假省先墓,蒙俞可。上复询所居,公对:'在安化东北乡之滨。幼从父读书,江上两岸石壁屹立如门。潭心一石高出水面,四方如印。'上对读书所,因以'印心石屋'名其室。上欣然,亲作四字以赐。"由此可见,这里的"屋"是陶澍书斋,而"印心石"是书斋的名称。另有记载说,印心石,其名出于郦道元《水经注》卷三十八《湘水》,有云:"三湘水又北历印石,石在衡水县南,湘水右侧。盘石或大或小,临水,石悉有迹,其方如印,累然行列,无文字,如此可二里许,因名为印石也。"此即为印心石之得名。其实湘水外,资水也有印石。据《湖南方物志》卷二载:"资水在安化县境,亦有方石,其形如印,谓之印心石,陶文毅尝读书于此,名其斋曰印心石屋。"根据译文"the stone house of Yinxin"可以知道,译者错误地将"印心石屋"断作"印心/石屋",译成了"一座名为印心的石头垒成的房子",这是没有深入了解文化历史背景的结果。究其实,不妨译为"the Yinxinshi (Seal-stone) Study"。

语言形式往往包含某种意味,随意改变语言形式也常常会改变语言的意义。比如原文为:"Party officials worked long hours on meager food, in cold caves, by dim lamps,"被翻译成:党的干部吃简陋的饮食,住寒冷的窑洞,靠微弱的灯光,长时间地工作。原句的英文表达中,"worked long hours"是句子的谓语部分,显得十分重要,而翻译之后这一部分的重要性则被句子的其他部分冲淡——甚至重点变成了"吃简陋的饮食,住寒冷的窑洞,靠微弱的灯光",突出的是他们生活和工作条件的艰苦——这样的调动改变了原文的语义重心。因此可以这样翻译:党的干部长时间地工作,尽管他们吃的是粗陋的饭菜,住的是寒冷的窑洞,点的是昏暗的油灯。

从语言形式和风格上来看,表达一方面意味着用符合译入语规范和习惯的语言形式,另一方面意味着展现原作语言形式所包含的独特魅力,它也是作品风格的构成要素之一。译文要符合译入语的规范和习惯,比如英语是形合的语言,汉译时往往需要做拆散处理。英语中有这样一个句子:"The dog is chasing the cat which is chasing a rat which is having a piece of cheese in its mouth."如果不将句子结构拆开是无法转换成正常的汉语句子的。拆开后可以译为:那条狗在追着那只猫,而猫又在追着一只老鼠,老鼠的嘴里衔着一块奶酪。或者译为:那条狗在追着那只猫,而猫又在追着一只嘴里衔着一块奶酪的老鼠。另外,英语是一种使用代词频率较高的语言,而汉语则常常会省略代词,因而代词使用较少。例如,He put his hands in his pockets.将它汉译为:他双手插进口袋里。这是比较合乎汉语规范的。如果将它译为:他把他的双手插进他的口袋里。这样不仅别扭甚至还会生出歧义来——他把手伸进了他人的口袋。

语言形式并非没有意义,很多时候它还是风格的重要构成要素。蒋坚松先生谈过自己翻译《菜根谭》的体会和思考:

王宗炎先生说:"译书有四难,了解原文词义难,掌握原文精神难,添上适当注解难,译出原文风格难。不消说,能否译出原文风格是衡量译本的最高标准,尤其是在翻译文学作品或用文学笔调写的历史书的时候。"风格虽然难以把握,"但它最终是通过可以具体为人感知的物质构成要素表现出来的","它是各种物质构成要素给予人的印象的叠加复合物"。为了较好地再现原作的风格,首先要把握原作的风格。《菜根谭》语言质朴、厚实、平易、清新,具有口语的特点,这是基调;作为一部古代文人的格言录,它又有用词文气、典雅,造句正式、简古的一面,这是其二;它意象丰富,意蕴深刻,情调恬淡、高远、雅致,透出中国古典诗文朦胧、含蓄、蕴藉之美,这是其三。要想译文在这几个方面都再现原作是非常困难的,译者只能分清轻重,有所为有所不为。首先是优先保证传译原作的基本语言风格;在此基础上尽量展现其风格的其他方面;如有可能,再传达一点原文的意境;如还有可能,再兼顾一下其语言的外在形式。

风格的创造和再现都离不开选词造句。为了保持原作朴素、平易、清新的基调,翻译中基本上选用小字、常用词和明白、晓畅的日常表达方式。(蒋坚松,2002)

例如,"为鼠常留饭,怜蛾不点灯。古人此等念头,是吾人一点生生之机。无此,便所谓土木形骸而已"。译为:'That the mice may not starve, always leave some rice; that the moth may not burn, refrain from lighting a lamp.' This belief of the ancients is what brings life to us; barring which, we would be mere figures of clay and wood, or a body without a soul."该句中句式比较庄重。译文中置于主句之前的"that"开头的目的状语从句以及用"barring which"开头的非限制性定语从句,都展现了句式庄重的特点。

对于具有诗歌特征的语言,更应该注意传递其形式、形象和意境上的独特美感:

译诗和富于诗意的散文,还有如何传达其中的意境的问题。意境即作品的境界或情调,是用形象(有灵的或无灵的,活动的或静止的)来间接表达作者的思想感情、道德情操。意境是抽象的,但其载体是具体的。意境的创造离不开形象的描写,离不开修辞手法的使用。为了传达作品的意境,最重要的是准确地、恰如其分地传译其中的形象。例如,兴逐时来,芳草中撒履闲行,野鸟忘机时作伴;景与心会,落花下披襟兀坐,白云无语漫相留。译为:"On the spur of the moment, one strolls barefooted in scented grass, unsuspicious wild birds casually keeping one company; touched by the scenery, one sits half-dressed musing amongst falling petals, silent white clouds fondly lingering on."原文用了"芳草""落花""撒履闲行""披襟兀坐""野鸟忘机""白云无语"等一系列人、物相关,动、静结合的形象。译文亦步亦趋,以"scented grass"译"芳草",以"falling petals"译"落花",以"strolls barefooted"译"撒履闲行",以"sits halfdressed musing"译"披襟兀坐",都是照字直译;以"unsuspicious wildbirds"译"野鸟忘机",以"silent white clouds"译"白云无语",虽然词序颠倒,仍未背本义;以"casually keeping one company"译"时作伴",以"fondly lingering on"译"漫相留",动词"keep""linger",副词"casually""fondly",以及前面的形容词"unsuspicious""silent"的使用,给"野鸟"和"白云"赋予了灵性,较好地传达了原文的拟人手法。通过这些形象的如实传译,描绘出一幅人与自然和谐一致的画面,反映了中国传统哲学"天人合一"的思想以及作者无物无我、清静无为的境界。(蒋坚松,2002)

在表现原文之美时,译者对美首先要有自己的体悟,对原作的句式选择、语言色彩、人物神态、动态与静态、机趣、意象、所呈现的画面等,都应该去细细体味一番。例如,"Time goes fast for one who has a sense of beauty, when there are pretty children in a pool and a young Diana on the edge, to receive with wonder anything you catch!"在这一句中,"when"后面引导的时间状语从句内容丰富,是本句的重点内容,具有很强的画面感、美感和动态感,翻译时应着力对这些特点加以凸显。译文是这样的:当你跟可爱的孩子们站在池子里,又有个年轻的狄安娜在池边好奇地接受你捉上来的任何东西的时候,如果你懂得什么叫美的话,时间是过得很快的!按照上面的分析,这个译文中"你跟可爱的孩子们站在池子里"显得十分呆滞,孩子们都是天性爱水,怎么可能像是被罚站似的"站在池子里",况且后文也说了他们是在捕捉水里的东西,问题出在译者没有体味到原文的动态感。"有个年轻的狄安娜"则让不少中国人难以理解,狄安娜是谁?是男是女?中国人还是外国人?古代人还是现代人?都让人摸不着头脑,更无法感受到其中的美,问题出在未能有效感知和传递原文形象之美。"接受你捉上来的任何东西"也显得抽象模糊,让人无法理解"任何东西"是什么,更不用说其中的"收获之美"。另外,译者忽视了"one"和"you"的不同,破坏了语句的内在语义逻辑以及它原有的画面感。改译为:要是你和一群可爱的孩子在池塘中捉鱼摸虾,还有位天仙般的姑娘站在池边,快活地捡起你们的"战利品",君若知美,定会觉得时间一晃即逝。

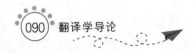

高尔斯华绥的《苹果树》里有这样一句："Spring has so much more than speech in its unfolding flowers and leaves, and the coursing of its streams, and in its sweet restless seeking!"译者首先要识别出该句包含的拟人修辞，这里，春天被比拟成一个富有创造力、满怀激情的人，他/她让鲜花绽放、绿叶舒展、溪流蜿蜒……这样理解的话，"restless"突出了春天不知疲倦、富有活力的特点，"seeking"则指春天的各种追求和创造。译文：春花怒放，春水奔流，春天欢腾地无休无止地追逐着，这一切都比语言要丰富得多！该译文的问题在于译者未能捕捉到原文的修辞特点，将"seeking"理解成"追逐"，于是整个句子变得不通畅了。可改译为：春天，绽放了鲜花，舒展了绿叶，让河流蜿蜒流淌，还有许许多多甜美的追求，这一切都无法用语言描述。

英语语言对场景的描写方式有时与汉语差异较大，对于汉语来说，人永远都是活动的中心，我们习惯将焦点放在"人"上，而英语则更多是使用物称性语句，人物未必会成为焦点，在翻译时就要根据语言习惯进行调整。例如，"while the present century was in its teens, and on one sunshiny morning in June, there drove up to the great iron gate of Miss Pinkerton's academy for a young ladies, on Chiswick Mall, a large family coach, with two fat horses in blazing harness, driven by a fat coachman in a three-cornered hat and wig, at the rate of four miles an hour."一个参考译文是这样的：(当时)这个世纪刚过了十几年。在六月的一天早上，天气晴朗，启斯维克林荫道上平克顿女子学校的大铁门前面来了一辆宽敞的私人马车。拉车的两匹马套着锃亮的马具，一个肥胖的车夫戴了假发和三角帽子，赶车的速度是一小时四英里。这个译文与原文基本保持了相同的语序，从天气开始，到私人马车，再到马具，然后才是车夫。如果不是为了获得某种抖包袱一样的阅读效果，根据汉语习惯我们是不会这样组织语言的。汉语可能会这样说：(当时)这个世纪刚过了十几年。六月的一天早上，阳光明媚，一个肥胖的车夫，头戴假发和三角帽，赶着一辆宽敞的私人马车，拉车的是两匹肥马，套着锃亮的马具，以一小时四英里的速度，朝启斯维克林荫道上平克顿女子学校的大铁门前面驶去。另外前一个译文中漏译了修饰马的"fat"，"fat"在此并非可有可无，它和车夫的"fat"相映成趣，又和马车的"large"、马具的"blazing"共同暗示了马车主人富有、显赫的身份。

正如蒋坚松所说，在表达阶段，如果译者都能正确理解原作，那么译文的高下则主要取决于译者的语言修养。以塞缪尔的《青春》为例，因为原作的独特魅力，其译本较多，有的译文文采沛然，宛若作者天成，而非译者再造。以其中一句为例："Youth is not a time of life; it is a state of mind; it is not a matter of rosy cheeks, red lips and supple knees; it is a matter of the will, a quality of the imagination, a vigor of the emotions; it is the freshness of the deep springs of life."王佐良的译文是：青春不是年华，而是心境；青春不是桃面、丹唇、柔膝，而是深沉的意志，恢宏的想象，炙热的恋情；青春是生命的深泉在涌流。王佐良先生如诗如歌的译文，不仅是对原作的完美展现，也是译者语言修养至高至妙的体现。

四、译者的认知识解对翻译过程的影响

认知语言学认为现实世界和语言之间不是直接对应的关系，而是通过认知联系起来的。识解是形成认知的重要途径和方法，是认知语言学的一个重要概念。从认知语言学家对识解的论述中可以归纳出以下要点：① 识解体现了认知者和认知对象之间的关系，体现了说话者（或听者）与其所概念化的情景之间的关系。(Langacker, 1987) 认知者通过一系列识解过程，将本质上尚未形成语义的旨趣（purport）——所谓的混沌意义（pre-meanings）——转化为完全情境化的意义。(Croft & Cruse, 2004) ② 识解具有多样性。人们有能力对同一情景进行不同的概念化，以不同的方式进行识解。(Langacker, 1987) ③ 识解具有主体性。不同的认知者因为个人经验、态度、情志、目的等的不同，自然会对同一情景产生不同的概念化，形成不同的表达式，显示出创造性和主体性。④ 识解具有主观性。识解是一个与内容相对的概念(Langacker, 1993)，需认知的概念内容是不变的、具有客观性的，而识解是可变的、具有主观性的。

最初，Langacker(1993)将识解划分为五个方面：详细度、辖域、突显、背景和视角。后来，他将其改为：详细度、聚焦、突显和视角。本文认为辖域和背景概念有较大重合，而详细度和聚焦都是达到突显的方法，因此认为：识解主要包含辖域的采用、视角的选择以及对不同焦点的突显等三个方面。认知主体面对同一情景可以做出不同方式的识解,使用不同的语言表达形式,因此不同的语言表达形式的背后隐匿着不同的识解方式。研究这些识解方式,可以揭示语言使用者的心智状态和认知特点,解释语言表达形式选择的深层原因。(Langacker,2008)

辖域既是认知的框架,也是与某一概念相关的背景知识或是"表达式实际激活并调用的认知域,来作为其意义的基础"(Lee,2001)。辖域又可细分为直接辖域和最大辖域。对于一个表达式来说,其直接辖域就是它的上下文语境或语篇语境,其最大辖域则是其背后相关的社会、历史、文化、科技等百科知识。

视角是指"人们识解一个情景时所选择的角度和位置,涉及观察者与情景的相对关系"(刘正光,陈弋,徐皓琪,2016)。面对同一情景,从不同的视角出发进行观察和描述,就会产生不同的识解,进而形成不同的表达形式。(兰艾克,2016)具体的看视安排还涉及看视场景、看视参照点以及扫描的顺序和方式。

突显是指语言结构所呈现出来的不对称性,这种现象在语言中普遍存在,反映了认知主体往往突出认知对象某一方面的认知特点。认知突显主要涉及聚焦(focusing)、前景与背景(foregrounding and backgrounding)、基底(base)与侧显(profiling)和射体-界标联结(trajector/landmark alignment)。(Langacker,2008)改变详略度和认知参照点,改变基底-侧显和射体-界标的关系,会改变突显的方式和内容。(杨诚,朱健平,2017)对同一情景的不同突显映射出不同的识解方式,表现在语言上就会形成不同的表达式。

识解与翻译关系密切。从识解角度看,翻译是译者对原作的表达式及其背后原作者对具体情境的识解——可以说是对"识解"的识解,然后在译入语中以合适的方式重新表征出这种"识解"。在此过程中,因为识解的主体性及主观性,以及语言习惯、文化因素的影响,在翻译的过程中,译者和作者的认知会出现一定的差异,产生的译文往往会与原作产生一定程度的"偏离"。在翻译中,译者要善于从上述角度发现原作者的认知识解方式,体味其表达的独特之处。

以小说《香魂女》中"二嫂"这一人物形象为例,我们来看一看译者认知识解有时是如何与原作者偏离的。

"二嫂"形象在译文中的"偏离"及其识解分析

经译者识解后,"二嫂"形象的"偏离"主要表现在:① 最大辖域的偏离和直接辖域的偏离。前者表现为简略处理文化负载词、忽视中国传统文化中的妇道文化等，后者表现为对上下文语境、人物性格、小说主题等的偏离。② 视角的偏离。主要表现为句子主语的改变和句内语意关系的改变。③ 突显的偏离。主要表现在焦点的变化、强调侧面的改变、词义强弱的变化、语篇与句式构造方式的改变以及详细程度的变化。

(一) 母亲形象

小说将二嫂描写成一位充满母性、极为关爱子女的母亲。她在一定程度上代表着中国传统母亲的形象：对子女百般呵护，为子女倾尽一切。但是二嫂的这一形象特点，因为中西文化的差异，经译者识解后，二嫂的强烈母爱被弱化了。

❋ 例1

> 二嫂闻声一惊，女儿是她心尖尖上肉，她慌慌朝炒棚门口跑："怎么了，芝儿？"
>
> 译文：Startled, Ersao hurried to the doorway. "What's the matter?" she inquired. （周大新，1999）

❋ 例2

> 怀墩子时，心中整日不安不宁，多少次腆着肚子在黑夜中去村西的娘娘庙烧香磕头，恳求娘娘保佑，没想到生下的孩子还是有癫痫。
>
> 译文：So when she knew that Dundun was on the way she didn't have a moment free of anxiety, and often in the dead of night she would waddle over to a temple dedicated to a goddess to the west of the village to burn incense and kowtow. But all her prayers for the goddess's help were in vain and Dundun was born with epilepsy. （周大新，1999）

例 3

> 二嫂的脸阴沉了下来。这是她的疼处,她最怕别人捅!
>
> 译文:Ersao's face darkened. This was a sore spot with her, as she didn't like it rubbed in.(周大新,1999)

在上述译例中,二嫂强烈的母爱均有所弱化,主要受如下识解因素影响:

首先,辖域的改变会影响到二嫂强烈母爱的展现。例 2 中二嫂怀孕时多次"去村西的娘娘庙烧香磕头,恳求娘娘保佑",译者将其中的"娘娘"分别译为"a goddess"和"the goddess"。这种翻译改变了"娘娘"的文化辖域:将"娘娘"从一位能使妇女生子、护佑儿童无恙的道教女神泛化成一位普通的神灵。这使二嫂内心的忐忑、对腹中胎儿的极度关爱和对神灵的殷切祈求变得缺乏针对性,弱化了二嫂到"娘娘庙烧香磕头,恳求娘娘保佑"所折射出的强烈母爱。

其次,视角的改变也会影响到二嫂的母亲形象。句子主语往往呈现为观察视角,主语的改变意味着视角的转移。例 2 中,整个句子中所有小句的主语都是二嫂,"怀""去""烧香""恳求""没想到",这一系列动作的发出者都是二嫂,各个小句的视角具有统一性。二嫂在该句中得到了最大化的聚焦,而译文将原文后半句的主语替换为"all her prayers(她所有的祈祷)"和"Dundun(墩墩)",视角发生转移,译文呈现焦点散化,二嫂的爱子之情被削弱。

再次,二嫂母亲形象发生"偏离"的原因还在于译文中突显的变化,具体表现在三个方面:详细度改变、突显对象改变、用词语义强度的改变。

详细度改变带来的偏离。例 1 中,原文有两处被略而不译,一处是"女儿是她心尖尖上肉",另一处是"芝儿"。第一处是小说中隐含作者给出的旁白提示,向读者补充说明了二嫂疼爱女儿的程度达到了极致;第二处则是通过二嫂对女儿名字的呼唤直接展现其对女儿的疼爱。原文对二嫂的爱女之情刻画详细,而译文却省略,从详细度上讲译文过于简略,淡化了二嫂展现出的强烈母爱。

突显对象改变引起的偏离。例 2 中"腆着肚子"突显了二嫂怀孕时的身体特征,以二嫂挺着腹肚的特征突出她行动困难和爱子心切;但是译文中,突显的对象变成了二嫂的"waddle(蹒跚步态)"。前者突显的是原因,而后者突显的是结果,二者相比,前者与二嫂的孕妇形象关联更直接,更能突显她的母爱。

语义强度改变产生的偏离。例3这句话描写了二嫂听说环环一家嫌弃墩墩智力缺陷后的反应。该句中,侧显了"最怕"和"捅",二词的"力度"都非常强,突显了二嫂对儿子强烈的爱。二嫂不允许任何人"议论"儿子,一个强势保护者的形象跃然纸上。而译文中对应的"didn't like(不喜欢)"和"rubbed in(提起让人不愿提起的事)"则力度大大减弱,无法突显该部分内容,极大改变了二嫂爱子心切的形象。

由上述例子综合来看,识解方式的差异导致了译文中二嫂强烈母爱的弱化趋向。这种弱化并非无关紧要,因为小说的核心情节——二嫂为墩子娶妻——正是建立在二嫂对孩子极度宠爱的基础上,没有这种超常的母爱就不会有为一个弱智青年娶妻的反常举动。正因为二嫂这种超乎寻常的母爱具有"触机"的作用,所以减弱这种情感会使后续情节的展开显得不那么顺理成章,影响小说的内在机理。

(二) 情人形象

二嫂十三岁时被郜二东强占,婚后的二嫂充当着郜家的"牛马"、二东施虐和泄欲的工具。因为无爱的婚姻,二嫂最终和任实忠相好,成为他的情人。压抑的情感使得二嫂对实忠的爱尤显炽烈。但同时二嫂又受到封建传统思想束缚,怕别人说自己不守妇道,不敢结束和郜二东的婚姻,也不敢和任实忠结合。她选择将这种私情深深地隐匿起来,怕别人发现。但是通过译者的识解,二嫂的情人形象也发生了一些变化:

首先是激情炙爱的平淡化。

 例4

……但刚一进空寂无人的堂屋,二嫂就突然回过身来,喜极地朝老任怀里扑去……

译文:... but only until they found themselves alone in the deserted house. Then Ersao suddenly turned and throw herself joyously into the truck driver's arms.(周大新,1999)

二嫂与实忠的炙热恋情在译文中显得平淡化,有以下识解原因:

一是视角的改变使二嫂的炙热恋情平淡化。例4中二嫂对任实忠的称谓蕴含着看视的角度,原文中的"老任"若从故事叙述者的角度看,包含着叙述者对任实忠的信赖和同情,若从二嫂的角度看则不仅是信赖更有柔情蜜意,但是译文"the truck driver(货车司机)"所呈现的则是一个完全客观化的、毫无价值评判和情感取向的识解视角,使二嫂饱含炙爱的形象变得冷淡、理智起来。视角偏离使二嫂炽热而异化的爱无法得到完美展现,作品的悲剧色彩也因此减损,艺术感染力降低。

二是译文中突显的改变也弱化了二嫂充满炽爱的形象。在这两例中主要表现为:具有突显功能的特殊句式的拆解、界标-射体关系的改变、具有突显功能的语篇接续方式的改变、隐喻和重复等具有突显功能的修辞手法的消解等。

具有突显功能的特殊句式的拆解。例4是描写二嫂与实忠私会,二嫂久久被压抑的情感在见到任实忠那一刻迸发出来,她对实忠的爱炽烈又充满激情。原文中选用了特殊的连接词语"刚一……就……",这组连词侧显了二嫂反应的速度,从速度上突显了她焦渴的情感需求。译文却将这组连接词语拆分到两句话中,失去了对二嫂反应速度的侧显,使二嫂的情感显得不那么强烈。

界标-射体关系的改变。例4原文中,实忠充当的是事件的界标,二嫂是射体,突显的对象是二嫂,但译文"they found themselves alone(他们发现两人是独自相处)"则将二者并叙,改变了二者的界标-射体关系,使读者无法聚焦于二嫂,抹杀了二嫂的炙热情感。

总之,上述例子中二嫂的炙热情感出现了平淡化的趋向,这种改变会在一定程度上影响小说的主题和价值。二嫂从某种程度上来说是个悲剧人物,她无法获得爱情,只能以私会的方式寻得一些安慰,因此二嫂爱得炽烈。越是炽烈越能呈现其悲剧色彩,越能和她后来施加到环环头上的悲剧形成对比,使作品聚合起强烈的矛盾冲突,为小说高潮中人物良知的觉醒做好铺垫,最终产生巨大的艺术震撼力。显然,弱化二嫂的炽爱会影响小说的整体艺术价值。

其次是隐匿私情的显露化。

例6

> 二嫂看见任实忠眼瞳中分明地漾出一股欢喜，两腿显出少有的敏捷，很快地向车前奔去，那样子仿佛是要扑过去……（周大新，1999）
> 译文：As soon as she saw him, Ersao's eyes sparkled and she trotted toward him with a noticeably lightened step, as if she were about to give him a warm welcome.

二嫂不敢做一个挑战世俗观念的人，只能和实忠维持着一种地下情人的关系，在众人面前她不能对实忠表露情感，即便有也只能是隐蔽的、倏然而逝的。这构成了二嫂情感流露方式的直接辖域。该例原文中的"眼瞳中分明地漾出一股欢喜"以水的轻微波动形象隐喻二嫂情感上流露出的细微波澜，这与其直接辖域相符。译者识解后呈现出来的却是"Ersao's eyes sparkled（二嫂眼中闪出火花）"。"sparkle"以"火花"的形象隐喻强烈情感的迸发，这与二嫂情感在小说中的直接辖域不符；另外，原文中她虽然渴望得到实忠的安慰，但也不能直接朝车旁的他（任实忠）跑去，只能"向车前奔去"，"车前"作为二嫂行动的目标受到突显。译文则转变为"she trotted toward him（她朝他跑去）"，二嫂的动作对象直接变成了"实忠"，这与其直接辖域也不符。该例的译文中，因为译者没有很好理解原作的辖域，导致二嫂的隐匿私情显露化，与人物原有形象有一定的偏离，这也在一定程度上减弱了二嫂形象的悲剧色彩，淡化了小说的主题意义。

（三）老板形象

20世纪80年代，随着改革开放，一部分勤劳、有头脑的农民富裕起来，二嫂就是其中一位。她勤劳能干，经营的小磨油坊生意兴隆，成为富甲一方的老板。然而，经济上的富裕并不意味着精神层面的富足。二嫂也在一定程度上迷失了自己：她用金钱拆散环环和金海，又以同样的手法逼迫环环嫁给墩子，不仅如此，面对乡里乡亲的工人她也展现出老板的威严。金钱对二嫂的异化作用很明显。但是二嫂作为老板的形象经译者识解也发生了偏离。

首先是二嫂勤劳能干的形象的弱化。

例7

> 作为老板的二嫂不管因算账、筹划熬夜多乏，也决不睡懒觉，总要亲自到炒棚里巡看。
>
> 译文：For this reason, Ersao, as the boss, had to be in the roasting shed, personally at this time every morning no matter how late she'd been up the night before balancing the books or drawing up plans.（周大新，1999）

例8

> 尽管有散热器嗡嗡转动，但二嫂的衬衫很快便被汗水湿透，然而二嫂浑然不觉，她的心思全在芝麻上：要正到火候!
>
> 译文：… despite a whirring ceiling fan, and in no time Ersao's blouse was soaked with sweat. But she paid no intention to this, her mind being entirely on the sesame. The temperature of the stoves had to be just right.（周大新，1999）

二嫂的勤劳形象在译文中弱化的识解原因有：

第一，视角的改变会影响二嫂勤劳能干的形象。例7中译文和原文在识解同一对象的视角上有所不同。原文以"二嫂"为主语、以"决不睡懒觉"和"亲自巡看"为谓语，是以"二嫂"为视角，强调二嫂的主动性，突出了二嫂的勤劳本性。而译文则是以工作责任的需要为视角看问题，虽然还以二嫂为主语，但是她每天准时到磨坊（"had to be in the roasting shed"）是责任所需，因为"had to"包含着因外在要求而采取某一行动之意。这样一来，二嫂的勤劳本性就打了折扣。例8原文中展现了二嫂敬业而且专业的形象。炒芝麻是制油的关键环节，芝麻要炒得正合适，"要正到火候!"的这是专业技术要求,也是二嫂心思全在芝麻上的原因。通过上下文语境可以判断出"要正到火候"的逻辑主语是"芝麻",是以"芝麻"为视角。对比发现译文是以"The temperature of the stoves(炉温)"为视角,尽管"炉温"也很重要但却不是"火候"所要传达的意义,以"炉温"为视角改变了二嫂专业技术人员的能干形象,使她显得不太专业。

第二,详细度的不同也影响到了二嫂的勤劳形象。例7原文中说二嫂无论头一天晚上工作到多晚,"也决不睡懒觉",习惯于天一亮就早早起床,是通过人物的日常生活细节来突显人物形象。但是译文中该部分被译为"at this time every morning",则显得模糊,无法从细节上突显人物的勤劳形象。二嫂致富与20世纪80年代的改革开放分不开,更与她个人的勤奋能干分不开。淡化二嫂的勤奋能干既与小说的最大辖域不符,也会阻碍小说高扬的女性自我价值实现的主题意义传达。

其次是二嫂威严形象的温和化。

例9

> 身着短袖衫的二嫂在那些铁锅前巡视,这口锅前叮嘱一句烧火的:火小点!那口锅前催促一下掌铲的:翻快点!
>
> 译文:Ersao, clad in a short-sleeved blouse, inspected the pots, telling this man to damp the fire down a bit, that one to stir a bit faster. (周大新,1999)

例10

> 今日却因为脑子里总想着环环家拒绝提亲的事,兑了两盆都不准,以至不得不重新加水加糊糊来调整比例,气得她连连拍着自己的额头,脸上现出恼怒之色,同干的工人知道,照惯例,二嫂快要找个借口发火了。正在几个工人提心吊胆的当儿,……

译文：But today her mind was totally distracted by the business with Huanhuan and her family's refusal of her offer, and she ended up fouling two tubs of sesame mash. So she had to add more water and then more mash to correct them. She was so angry with herself when she realized this that she slapped her forehead several times and flushed with rage. Her helpers became worried on seeing this, ...（周大新，1999）

二嫂的威严形象温和化主要受以下识解因素的影响：

第一，射体和界标的翻转错位会改变二嫂的威严形象。例9中描写了二嫂巡视炒房的情景，原文以二嫂巡视炒房这件事为界标，以她的语言和行动为射体，突显了她对工人叮嘱和催促的语言和动作。同时，二嫂使用的两个祈使小短句具有指令性和强迫性，原作显示了二嫂作为老板的威严以及她与工人之间上下级的权力关系。译文通过从句法上将二嫂的叮嘱和催促变成伴随状语，改变了原文中的射体和界标关系。她的指令性语言变为界标，"查看炒炉（inspected the pots）"变成了射体，突显的是她的敬业精神，而不再是她作为老板的威严。

第二，不当省略会造成视角缺损，使二嫂的威严形象缺损。例10中"同干的工人知道，照惯例，二嫂快要找个借口发火了"也生动展现了致富后的二嫂和乡里乡亲的工人之间权力关系的变化——作为老板的二嫂可以将自己的过错迁怒于工人。这显然是二嫂性格中的瑕疵，但译文中该句被省略。省略该句会使译文读者失去从该视角观察二嫂的机会，造成视角缺损，无法全面理解人物形象及作品反映的社会问题。同时，该视角的缺损会使语篇连贯出现断裂，使读者无法理解"工人们为什么会担心看到这种情景？"

第三，扫描方向的差异也会影响对二嫂威严形象的刻画。例10中"工人"和译文中"helpers"用词的不同展现了译者和原作者看视中扫描方向的差异。"工人"展现的是以二嫂为基准从上到下的扫描，显示了二嫂作为老板的高高在上；而"helpers"展现的则是以二嫂为基准平行的扫描，显示了二嫂对工人的亲近。

小说中的二嫂既有善良的一面，也有险恶的一面，而小说正是通过二嫂由险恶到善良的转变歌颂"人性觉醒"，因此译文在这里改变了二嫂作为老板的威严形象，改变了她与工人之间的权力关系，会弱化人物性格的内在冲突，淡化小说人物间的冲突和故事情节的张力。

五、译者的文化态度与目的对翻译过程的影响

随着人们对翻译过程认识的加深,尤其是向"具身/具情认知"(embodied/situated cognition)的拓展,越来越多的学者意识到翻译认知研究中"信息加工"范式的不足——翻译并不是单纯靠译者大脑完成的信息加工过程,还受到翻译环境和译者自身因素的影响。研究者开始关注译者的经验、情感、态度和目的等对翻译过程的影响。译者的文化态度指译者在翻译过程中对源语文化、目标语文化及其关系所秉持的态度。译者的文化态度和译者的翻译目的紧密关联。具体说,译者的文化态度会有以下影响:

(一)影响到翻译目的

理雅各翻译老子《道德经》发生在西方资本主义列强对东方进行殖民扩张的时期,身为传教士的理雅各实质上担负着对东方进行文化殖民的任务。为了更好地传播教义发展信徒,从思想信仰上控制当时的中国民众,了解中华文化就变得很有必要。因此理雅各明确自己翻译《道德经》的目的就是帮助在华传教士了解中国,以更好地实现传教的目的,这就是他的"职责"所在。为了与自己的"职责相称",实现自己的社会责任和目的,让传教士们了解中国文化和中国人,他一方面要在译文中加入许多解释性的言语和背景知识,另一方面要尽量保持原作的面貌,因而他的译文就具有了丰厚翻译和异化手法广泛运用的特征。另外,理雅各的基督徒身份和深刻的基督信仰也构成了他的基本视域和理解原作的前见,他翻译时虽然想尽量呈现原意,他的译文仍然免不了显露出基督教思想的影响。

(二)影响到翻译选材

阿瑟·戴维·韦利(Arthur David Waley,1889～1966),原名阿瑟·戴维·史

劳斯(Arthur David Schloss)，1889年8月18日生于英国的坦布里奇韦尔斯(Tunbridge Wells)，有部分德国犹太血统。他自幼聪颖过人，酷爱语言和文学。受到极端排外主义的打击，1914年10月的一天，他的母亲瑞秋·索菲亚·韦利(Rachel Sophia Waley)将自己和孩子的姓氏改为自己娘家的姓氏——韦利，这一年阿瑟·韦利25岁。

韦利原本性格开朗，喜欢音乐，擅长吹笛子，但后来逐渐变得性格内向、沉静，据说与他当时所处的生活环境也有一定的关系，生活环境中的压力有多大，从他更改姓名一事就可窥见一斑。他很早就学会了掩盖自己的感情，因而很多人都认为他是一个有许多秘密的人。有人回忆说韦利为人正直，厌恶虚伪和自高自大，不喜欢条条框框的约束，他是一位独立不羁的学者。

在剑桥学习时，他的老师迪金森(G. L. Dickinson, 1862~1932)和摩尔(G. E. Moore, 1873~1958)教授都仰慕东方古代文明。受两位学者这种思想的熏陶，韦利产生了致力于东方文化研究的愿望。迪金森向学生们传授审美人文主义的价值观念，这种价值观念是"布卢姆斯伯里派"[①]的核心思想。迪金森对弥漫于社会上的丑陋、粗俗和麻木深感失望，为了保存和传播典雅的文化思想，他认为"那些提倡高雅、诚信以及仁慈的人士一定要旗帜鲜明的阐明自己的价值观"(史景迁，2005)。迪金森将当时的英国人描述成"与自然脱离、对艺术无知、顺从的但没有教养的、可同化的但却没有思想的"人。出于对英国社会的不满和批判，加上从接触到的中国诗歌中发现了人文精神的感召，迪金森对中国的人文精神大加赞赏。1913年他还亲自到中国，来验证他对中国的想象。他在给福斯特的信中说："中国！友善、美丽、睿智、像希腊文化一样古典、精粹、人道……哦，这正是我想象中的中国。以前我还以为它只存在于我的想象中，现在看来我错了。"韦利深受老师思想的影响，1917出版他的第一本中国译诗时，在序言中阐述了"中国人的理性与容忍，中国人自我剖析的能力以及他们的友善"(史景迁，2005)，由此可见中国古典文学中的人文精神深深地吸引着韦利。

---

① 即 Bloomsbury Group。1907年到1930年间，英国的一些作家、艺术家及其他知识文化界名人经常到大英博物馆附近的布卢姆斯伯里地区克莱夫·贝尔和维吉尼亚·斯蒂芬(即后来的维吉尼亚·伍尔芙)家中聚会，逐渐形成一个文化小团体。他们探讨文学、艺术、哲学等的问题，怀疑传统观念，蔑视邪说，讨论真、善、美的确切含义。小说家福斯特(Edward Morgan Forster, 1879~1970)、诗人艾略特(Thomas Stearns Eliot, 1888~1965)、经济学家凯恩斯(John Maynard Keynes, 1883~1946)、美术评论家贝尔(Clive Bell, 1881~1964)、画家格兰特(Duncan Grant, 1885~1978)和汉学家韦利都是这个团体的成员。这是一个松散的文化团体，虽然成员具有近似的价值观，但并没有统一的纲领。

1913年离开剑桥后,韦利申请到大英博物馆工作,最初他接触到的是书写在中国绘画和日本绘画上的题画诗和印章。但很快韦利的兴趣就转向了对中国古典文学作品的翻译。罗宾孙指出韦利最初翻译中国诗歌的动机非常单纯,就是想和朋友分享从这些诗歌中感受到的愉悦,这种单纯的动机一直起着作用,最终成就了一位东方学家。1930年韦利辞去工作,专注于东方古典文学经典的翻译。

韦利一生喜爱中国诗歌,翻译了白居易、李白、袁枚等人的大量诗作。1953年,他以其翻译的中国诗歌获得了女王诗歌奖章,原因在于他创造并发展了一种既适合中国诗歌风格又符合当时英国文学趣味,能为英国读者所接受的诗歌形式——跳跃韵(sprung rhythm)。此外,他还翻译了《道德经》《论语》《西游记》等一大批中国文学经典。

(三)影响到翻译策略

韦利作为犹太人的后裔受到极端排外势力的打击,不得不改随母姓,这使得他看到了当时社会的反动、愚昧、丑恶、麻木,从而坚定地追随老师迪金森的人文主义思想,向往典雅的生活方式。这些主要构成了韦利理解和接受中国文学和人文精神的文化态度,也使韦利具有了一种尊重异域文明的开放态度。另外,从性格和学术品格上讲,他为人正直,不愿意受陈规陋习的束缚,是一位独立不羁的学者。他完全按照自己的知识、理念和经验来理解和翻译,避免了译者不顾原作视域,随意阐释的错误倾向,保证了译作的学术品质。

他注意到研究人类历史的西方著作要么完全忽略中国,要么只有小小的几段来描述中国,这与人类历史的事实严重不符。他翻译老子《道德经》的目的之一就是要"为普通人类学家提供一种将中国纳入自己研究范围之内的动力"(Waley,1934)。他将自己译本的目标读者界定为所有"有理解力的人",而不是"一小群专家"。前者是他所说的"普通人类学家"(the general anthropologist)[①],因为他们想了解身边的世界发生着什么事,热心于发现人类是如何成为今天的状态的。他

---

① One of my aims in this book is to supply the general anthropologist with at any rate an impetus towards including China in his survey. This does not however mean that the book is addressed to a small class of specialists; for all intelligent people, that is to say, all people who want to understand what is going on in the world around them , are "general anthropologists", in the sense that they are bent on finding out how mankind came to be what it is today. (Waley, 1934)

认为任何只依据表象现象来处理自己和他人事情的尝试注定都会失败，因此有必要深入了解事情的本原，这也形成韦利翻译思想的一个动因。中国经典经由最初的传教士们的翻译，已经使西方人对中国有了初步的了解。在韦利眼中，中国人有着独立的趣味和价值，可能有助于阐明他们过去所存在的问题。基于如上考虑，韦利对翻译做出了历史性翻译（historical translation）和文稿性翻译（scriptural translation）①、文学性翻译（literary translation）和文字性翻译（philological translation）②的划分。总的来说，韦利的译文具有自己所说的历史性的和文字性的翻译特点，这使得韦利的译文注重《道德经》语义的传递，而轻视《道德经》文本的文学性，注重对《道德经》历史语境的构建和对文本历史本意的发掘，而不刻意迎合今天的读者。韦利认为自己研究过去的目的就是"为了照亮今天"③（Waley, 1934），结合当时英国社会历史语境来思考这句话就更有一番意味了。韦利分明是不满当时社会的黑暗、民众精神的空虚和麻木，不满典雅生活的缺失。他想借中华文明之光来解决英国社会当时所遇到的问题，这正是他翻译时追求文本原初意义和具体而精确地再现原作思想内涵的深层动因。下面我们就具体考察一下韦利是如何实现自己的历史性和文字性翻译的目标的。

  韦利对于翻译的分类有自己的独特见解，他认为翻译可以分为历史性的翻译和文稿性的翻译，前者追求文本写作之初的含义，后者则追求文本对当今读者所具有的意义。韦利认为在他之前还没有人对《道德经》进行历史性的翻译，所以他要

---

① The distinction I wish to make is between translations which set out to discover what such books meant to start with, and those which aim only at telling the reader what such a text means to those who use it today. For want of better terms I call the first sort of translation "historical", the second "scriptural". (Waley,1934) 我想将翻译分为两种，一种意在发现文本原初意义，另一种意在告诉读者文本对于今天的使用者所具有的意义。因为缺乏更好的术语，我将前一种翻译称为"历史性的"，后一种称为"文稿性的"。（笔者译）

② It seems to me that when the main importance of a work is its beauty, the translator must be prepared to sacrifice a great deal in the way of detailed accuracy in order to preserve in the translation the quality which gives the original its importance. Such a translation I call "literary", as opposed to "philological". I want to make it clear that this translation of the Tao Te Ching is not "literary"; for the simple reason that the importance of the original lies not in its literary quality but in the things it says, and it has been my one aim to reproduce what the original says with detailed accuracy. (Waley,1934) 似乎对我来说，当一部作品的重要性在于它的美时，译者要准备好牺牲掉译文的详尽和精确性，以保留原作的这种品质，因为它赋予了原作以重要性。这种翻译我称为"文学性的"，与"文字性的"相对。我想要说明的是，《道德经》的翻译不是"文学性的"，原因很简单：原作的重要性不在于它的文学品质，而在于它的言说内容，我的目标之一就是详尽而精确地再现原作言说的内容。（笔者译）

③ Fundmentally, however, my object is the same as that of previous translators. For I cannot believe that the study of the past has any object save to throw light upon the present. (Waley,1934)

做这项工作,尽力去发现"这本书最初被写作时的意义"(Waley,1934)。韦利主要通过还原《道德经》文本所处时代的历史文化语境和诠释符合当时社会的历史语境来实现自己历史性翻译的目标。为了还原《道德经》文本所处时代的历史文化语境,韦利在译文前添加了序言来说明自己的翻译主张及原因,还添加了长篇导言。导言在篇幅上就比译文还长,以至于让韦利感到"必须要道歉"(Waley,1934)。他还在老子《道德经》的每一章译文之后添加了大量注释和长篇评论,注释词语的文化含义或指代内容等,说明老子的思想和词句来源,并与其他学派思想进行对比。除此之外,他为自己的译本添加了6个附录,内容涉及老子《道德经》文本的作者、文本的国外影响、道家功法、文本的成书日期和评注,以及他对文本成书时间的质疑与看法等。完成这些对译文的外部历史文化语境的构建之后,韦利将自己对原文的诠释稳固地建基于此。他从当时的社会历史语境中,从《道德经》同时代的文献及有助于形成《道德经》思想的早期文献中寻找诠释的依据,从儒家、道家、法家、墨家等思想流派的相互应和、论战、对话和借鉴中把握老子的思想,形成了历史性诠释的方法,也就是根据《道德经》文本所处的历史与文化背景对文本做出符合其当时时代语境的诠释。

另外,根据不同文本的特点,韦利提出了侧重点不同的翻译方法。他说一部作品的重要性体现在它的"美"上时,翻译中就要准备牺牲精确性来保留这种"美",这种翻译可称作文学性翻译;与此相反,当一部作品的重要性不体现在它的文学品质,而是在于它所言说的内容时,翻译的目标就是要对原作予以细节化的精确再现,这种翻译方法叫作文字性翻译(Waley,1934)。韦利认为老子《道德经》的翻译应该属于文字性翻译,因此他在翻译中追求的是具体而精确地再现原作的历史本意,而非它的文学美感和当代意蕴。韦利对原作细节化的精确再现的目标主要是通过语言补入、文本自证和文化补入来实现的。老子语言跳跃性大,呈现片段性,其关联性差,容易造成理解困难。如果照搬老子的语言结构,不对其空缺进行补充,势必会造成理解困难和歧解误解。为了明晰老子思想就要对这些语言空隙从语法和语义上进行补充,使文意具体而精确地呈现出来。

由上可见韦利对中国古典文化持有的欣赏、向往之情,一方面引导他从事了大量中国古典文学的翻译,另一方面也让他在翻译过程中持有一种独特的仰慕与热爱之情,这些都促使他在翻译中采取了文字性翻译和历史性翻译的翻译策略,目的是尽量保留源语文化、文学特色,来与英语世界的读者分享。

六、读者对翻译过程的影响

读者对翻译过程的影响是明显的。首先,读者是译者翻译时行文的参考对象,尽管这个"读者"可能不是一个具体的人物,而是一个抽象的概念、印象、估量,但是他对译者的翻译十分重要。他的喜好、知识水平、阅读习惯等都会被译者加以考虑,会影响到译者的翻译决策、方法、造句、选词、注释、序言等很多方面。朱生豪在翻译莎士比亚的戏剧时就常常将译文念出来,自己又自拟为读者,看词句是否顺畅、妥帖,这其实就是读者参与翻译过程的生动一幕。鲁迅先生曾为他提出受人质疑的"硬译"主张,是因为他将读者粗分为三类:"甲,有很受了教育的;乙,有略能识字的;丙,有识字无几的。"鲁迅认为他译文的读者对象是甲类读者,并认为他们应该具有接纳异质文化的能力,因此应该采取"硬译"的方法:

至于供给甲类的读者的译本,无论什么,我是至今主张"宁信而不顺"的。自然,这所谓"不顺",决(绝)不是说"跪下"要译作"跪在膝之上","天河"要译作"牛奶路"的意思,乃是说,不妨不像吃茶淘饭一样几口可以咽完,却必须费牙来嚼一嚼。这里就来了一个问题:为什么不完全中国化,给读者省些力气呢?这样费解,怎样还可以称为翻译呢?我的答案是:这也是译本。这样的译本,不但在输入新的内容,也在输入新的表现法。中国的文或话,法子实在太不精密了,作文的秘诀是避去熟字,删掉虚字,就是好文章,讲话的时候,也时时要辞(词)不达意,这就是话不够用,所以教员讲书,也必须借助于粉笔。这语法的不精密,就在证明思路的不精密,换一句话,就是脑筋有些胡(糊)涂。倘若永远用着胡(糊)涂话,即使读的时候,滔滔而下,但归根结蒂,所得的还是一个胡(糊)涂的影子。要医这病,我以为只好陆续吃一点苦,装进异样的句法去,古的,外省外府的,外国的,后来便可以据为己有。这并不是空想的事情。远的例子,如日本,他们的文章里,欧化的语法是极平常的了,和梁启超做《和文汉读法》时代,大不相同;近的例子,就如来信所说,一九二五年曾给群众造出过"罢工"这一个字眼,这字眼虽然未曾有过,然而大众已都懂得了。(鲁迅,2009)

此类由译者构想出来的读者也可以称为译文"暗隐的读者",他们是译者根据普通读者抽象出来的,虽然不是指具体的读者个体,但是却有自己明显的读者特征,对译者的翻译过程影响很大。此外,真实的读者也会参与到翻译的过程中。韦利在翻译中国古典文学作品时,他翻译的诗作连普通女工都十分喜欢,她们还向韦利提出自己的想法,这些都对韦利的诗歌翻译产生了深切的影响。

七、社会文化与意识形态因素对翻译过程的影响

原作从源语进入到译入语的过程也是从源语文化进入到译入语文化的过程,经历了翻译中语言的调试后,还必须经历文化的调试,在这个过程中译入语文化和意识形态会对翻译过程产生影响。《灰姑娘》的故事在我国人尽皆知,经过文化调适,它原有的血腥和暴力尽消,留下的是生活在社会下层的灰姑娘与王子结合的美好故事,没有不适合儿童的情节。但是在原著中,灰姑娘的两个姐妹为了穿上水晶鞋,一个切掉了自己的大脚趾,一个切掉了自己的脚后跟,试穿过程鲜血淋漓……在早期几个不同版本的《灰姑娘》童话中,血腥报复情节才是故事的高潮。后来两个姐妹的眼睛还被鸟啄瞎。在《白雪公主》原著中,白雪公主也并不像我们现在读到的故事中那么善良、纯洁,她嫁给王子时,故意邀请坏王后来参加她的婚礼。在婚礼上,白雪公主逼迫王后穿上烙铁的鞋子不停地跳舞,最后坏王后被活活折磨死了。这些故事译入我国时,血腥暴力的情节都被删除了。这些情节的删除体现了社会文化对翻译过程的影响。

每个社会都有其根深蒂固的伦理价值观。这一价值观左右着人们的言行举止,造就了人们的道德标准。同其他文化现象一样,一个社会的伦理文化也具有一定的排他性,视那些有悖于本文化的异族文化因素为反文化或不道德,因此对其持排斥态度。这一文化现象的存在无疑给穿梭于两种文化之间的译者带来了一定的压力。

事实表明,翻译活动不仅仅是语言活动;文化的方方面面会根据当时的文化接受状态以不同的程度作用于翻译的过程,介入译者的逻辑判断和语言选择。因此,

研究文化对翻译过程的影响会揭示出很多文学流派和语言学派译论所没有或难以揭示的方面,从而使译者对翻译实质的认识不至流于片面,失之偏颇。

同样的情形尤其会发生在处于危机中的社会,意识形态因素对译者的影响更加明显:

然而译者在翻译中对既定的目标文化并不都是消极顺从,具有较强政治意识的译者往往对其做出积极的反应。以 20 世纪初恰处封建与民主的十字路口的中国社会为例,其时正是一个政治敏感和跨文化交际尚不甚发达的阶段,代表封建的保守思想和代表民主的激进意识均在当时的翻译作品中有所体现。如在代表封建政治意识的林纾的译作《魔侠传》(即《堂吉诃德》)中,我们就可以看到他是如何利用自己的译笔发泄他对民主革命的憎恨的。他将原文中"愿上帝降罪于你们这班侠客"一语改成"似此等侠客,在法宜骈首而诛,不留一人以害社会"。至此他仍意犹未尽,又在下面加上双行小注:"吾于党人(指孙中山领导的国民党人)亦然"(马祖毅,1984)。而在另一方面,代表进步思想的苏曼殊、陈独秀则利用自己的译笔对封建文化进行了无情的鞭笞。为了表达自己政治意识的需要,他们不惜在《惨世界》中另设了一个"男一号"。此人姓明名白,字男得,暗表"难得明白"。译者借他之口对中国的封建价值观进行了猛烈的抨击,他还说"世界上物件,应为世界人公用"并主张"索性大起义兵,将这班满朝文武,拣那些黑心肝的,杀个干净"。林纾、苏陈的这种极端却又不约而同的做法表明,在译介活动中译者的政治意识介入往往在所难免,只不过在不同的政治文化背景中,其表现有强有弱而已。

翻译作为人类重要的文化活动,也脱离不开文化的影响,不仅如此,译者处身于一定的社会形态之中,社会的思潮波动、意识形态的演进和重大社会历史事件的发生都会对译者的翻译活动产生影响。

八、翻译思想与理论对翻译过程的影响

人们对翻译的理解和认识在不断变化,不同的翻译思想对翻译过程也会产生不同的影响。人类社会的翻译活动与人类社会自身的发展息息相关,人类的第一

次大规模的翻译活动无论中外基本上都是宗教文本的翻译。中国早期的佛经翻译规模宏大,历时千年,成果丰硕。西方则主要是圣经的翻译活动,同样影响深远。在宗教经典翻译中,译者面对的是"神"的旨意,每处文字都可能包含独特的"神谕",稍有差错就是对神的亵渎,因此译者必须采取紧贴原著的翻译方法,并把这种译经方法奉为指导思想。《法句经序》里有这样的记载:

维祗难曰:"佛言依其义不用饰,取其法不以严。其传经者,令易晓,勿失厥义,是则为善。"座中咸曰:"老氏称:'美言不信,信言不美。'仲尼亦云:'书不尽言,言不尽意。'明圣人意,深邃无极。今传胡义,实宜径达。"是以自偈受译人口,因顺本旨,不加文饰。译所不解,即阙不传,故有脱失,多不出者。然此虽词朴而旨深,文约而义博。

维祗难主张翻译佛经不要追求文采,重要的是翻译出佛经义理,其翻译方法应该是"径达"之法,类似于今天说的直译。在这一思想指导下,支谦在翻译中采取了"因顺本旨,不加文饰""译所不解,即阙不传"的翻译方法。对圣人或神的崇敬深刻地影响着译者的翻译行为,历史上七十子的圣经翻译活动中有这样的记载:

When they had washed their hands in the sea, as is the custom of all Jews, and had offered prayer to God, they addressed themselves to the interpretation and clarification of each passage. I question them on this point too, why it was that they washed their hands before praying. And they explained that it was in witness that they had done no wrong, since the hands are the organs of all activity; in such beautiful and holy spirit do they make all things symbols of righteousness and truth. Thus, as we have said before, they foregathered every day to this spot, so delightful for its seclusion and its clear light, and carried out their appointed task.

上文中,七十二位译者在翻译前不仅要向上帝祷告,还要按照礼俗在大海里洗干净双手,译者在神性文本前的虔敬之情可见一斑。正如佛经翻译一样,译者把文本视作神谕,不敢越雷池半步,大部分采取了"字对字"的翻译方法,以保留文字中的神意。这一点在哲罗姆的论述中也有反映:

Now I not only admit but freely announce that in translating from the Greek — except of course in the case of Holy Scripture, where even the syntax

contains a mystery — I render, not word for word, but sense for sense.

哲罗姆认为圣经文本的句法包含了神秘的意蕴,因此翻译时应该采取"字对字"的翻译方法。而对圣经之外的文本则可以以传递语义为主,采取"意对意"的翻译方法。

翻译思想的变化、翻译理论的演进改变着译者对翻译的认知,使其在翻译中关注不同的方面,采取不同的方法,产生不同的效果。在目的论产生之前,译者主要以原文为翻译的参照点,主要看译文是否忠实于原作。但是,在目的论的指导下,译者逐渐认识到了翻译是一种目的性行为,根据不同的目的可以产生不同的译文,译文的读者和功能受到了重视,翻译的方法和过程也受到了影响。

问题与思考

1. 翻译中的理解有什么特点?请举例说明。
2. 如何才能正确理解原作?
3. 译者在翻译中的认知特点有哪些?
4. 有多少因素涉及翻译的过程?它们对翻译过程有何影响?如何影响?
5. 分析影响林纾、严复、林语堂等人翻译实践的各种因素。

第六章

翻译的方法

翻译不仅可以指一门学问、一个学科，也可以指一种技能、一种语言转换实践。从技能角度来论翻译，如果想要娴熟地运用这项技能是要掌握一定的翻译方法的。从不同角度出发，翻译的方法有不同的区分：从英汉语言对比的角度看，翻译的方法包括形合与意合、静态与动态、主动与被动、物称与人称等互相转换的方法；从语言转换的方式和内容看，翻译的方法有直译、意译、音译和形译；从译者的文化立场及其在翻译中的体现看，翻译可分为归化翻译和异化翻译；从文化传递多少及保真程度看，翻译可分为深度翻译和浅层翻译；从语言对等的角度看，翻译可分为形式对应和动态对等。

一、英汉对比与英汉互译的方法

英汉翻译离不开英汉对比，只有深入地对比英汉语言之间的差异，才能在翻译时更好地理解原文，才能有意识地对译文进行相应的调整，译文也才会更加地道。现有研究表明，英汉语法的显著差别为英语是形合（hypotaxis）的语言，而汉语是意合（parataxis）的语言。所谓形合就是句子内部的组成成分之间靠各种各样的显性连接（overt cohesion）手段连接，这些连接手段包括介词、连词、关系代词、关系副词、连接代词、连接副词。所谓意合是指句子中的不同部分靠暗含的逻辑关系和叙事的先后顺序、空间序列等隐性连贯（covert cohesion）手段连接。形合和意合的差异表现在英汉语言的对比上，则为英语呈现出焦点语言的特征，而汉语呈现出散点语言的特点。英语"造句注重形式接应（formal cohesion），要求结构完整，句子以形寓意，以法摄神，因而严密规范，采用的是焦点句法"（连淑能，1993）。而汉语"造句注重意念连贯（semantic coherence），不求结构齐整，句子以意役形，以神统法，因而流泻铺排，采用的是散点句法"（叶嘉莹语，蒋坚松，2000）。因此，英语又被喻为葡萄型的语言，意思是说英语的主句像一串葡萄中的主梗，各个小句和附加成分则像附着在主梗上的侧梗，侧梗上还可以再生侧梗，形成一种结构验证的立体空间构架结构。汉语则常常被喻为流水句、竹节句，像竹子一样一节一节的，一个意思完整了，打个结，接下去就是另外一个意思了，因此汉语的句子呈现出线性结构,表意呈现出散点性。下面的英语句子中包含了多种显性连接手段(加粗),而相应的汉语句子在大多数情况下则没有这些连接手段。

(1) **Startled**, he jumped up and hastened to the mirror in the bathroom, **taking away** the towel **to examine** the cut upon his cheek.

他惊得跳起来,连忙到卫生间的镜前,拿掉毛巾,细看腮上的伤口。

(2) Hard **pressed**, he told the truth **in spite of** his wife's warnings.

逼急了,他也就顾不得老婆的叮嘱,说出了实情。

(3) **When** Chou En-lai's door opened they saw a slender man **of** more than average height **with** gleaming eyes **and** a face so striking **that** it bordered **on** the beautiful.

周恩来的房门开了。他们看见一个身材修长的人,比普通人略高,目光炯炯,面貌引人注目,称得上清秀。

(4) I put on my clothes **by** the light **of** a half-moon just setting, **where** rays streamed **through** the narrow window **near** my crib.

半轮晓月渐渐西沉,月光透过我小窗旁边一个窄窄的窗子射进来。我趁着月光穿上衣服。

与英语的形合形成对照的是汉语的意合。德国语言学家洪堡指出汉语中隐藏的语法比明显的语法要多很多,"上下文的意思是理解的基础""语法结构常常要从上下文的意思中推导出来"。(刘英凯,1994)下面的汉语句子中少用或不用关联词语,而相应的英语句子中则往往要补充关联词语。

(1) 上梁不正下梁歪。

If the upper beam is not straight, the lower ones will go slant.

(2) 跑得了和尚,跑不了庙。

The monk may run away, **but** never his temple.

(3) 进了医学院,她住女生宿舍,在食堂吃大锅饭,天不亮,她就起床背外语单词。铃声响,她夹着书本去上课,大课小课,密密麻麻的笔记。

In the medical college, she lived in the girls' dormitory and ate like everybody else in the school canteen. Before daybreak, she would get up to memorize words of a foreign language. With the bell, books under arm, she

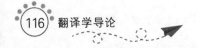

would go to lectures and classes, taking careful close-written notes.

（4）想要什么吃的、什么玩的，只管告诉我；丫头老婆们不好了，也只管告诉我。

Just tell me if you have a fancy for anything special to eat or pass the time with. When a housemaid or an old nurse becomes nasty, also let me know.

英汉语言的这种差异反映出东西方思维的差异，也反映出他们哲学观和文化心理的不同。季羡林说西方哲学思维是见木不见林，注重对细节的分析而缺乏对细节间关系的宏观概括。东方文化体系的思维模式是综合的，而西方则是分析的。

概言之，中国传统哲学强调天人合一，主客统一，西方哲学强调人物分离，主客对立。反映在思维习惯上，中国人重综合，重整体抽象，重心理时空和时间顺序；西方人重分析，重形式论证，重天然时空和空间天然真实性。反映在语言上，汉语重意合，重隐含，导致语言的简约和模糊，虽然语流中时有跳脱，却文气连贯，意义相连，形散神聚，流泻自如；英语重形合，重明示，导致语言的严谨和清晰，虽然结构繁复，却各种关系清楚，秩序井然，达意准确，决不含混。（蒋坚松，2000）

形合与意合的对比研究对翻译实践有着指导意义，英汉互译要重视形合与意合之间的转换。英译汉的主要过程是句法结构的转换，包括拆散、重组和间接手段由显变隐等步骤。首先将英文句子叠床架屋的空间搭架拆散成若干意群，然后将每个意群转换成汉语的一个短语、短句甚至长句，组合成汉语节节推进的时间和逻辑序列。值得注意的是，这种意群可以是英文句中的任何一个成分（分句、短语、单词）或若干个成分的综合，翻译中势必会有所增删、调整。在此过程中英文句中的关联词大部分不译，而转换成汉语句中隐含的关系，即语气连贯。

汉译英的过程则相反，将汉语句子的时间和逻辑序列转换成英语句子的空间搭架，同样不可计较字比句次。具体说来，一是按照英语行文的需要重新分句；二是分析和确定每个句子中不同成分间的逻辑关系；三是按照各成分间的关系重新安排各个句子，使汉语句子的线性序列变成英语句子的空间构架。同时，汉语中靠语序间接表示的隐性连接转换成用关联词标示的显性连接。（蒋坚松，2000）

英汉语的另一差别是：英语常用物称表达法，不用人称来叙述，以客观的口气来呈现事物，汉语则常从自我出发来叙述客观事物，或倾向于描述人及其行为或状态，因而常用人称。当人称可以不言而喻时，又常常隐含人称或省略人称。下面的句子中，可以看出英汉语对人称和物称有不同的使用倾向：

(1) Bitterness fed on the man who had made the world laugh.

这个使世人发笑的人自己却饱受辛酸。

(2) Her good work and obedience have pleased her teachers.

她学业优良,性情和顺,深得老师喜欢。

(3) The little cares, fears, tears, doubts, sleepless fancies of I don't know many days and nights, were forgotten under one moment's influence of George's irresistible smile.

不知有多少个日日夜夜,她牵肠挂肚,担惊受怕,暗自垂泪,疑神疑鬼,胡思乱想,夜不能寐。可是乔治迷人的一笑,她就把这一切忘到了九霄云外。

(4) The pair of legs that carried him were rickety, and there was a bias in his gait which inclined him somewhat to the left of a straight line.

这个人两条腿摇摇晃晃,走路的姿势不正,不是笔直向前,而是略向左歪。

(5) 他疲惫不堪,天气也越来越热,于是他打定主意,一有舒适的阴凉处,就坐下来休息。

His weariness and the increasing heat determined him to sit down in the first convenient shade.

(6) 人们对我的要求太高,大大超出我的能力所及。

Much more is expected of me than is possible to perform.

(7) His success was complete.

他取得了完全的成功。

(8) 热心的读者纷纷致函当地报纸,对城市的规划和建设提出建议。

Local newspapers were sprinkled with passionate letters advising about the city's planning and construction.

被动句的使用频率、范围也是英汉语的一个重要差别。英语中被动句的使用频率和范围要明显高于和大于汉语,这既是其语言使用的传统习惯,也是英汉语物称叙事和人称叙事的作用结果;以物作主语,很多时候要用被动句,而以人作主语,则更多会用主动句。主动句直接,被动句间接,英语大量使用被动句让这种语言显得客观、正式、曲婉、矜持,而汉语因为多用主动句则显得主观、随意、直接、主动。在英汉互译中,除非主被动句式有特殊的作用或含义,一般都要进行相互转换,以适应目标语读者的阅读习惯。下面是一些例子:

(1) Kissinger was alarmed by China's first atomic blast in October, 1964.

1964年10月,中国爆炸了第一颗原子弹,这把基辛格吓了一跳。

(2) My father was scared. He needed a job, he had a family.

我父亲是吓怕了的。他需要一份工作,他有一家人要养活。

(3) My country is blessed with unsurpassed natural resources.

我国有得天独厚的自然资源。

(4) He was slightly disturbed by the cashier, a young and giggling Wisconsin school teacher with ankles ...

出纳员是一名威斯康星州的女教师,她一双美足,笑声咯咯,弄得他有点心烦意乱……

(5) Our former differences were forgotten.

我们已经冰释前嫌。

(6) Mrs. Norris, having asked one or two questions about the dinner, which were not immediately attended to, seemed almost determined to say no more.

诺里斯太太问了一两个有关宴会的问题,见无人马上搭理,便也打定主意不再说话。

(7) 通常六点半开灯。

The lights are usually turned on at 6:30.

(8) 大家知道电子是极微小的负电荷。

Electrons are known to be minute negative charges of electricity.

(9) 她把孩子打发走了。

The child was sent away.

(10) 不要为假象所迷惑。

Don't be cheated by the false appearance.

(11) 不一会,北风小了,路上的浮尘早已刮净,剩下一条洁白的大道,车夫跑得更快了。

Presently the wind dropped down. By now the loose dust had all been blown away, leaving the roadway clean, and the rickshaw man quickened his pace.

(12) 那时，周瑜是个"青年团员"，当东吴的统帅，程普等老将不服，后来被说服了，还是由他当，结果打了胜仗。

Zhou Yu, who was then a "Youth League member" in age, was appointed commanding general of the Wu army. Cheng Pu and other battle-seasoned generals protested but were later persuaded into accepting his command, and in the end the battle was won.

英语与汉语的又一重要区别在于英语是静态语言，而汉语是动态语言，英语中多名词、多介词，而汉语中多动词，这样在英汉互译中就要进行词性的转变。英汉语的静态与动态特点与其形合与意合的特点是相关联的，因为受到语法的规范，英语句子中除了谓语动词外其他的句子成分都要使用非谓语形式，不少动词只能进行名词化处理。另外，英语的静态性特征也是英语典雅文化取向在语言上的呈现。在英汉互译中，静态和动态之间往往要互相转换。

(1) Starvation was a remote threat.

人们一时半会儿还不会饿死。

(2) Without knowing how, Captain Dobbin found himself the great promoter, arranger, and manager of the match between George Osborne and Amelia.

都宾上尉稀里糊涂地就开始为乔治和艾米丽牵线搭桥，安排见面，筹划婚事了。

(3) She said this with a provocative glance and a gleam of teeth.

她说这话时挑衅地看了一眼，还把牙一呲。

(4) This failure was the making of him.

这次失败造就了他。

(5) His appearance at any affair proclaims it a triumph.

任何事情，他一出面就准成功。

(6) 老栓正在专心走路，忽然吃了一惊，远远地看见一条丁字街，明明白白横着。他便退了几步，寻到一家关着门的铺檐子，蹩进去，靠门立住了。

Absorbed in his **walking**, Old Shuan was startled when he saw the cross road **lying** distantly ahead of him. He walked back a few steps **to stand under** the eaves of a shop **against its** a closed door.

(7) 穿花小步，闻树头苏苏有声，仰视，则婴宁在上，见生来，狂笑欲坠。

Strolling among thee flowers, he heard a rustling up among the trees and looked to see Yingning, who at the sight of him burst out laughing and nearly tumbled down.

英汉语还有一点不同的是英语是一种收缩性语言，而汉语是一种展开性语言。英语所有的句子成分都要纳入主谓宾结构中去，因而其句子成分从语法上看都是些分句、短语、词、语素等较低的句法单位，呈现收缩的状态。汉语因为是流水句、竹节句，一个意思表达完紧接着就是另外一个句子，句与句之间没有语法上的隶属关系，呈现的是展开的状态。因此在英汉互译中存在着句、分句、短语、词、语素等句法单位间的转换，汉语中高一级的单位在译成英语时经常要降级使用，英译汉则相反，这就是语言的收缩与展开现象。

(1) He said the meeting was in formative.

他说会议使人大开眼界。

(2) She played the piano with skill and passion.

她弹钢琴技巧娴熟，激情洋溢。

(3) He arrived in Washington at a ripe moment internationally.

他来到华盛顿，就国际形势而言，时机正合适。

(4) She was pardonably proud of her wonderful cooking.

她为自己高超的烹调技术而自豪，是情有可原的。

(5) The parental laugh was echoed by Joseph, who thought the joke capital.

约瑟夫也跟着父亲大笑。他觉得这个恶作剧简直妙不可言。

(6) 他若是拒绝邀请，在礼貌上也说不过去。

He cannot politely turn down the invitation.

(7) 年满18周岁的公民，都有选举权和被选举权。依照法律剥夺选举权和被选举权的人除外。

All citizens who have reached the age of eighteen have the right to vote and to stand for election, with the exception of persons deprived of these rights by law.

英语是主语性语言,而汉语是一种主题性语言,这也是英汉语的一个重要区别。

英语是主语性语言,主谓结构是英语句子的核心,其主语通常是名词性短语,谓语常是动词性短语。汉语是主题性语言,呈现"话题—说明"的结构,属该结构的汉语句子约占50%。话题具有以下特点:从语序来看,它是句子的起词,居主位,其他成分居述位;从语境来看,它是已知信息,居主位,新信息居述位;从讲话的心理主项来看,它是陈述的对象,是主题,陈述的内容是述题;从信息的能动性来看,它是交际能动性最低的部分,处于述位的是交际能动性较高的部分。主语—谓语结构着眼的是形式,是句法结构关系;主题—说明结构着眼的是语义,是表达和被表达的关系。在英汉互译中,往往要将主语性语言和主题性语言相互转换。观察下列译文:

(1) You don't grow the grain you eat and you don't make the clothes you wear.

你吃的粮食不是你自己种的,你穿的衣服也不是你自己做的。

(2) The world will little note, nor long remember what we say here, but it can never forget what they did here.

我们今天在这里的讲话,世人不会太注意,也不会长久记住;但勇士们曾在这里创造的业绩,他们将永志不忘。

(3) He is inexperienced in driving.

开车,他没有经验。

(4) I'll make my decision in marriage.

婚姻问题,我要自己做主。

(5) And am I not indebted to you for the bread I eat?

我现在有口饭吃,还不都是亏了你吗?

(6) Whatever the priest tells you to do, do it; what you see him do, do not.

牧师教你做的,照做;你看见牧师做的,别做。

(7) 苹果、橘子买了一大堆。

They/He have/has bought a lot of apples and oranges.

(8) 施恩别记,受惠莫忘。

Have no recollection of favors you have given; do not forget benefits you have received.

(9) 身劳而心安,为之;利少而义多,为之。

What gives toil to the body but peace to the mind, do it; what promises little gain but much justice, do it.

除了上述差别外,英汉语还有一些不同:① 现代英语是综合-分析型语言,汉语是分析型语言。古英语具有综合语特征,即运用形态变化来表示语法关系,现代英语属于综合-分析型语言。分析语的特征是不用形态变化而用词序及虚词来表达语法关系。汉语是典型的分析语。② 英语有抽象性的特点,汉语则表达得比较具体。英语的名词化、静态性特征导致其表达抽象化。英语中大量使用抽象名词使其语言产生"虚""泛""暗""曲""隐"的特点,词义虚空宽泛,便于读者发挥想象。汉语相对词义较为具体,但也有一定量的抽象词语,主要用在文艺作品、艺术品、茶品等的品鉴上。③ 英语的表达较为间接、委婉,汉语的表达倾向于直接。这主要因为英语更多使用委婉、含蓄、迂回的表达方式。④ 英语喜欢用替代,汉语喜欢重复,喜欢将说过的事物重复表达。英语忌讳重复,喜欢用代词代替已经说过的事物,而汉语喜欢重复,甚至在重复中获得音乐的美感和铺排的语言力量。对于这四点不同,翻译时也要予以考虑,以使译文更加地道。

二、直译、意译、音译与形译

根据翻译的对象不同还可以将翻译分为直译、意译、音译和形译。直译就是不仅要保留原文的语意,还要保留它的形式特点,即要求译文形意兼备。张培基说,所谓直译,就是在译文语言条件许可时,在译文中既保持原文的内容,又保持原文的形式——特别指保持原文的比喻、形象和民族、地方色彩等。刘重德对直译的特点做了如下描述:

Literal translation may be defined as having the following characteristics:
1. literal translation takes sentences as its basic units and the whole text

into consideration at the same time in the course of translating.

2. literal translation strives to reproduce both the ideological content and style of the entire literary work and retain as much as possible the figures of speech and such main sentence structures or patterns as SV, SVO, SVC, SVA, SVOO, SVOC, SVOA formulated by Randolph Quirk, one of the authors of the book *A Comprehensive Grammar of the English Language*.

所谓意译就是保留原文的意义而舍弃它的形式。意译往往是在无法直译的情况下才采用的翻译方法,如果直译能够产生语义明晰、符合译入语语法规范和语言习惯的译文就要尽可能采取直译的方法。我国翻译教育名家刘重德、张培基等人都持类似观点:

Free translation may be defined as a supplementary means to mainly convey the meaning and spirit of the original without trying to reproduce its sentence patterns or figures of speech. And it is adopted only when and where it is really impossible for translators to do literal translation. (刘重德,1991)

每一个民族语言都有它自己的词汇、句法结构和表达方法。当原文的思想内容与译文的表达形式有矛盾不宜采用直译法处理时,就应采用意译法。意译要求译文能正确表达原文的内容,但可以不拘泥于原文的形式。(张培基,1980)

对于直译和意译的不同及其在使用中的差别,刘重德也有论述:

In a word, the adoption of method of translation depends on the actual sentence-structure and/or the figure of speech and on the demand of the principles of faithfulness, expressiveness and closeness. My view of literal translation and free translation may be boiled down to one concise conclusion that the two methods are indispensable and supplementary to each other with the former as the primary and the latter as the secondary and ought to be adopted in a flexible and realistic manner.

Why should I regard literal translation as the primary or basic method in general? It is because it will help make our translation much easier to accomplish the following three purposes: ① being faithful to the original in ideological content. ② reflecting the scene and flavor of the foreign country concerned. ③ absorbing the new ways of expression. Translation is a linguistic activity which demands objectivity instead of subjectivity from the translator and literal translation is an effective means to achieve this end. But at the same time we should know that literal translation is not the sole and universal method for it has its own limitations. Whenever it won't work owing to the linguistic, racial, customary, cultural or historical factors, naturally we must at once turn to the secondary or supplementary means—free translation for help so that we may effectively get out of the trouble we meet with.（刘重德，1991）

刘重德不仅论述了直译和意译的适用范围、使用方法,也交代了其中的原因以及使用的效果和作用,是较为全面的论述,对译者有很好的指导作用。

音译是较特殊的一种翻译,它不以语言的意义和形式为翻译对象,而是翻译出词语的发音。一般来说,音译适用于专有名词的翻译,一些词语在译入语中很难找到对应的词语时也会采取音译,也有为追求洋气、时髦而用音译的情况。音译也是一种古老的翻译方法,玄奘还总结出了佛经翻译中的五种音译情形,称为"五不翻"。

据台湾学者曹仕邦考证,"五不翻"原则最早记载于南宋法云《翻译名义序》第一卷(十种通号)第一"婆伽婆"条,原文如下:唐奘法师明五种不翻:一、秘密故不翻,陀罗尼是。二、多含故不翻,如"薄伽梵"含六义故。三、此无故不翻,如阎浮树。四、顺古故不翻,如"阿耨菩提",实可翻之。但摩腾已来存梵音故。五、生善故不翻,如"般若"尊重,智慧轻浅。令人生敬,是故不翻。此处"不翻"并不是指不翻译,而是说"不译意",只进行音译。

(1) 具有神秘色彩的词不翻,佛经里有许多咒语,比如"陀罗尼",翻了则会失去其特殊的意义,所以不翻;

(2) 含义多不翻,即一词多义的梵文不翻,如"薄伽梵"一词有六种意义,故保留原文,只作音译;

(3) 此土所无不翻,即在译语文化中没有的事物概念不翻,如佛教中的"阎浮树"是印度特有的一种树,应音译;

(4) 顺古不翻,即约定俗成的词语应该遵循习惯采取音译。如已有古人把某些佛教专用语译过了,如"阿耨菩提",虽可再译,但易造成混乱,因此最好照用古人翻译,不再作新的翻译;

(5) 生善故不翻是指有些词汇用音译能令人生尊重之念,否则容易等闲视之。

比如，梵文里"般若"的意思和智慧差不多，但如果我们把"般若"翻译成"智慧"就显得轻浅。

简单来说，玄奘提出的"五不翻"原则实际上就是"音译"的原则。由于文化差异的原因，翻译时，人们经常会在目的语中无法找到现成的对应词，这时往往采用音译的方法。英译汉中音译的现象非常普遍，其表现形式主要有威妥玛拼音和汉语拼音，如 Kung fu(功夫)、Kowtow(磕头)等就是威妥玛拼音的形式。

专有名词的音译有一条重要的原则就是"名从主人"，"名从主人"是指人名、地名应按该人该地所属的国家(民族)的读法来译。

所谓形译就是以事物的形状为翻译的对象，在翻译中根据译入语的语言习惯和语言间的差异进行保留或转换。以下列句子中的形译为例：

(1) 八字没有一撇呢。

Not even the first stroke of the character "八" is in sight.

(2) 三个人品字式坐了，随便谈了几句。

The three men sat down facing each other and began casually chatting.

(3) 千字比十字只多一小撇，不是差不多嘛？

The character "千"(thousand) differs from "十"(ten) in merely having one additional short stroke. Aren't they about the same?

(4) 工字钢也称为钢梁，是截面为工字形状的长条钢材。

I-beam, also called steel beam, is a long steel bar with I-shaped cross section.

(5) 老栓正在专心走路，忽然吃了一惊，远远地看见一条丁字街，明明白白横着。他便退了几步，寻到一家关着门的铺檐子，蹩进去，靠门立住了。

Absorbed in his walking, Old Shuan was startled when he saw the cross road lying distantly ahead of him. He walked back a few steps to stand under a closed door under the eaves of a shop.

需要指出的是，直译和意译并非对立关系，很多时候二者可以互补使用。音译和意译在旅游景点名称的翻译中也可以配合使用，达到音意同传的效果。形译和意译之间也可以互相转换。所有的翻译方法都应作为信息和文化传递的工具，是可以配合使用的。

三、归化翻译与异化翻译

1995年,韦努蒂(Lawrence Venuti)提出了归化翻译(domesticating translation)和异化翻译(foreignizing translation)的区分。他的这一区分源自1813年施莱尔马赫(Schleiermacher)对翻译方法的描述,施莱尔马赫认为翻译有两种情况,一种是让读者靠近作者,另一种是让作者靠近读者。如果是让读者靠近作者,那么读者就必须费些力气去理解作者,但是他也因此能感受到原作的异国情调,这类似于采取异化的翻译方法。如果是让作者靠近读者,那么译者就要尽可能地不让读者在理解上费力气,就要改变一些原作的表达方法,这类似于归化翻译法。韦努蒂在后殖民语境下重新审视了施莱尔马赫的上述问题,提出了归化和异化翻译的概念。

韦努蒂认为归化翻译遵守目标语言文化当前的主流价值观,对原文采用保守的同化手段,以使译文迎合本土的传统、出版潮流和政治需求。后来有研究者认为归化是在翻译中采用透明、流畅的风格,最大限度地淡化原文陌生感的翻译策略。归化翻译有以下特点:采用流畅而自然的目标语言;使译作顺应目标话语的类型;消除原文语言中的地域和历史色彩;用译入语文化替代源语文化。韦努蒂认为流畅的归化式翻译掩盖了译者的工作努力,使译者"隐形",也掩盖了文化之间的差异和原作的历史感,更将主流文化的当代价值观强加给原作。

韦努蒂认为异化偏离了本土主流的价值观,保留了原文的语言和文化差异。(Venuti,2001)有研究者将异化定义为在一定程度上保留了原文的异域性、故意打破目标语言常规的翻译。

贝克认为:"看一个翻译是归化翻译还是异化翻译,完全取决于文化形态的重构,翻译在这一形态中得到生产和销售;什么是归化或异化只有在考虑到改变译入语文化的价值关系时才能得到界定。"(Mona Baker,1998)

从翻译实践角度看,归化和异化翻译方法可以简单描述如下:异化翻译就是以译入语文化替代源语文化的翻译,归化翻译则是保留源语文化的翻译。对比下面的归化和异化翻译实例:

(1) 归化翻译：

love me, love my dog	爱屋及乌
a lion in the way	拦路虎
lick one's boots	拍马屁
diamond cuts diamond	棋逢对手
a flash in a pan	昙花一现
have one foot in the grave	风烛残年
to grow like mushrooms	雨后春笋

One boy is a boy, two boys half a boy, three boys nobody.
一个和尚挑水吃，两个和尚抬水吃，三个和尚没水吃。

(2) 异化翻译：

armed to teeth	武装到牙齿
meet one's Waterloo	遭遇滑铁卢
dark horse	黑马
crocodile tears	鳄鱼泪
ivory tower	象牙塔

This is the last supper in our college life. 这是大学生活的最后一次晚餐。

The cold war between the husband and wife ended when the husband found a better job.

丈夫找到了一份较好的工作，夫妻二人的冷战就此结束。

The fear that the Black Monday might return soon alarmed these Wall Streeters.

黑色星期一有可能很快卷土重来，这让华尔街人很担心。

The wealth he had boasted for years turned out to be the emperor's new clothes.

他吹嘘多年的财富到头来不过是皇帝的新装罢了。

异化和归化可以视为直译和意译的概念延伸，但又不完全等同于直译和意译。直译和意译所关注的核心问题是如何在语言层面处理形式和意义，而异化和归化则突破了语言因素的局限,将视野扩展到语言、文化和美学等因素。按韦努蒂的说法,归化法是"把原作者带入译入语文化",而异化法则是"接受外语文本的语言及文化差异,把读者带入外国情景"。(Venuti,1995)由此可见,直译和意译主要是局限于语言层面的价值取向,异化和归化则是立足于文化大语境下的价值取向,两者之间的差异是显而易见的,不能混为一谈。

有些学者认为归化和异化,无论采取哪一种都必须坚持到底,不能将二者混淆使用。然而我们在实际的翻译中,是无法做到这么纯粹的。翻译要求我们忠实地再现原文作者的思想和风格,而这些都带有浓厚的异国情调,因此采用异化法是必然的;同时译文还要考虑到读者的理解及原文的流畅,因此采用归化法也是必然的。选取一个策略而完全排除另一种策略的做法是不可取的,也是不现实的。它们各有优势,也各有缺陷,顾此失彼不能达到最终翻译的目的。

在翻译中,我们始终面临着异化与归化的选择,通过选择使译文在接近读者和接近作者之间找一个"融会点"。这个"融会点"不是一成不变的"居中点",它有时距离作者近些,有时距离读者近些,但无论接近哪一方,都要遵循一条原则:接近作者时,不能距离读者太远;接近读者时,不能距离作者太远。即异化时不妨碍译文的通顺易懂,归化时不失去原文的味道。同时,我们应坚持对语言形式采取归化的策略,而对其文化因素进行异化的处理。这样,译文作品可取两策略之精华而去其糟粕,使两者有共同发展的空间。在实际翻译过程中,归化与异化应该相辅相成,并有互补的辩证统一关系。

四、形式对应与动态对等

形式对应的翻译方法往往是以作者和原文为翻译时关注的中心,只注重传递原作的意义与形式,而不考虑译文读者、受者的理解与接受,有可能产生一些形式正确,但是却无法被译入语读者理解或是会引起误解的译文。动态对等则以译文的接受者为翻译时考量的中心,对源语和译入语的文化进行比较,目的是求得译文与原文的功能对等。功能对等是对原来语言文字对等的突破,这一突破受到了信息学发展的启发。语言文字是用来表达和传递语言信息的,也就是说翻译的对象不应该是词、短语或句子,而应该是它们所承载的信息以及这种信息对原文读者的意义或作用。在长期从事不同语言的圣经翻译的过程中,奈达总结经验,结合信息科学思想,提出了形式对应与动态对等的概念:

The older focus in translating was the form of the message, and the translators took particular delight in being able to reproduce stylistic specialties, e. g., rhythms, rhymes, plays on words, chiasmus, parallelism, and unusual grammatical structures. The new focus, however, has shifted from the form of the message to the response of the receptor. Therefore, what one must determine is the response of the receptor to the translated message. This response must be compared with the way in which the original receptors presumably reacted to the message when it was given in its original setting. (Nida, 2004)

奈达认为动态对等翻译要优先于形式对应翻译:

If we look at translations in term of the receptors, rather than in terms of their respective forms, then we introduce another point of view; the intelligibility of the translation. Such intelligibility is not, however, to be measured merely in terms of whether the words are understandable and the sentences grammatically constructed, but in terms of the total impact the message has on the one who receives it.

Dynamic equivalence is therefore to be defined in terms of the degree to which the receptors of the message in the receptor language respond to it in substantially the same manner as the receptors in the source language. This response can never be identical, for the cultural and historical settings are too different, but there should be a high degree of equivalence of response, or the translation will have failed to accomplish its purpose. (Nida, 2004)

奈达的动态对等翻译思想建立在语言共性论、翻译信息论和读者反应论之上。他认为所有的语言具有同样的表达力,在一种语言中能表达明白的事情,在另外一种语言中也能表达清楚。翻译是对语言包含的信息的传译,是信息传递的交际行为。对译文的评价要看译文读者对译文的反应,并和原文读者对原文的反应进行对比。基于这种指导思想,奈达在翻译圣经时进行了动态对等的翻译,并且取得了较好的交际效果。他曾去新几内亚指导那里的圣经翻译工作,发现当地人根本不牧羊,反倒是牧猪,于是他将上帝原本的"牧羊人"角色转变成了"牧猪人"。同样,他给居住在赤道附近的民族翻译"as white as snow"时转变成了利于当地人理解的"白得像石灰""白得像白鹭的羽毛"。再如,英语成语"spring up like mushroom"中"mushroom"原意为"蘑菇",但译为汉语多为"雨后春笋",而不是"雨后蘑菇",因为在中国文化中,人们更为熟悉的成语和理解的意象是"雨后春笋"。

奈达的动态对等翻译也受到了一些批评,比如不利于保留原文的特色,不太适合文学作品的翻译等。对此,我们要认识到他的理论源自于圣经的宗教文本翻译,便于教民理解是其根本出发点,因此语言的形式就居于次要地位了。没有万能的理论。奈达的动态对等理论在沟通交际上有一定优势,这是它的优点。

以中医文献为例,此类文献属于文言文,语言简洁,语义时有跳脱,因此在翻译时,要考虑目标语读者的理解效果,把文言的语义信息通过动态等效原则转化为通畅明了的英语语言。例如,拯救之法,妙用者针。察岁时于天道,定形气于予心。其译文是:"Among the therapeutic techniques, needling has a wonderful effect. Before applying it, the doctor should keep in mind the seasonal changes of the natural world and judge whether the patient is fat or thin, strong or weak."在该译文中,译者增补了"Before applying it",这一增补对译文读者来说实在是必要的,舍此,则会让译文读者难以理解句子间的逻辑关系。

总之,奈达在《圣经》的翻译过程中积累了大量的实践经验,发展出了一套自己的翻译理论,最终成为翻译研究的经典之一。奈达理论的核心概念是"动态对等",后又称"功能对等",即翻译时不求文字表面的死板对应,而要在两种语言间达成功能上的对等,其积极意义在于将译者从文字表层对译的束缚中解脱出来,明确了翻译的对象和目标,有利于提高译文的交际效果。

五、深度翻译与浅层翻译

夸梅·安东尼·阿皮亚（Kwame Anthony Appiah）将"深度翻译"（thick translation）定义为一种通过译文中的注释和评论将译文置于丰富的文化和语言语境中的"学术型"翻译，其目的在于帮助文学教学。这个定义突出了深度翻译的具体操作方法——通过在译文中添加注释和评论来构建丰富的语境，也说明了深度翻译的类型——"学术型"翻译。虽然在后文中他对深度翻译的本质和社会政治意义有明确的表述，但在这个定义中并没有提及。与深度翻译相反，浅层翻译只注重传递语言的表层意义而忽略了更加深层的文化意义。

深度翻译的提出受哲学家吉尔伯特·赖尔（Gilbert Ryle）深度描写的启发。他以快速眨动眼睛的小男孩为例，探讨了深度描写的概念。有两个男孩，一个是眼皮不自主地抽动，另一个则是有意向同伴挤眼睛。这两种动作是不同的，前者是无意图的，它不传递信息，因而无所谓是成功还是失败，但是后者却可能会失败，因为它意在向同伴传递某种特别的信息，这种信息传递有可能因种种意外不能被同伴接收或理解。对这两个小男孩眨眼动作的最浅层描写可能会使它们极为相似，就像照相机拍摄的照片，很难发现二者的不同。假如那个挤眼睛的男孩还不善于挤眼，他挤眼的动作缓慢、别扭又惹眼，第三个男孩看到了，开始模仿起他那笨拙的动作，以逗乐同伴。对于第三个男孩模仿别人动作的最浅层的描写与不自觉的眨眼大致相同，但是对它的深度描写则是一个"多层三明治"，浅层描写追求的只是这块三明治的底层部分。赖尔没有直接给出深度描写的定义，但通过他对深度描写的阐述，我们可以将他所说的深度描写作如下概括：深度描写是对事物多纬度、多层面的描写，它包含了理解和解释某一事物的多种可能，深度描写有助于读者摆脱浅层理解，深入认识事物的本质。

赖尔的深度描写受到了克利福德·格尔茨（Clifford Geertze）的重视，因为他在致力于摆脱那种满足于现象记录的人类学研究，转向一种解释的人类学。格尔茨以深度描写为工具，尝试构建一种文化的解释理论。他认为文化"实质上是一个符号学概念","是人自己编织的意义之网",而"人是悬在由他自己所编织的意义之网中的动物"。表面上神秘莫测的社会表达需要进行文化分析,以探求和解释其意义。所谓的分析也就是"分类甄别意指结构(structures of signification)","以及确定这些结构的社会基础和含义"。基于上述认识,格尔茨认为民族志本质上应该是深度描写的。确切来说民族志的深度描写就是把"社会事件、行为、制度或过程"放置于"风俗的情景"(即文化)中进行描述,这样它们难以理解之处就会消失。在深度描写和文化分析中既要防止主观主义和神秘主义,又要与具体的社会事件和场合紧密联系。只有这样才能实现解释的人类学的根本使命:"接近别人——在别的山谷中守护别的羊群时——所给出的回答"(格尔茨,1999)。撮其精要,人类学的深度描写对格尔茨来说就是将难以理解的社会文化现象放置于其文化语境和社会基础中去,进行文化分析,目的是能以他人的方式理解他人,尊重他人及其文化。

受深度描写的启发,阿皮亚提出了深度翻译的概念。他认为"深度翻译"(thick translation)是通过译文中的注释和评论将译文置于丰富的文化和语言语境中的一类"学术型"翻译,其目的是帮助文学教学。言语是行为的产物,行为有其产生的原因,言语的产生也一样有它的原因。因此深入理解其他文化和其他时代的特点之成因是文学教学的一部分,文学教学于此便具有了抵抗文化相对主义和尊重人类文化多样性的作用。对文学产品产生语境的深度描写及由此而来的深度翻译可以促使师生深入理解,真正熟知并尊重他人(Appiah,1993)。可见,深度翻译的本质是尊重异质文化,具体方法就是通过添加注释、序跋等在翻译中重构文学作品的文化和语言语境。

综合三位学者的论述,我们对深度翻译作如下归纳:第一,深度翻译的原因在于意义具有多层性、多维性,意义总是离不开其所处的文化网络,只有深入辨别才能深入理解;第二,深度翻译的方法是通过注释、序跋、评论等为译文构筑文化、社会和文本等丰富的语境;第三,深度翻译的目的是促使读者深入理解、熟知和尊重异质文化;第四,深度翻译的本质是深入异质文化内部,追求以异质文化持有者的视角观察和理解该种文化;第五,深度翻译的社会政治意义是抵抗文化相对主义和文化霸权,尊重和保护人类文化的多样性,促进文化间的交流借鉴和人类文明的和谐发展和繁荣。

国内研究者对深度翻译的接受主要体现在对其作为具体翻译操作方法的认同:一是认为深度翻译的方法可以提供丰富的源语文化网络,有助于读者理解其他文化,并从阐释人类学、关联理论、文化阐释、译者主体性、交往行为理论等角度肯定了该种翻译方法的合理性;二是强调了该种翻译方法的实用价值,尤其是在文化经典翻译中原汁原味地传递源语文化异质的重要作用,深度翻译被认为具有弥补文化缺省、凸显差异、显化文化异质与特色、纠正文化误读的重大意义。

在认同深度翻译的基本操作方法之后,研究者致力于发展一些具体操作的方法和原则。首先,他们拓展了深度翻译的具体方法。阿皮亚在深度翻译的定义中仅提到了注释和评注的操作方法。我国学者结合热奈特的副文本理论及译界的翻译实践,认为深度翻译的操作方法涉及脚注、尾注、夹注、双行小注、文内隐注、序跋、献词、后记、附录、术语表、致谢、图表、图片、评论等。这些极大丰富了深度翻译的具体操作方法。其次,他们对深度翻译方法进行了详细的分类。根据注释的内容,总结出了注释的六大类型:专有名词、汉语言释疑、背景信息、译名解析、文内互文和文外互文。(王雪明,杨子,2013)这些分类明确了什么地方需要注释和如何注释等问题,对增强深度翻译的可操作性非常有益。最后,他们对深度翻译方法的原则与功能进行了探讨。明确了深度翻译方法的原则是要凸显文化异质性,需要以背景描述、解释和深层铺垫构建丰厚的语境让异质文化被理解。从上述可知,在我国研究者的努力下,深度翻译的操作方法已经得到了极大的丰富和发展。

以阿瑟·韦利的《道德经》英译为例,在《道德经》的翻译中,像韦利那样着力为译本构建源语文化网络的译者十分少见。在他1934年首次出版的《道德经》英译本中,在译文正文之外进行语境构建的篇幅占全书的54.58%,并且在译文正文部分,译文后的注释、评注等又约占该部分的60%。以此,韦利为《道德经》译本构建起了丰富的源语文化网络,力图使译文读者在源语文化坐标中准确理解原作的思想。提尔说:"韦利在翻译老子《道德经》时不仅进行语言分析而且还会进行人类学上的研究,因而他的翻译使人们对这部古老的作品有了一种新的理解。"(Roy E. Teele,1969)

韦利在译本序言中指出当时的人类史著作忽视了对中国的研究,使西方对中国的了解零碎、模糊,他希望读者能秉持人类学家的开放态度将中国纳入研究领域。为此,在《道德经》翻译之初,他就定下了基本目标:"致力于发现文本最初的意义",他将这种致力于传递文本原初意义的翻译称为"历史性翻译(historical translation)"。同时,韦利还分析了《道德经》的文本类型,认为它不以文学性为重,而以思想性为重,为此应以"语文学的"翻译方法精确展现原作的最初意义。此外,要想使文本意义被透彻理解,就必须向读者介绍文本中各种思想是如何形成的。概言之,韦利《道德经》译本语境重构的基本目标就是:以《道德经》文本形成时的社会历史文化为基本参照,辅以语文学性的对文本文字的精确考证和分析,重点梳理、再现《道德经》形成时期社会上存在的各种思想流派,以及它们和《道德经》思想之间的关系,以此将《道德经》定位在它产生时所处的社会历史文化语境当中,带领读者探究文本形成之初的含义。由上述目标出发,韦利较明显地从如下路径对译本进行了语境重构:① 天人之间:重构《道德经》文本所处历史时期的社会信仰;② 大道之隐:重构《道德经》文本所处历史时期的社会状态;③ 神舍之洁:重构《道德经》文本所处历史时期人们的心灵修养;④ 道德之本:重构《道德经》文本所处历史时期的原初意义。

归纳起来,韦利译本的语境重构具有以下特点。

(一) 追求文本原初意义,凸显内部视角

韦利在序言中阐明了自己对文本原初意义的追求。为了实现目标,韦利采取了"历史性"翻译的方法,努力进入到文本产生时的社会历史语境中,增加对该时期历史的认识,其语境构建具有明显的内部视角特征。

(二) 构建历时和共时的文化网络

韦利从历时和共时两个维度为《道德经》英译构建了纵横交织的文化语境。他首先区分了中国早期历史的两个阶段:前道德时期(占卜祭祀时期)和道德时期,对两个时期的文化特点、社会信仰和思想潮流等进行了梳理,为读者提供了中国早期文化及其变化的基本知识,有助于读者定位《道德经》所处的历史文化时期,获得解读该文本的内部视角。

(三) 语境重构的多层性与方法的多样性

韦利《道德经》译文的语境重构具有多层性特征,主要表现在语言、历史、风俗、文化、思想等方面。有一部分语境是关于语言的,韦利很注重对词汇原初意义的考

证，比如在阐述"义""德"等词的含义时，韦利就追溯了这些词语最初的含义。此外，韦利对于汉语中同字不同义的现象、语义演变现象以及缺乏时间和数量形态等也有介绍。同时，韦利增加了对春秋战国时期历史的介绍，介绍了当时周王朝没落，诸侯称霸，以及在这种社会现实下法家借鉴道家"一"的思想，赋予"一"以新的含义，并提出了国家统一主张的社会历史。韦利这种从大到小的背景铺垫，更能帮助读者了解诸子百家思想的碰撞、交融，了解这些思想产生的源流。

韦利的这种语境重构思想和实践具有多方面的价值：① 从正确阐释的需要来看，如果译者想要真正了解文本的本来意义，就要进入到文本产生时的语境中去，去发现事实真相，即"事情本身"，才能真正和文本对话；② 从语境的作用来看，任何语篇都是在一定的语境下产生的，因此对语篇原初意义的理解离不开对其生成语境的了解，在翻译中，尤其是古代典籍的翻译，由于时空和文化的巨大错位，为译文构建丰富的语境是必需的、重要的；③ 从人类不同文明交流和翻译的本质属性来看，语境重构能帮助译文读者建立基于源语文本及文化的内部视角，使读者真正了解源语文化，具备跨文化的视野和能力，这是翻译的本质要求；④ 从深度翻译的具体操作方法来看，韦利以追寻文化的本然状态及原初意义为目标，多层次、多样化地添加了大量的背景知识，努力构建出源语文化网络，为译本构建了丰富的语言文化语境，具有典型的深度翻译特征，其方法可供其他译者借鉴。

问题与思考

1. 英汉双语之间主要有哪些差异？如何在翻译实践中相互转换？请举例说明。
2. 什么是归化和异化翻译方法？各有什么优缺点？请举例说明。
3. 什么是动态对等翻译方法？请举例分析该翻译方法的利与弊。
4. 什么是深度翻译？如何实现深度翻译？请举例说明。
5. 英汉语言使用者的思维方式有何差异？

第七章

翻译的理论

第十章

外資引進法

在两千多年的中外翻译史上,有许多著名的译者在艰辛的翻译工作中总结经验,阐发观点,不断探讨,深化认识,形成了一家之言,或洋洋大观,或疏疏片语,其中不乏真知灼见。这些经验从某一个角度揭示了翻译活动的特点与规律,形成了我们今天研究翻译、从事翻译实践的宝贵财富。

一、中国传统译论

佛教创立于公元前6至5世纪的古印度。公元前3世纪,印度孔雀王朝的阿育王大弘佛法,派僧侣四处传教。早在公元65年之前佛教就传入了中国。我国的佛经翻译,从东汉桓帝末年安世高译经开始,在魏晋南北朝时期有了进一步的发展,到唐代臻于极盛,北宋时已经式微,元以后则进入尾声。

中国佛经翻译历时千余年,其中涌现出了众多的翻译大家,他们的翻译思想构成了我国传统译论的主体,至今仍是译界宝贵的财富。

支谦,三国时佛经翻译家,又名支越,字恭明,生卒年不详(约3世纪)。本月氏人,其祖父法度于汉灵帝时率国人数百移居中国,支谦随之俱来。受业于支谶门人支亮,深通梵典,有"天下博知,不出三支"之谓。东汉末,迁居吴地。因聪明超众,时人称为"智囊"。吴主孙权拜其为博士,辅导太子。从吴孙权黄武二年到孙亮建兴二年(公元223~253年),约三十年间,译出佛经《大明度无极经》《大阿弥陀经》等88部、118卷,创作了《赞菩萨连句梵呗》三契,其翻译以大乘"般若性空"为重点,为安世高、支谶以后译经大师。最早带有佛经翻译理论性质的文章,一般认为是《法句经序》。据陈福康考证该序作者实为支谦无疑。序中云:

诸佛典皆在天竺,天竺言语,与汉异音。云其书为天书,语为天语。名物不同,传实不易。唯昔蓝调、安侯、世高、都尉、佛调,译胡为汉,审得其体,斯以难继。后之传者,虽不能密,犹尚贵其实,粗得大趣。始者维祇难出自天竺,以黄武三年来适武昌。仆从受此五百偈本,请其同道竺将炎为译。将炎虽善天竺语,未备晓汉。其所传言,或得胡语,或以意出音,近于质直。仆初嫌其辞不雅。维祇难曰:"佛言,依其义不用饰,取其法不以严。其传经者,当令易晓,勿失厥义,是则为善。"座中咸曰:"老氏称'美言不信,信言不美'。仲尼亦云:'书不尽言,言不尽意。'明圣人意,深邃无极。今传胡义,实宜径达。"是以自偈受译人口,因循本旨,不加文饰。译所不解,即阙不传,故有脱失,多不出者。然此虽词朴而旨深,文约而义博。

这是最早反映"文派""质派"争论的文献。

东晋佛经翻译家释道安(312~385),南北朝时高僧,本姓卫,常山扶柳(河北冀州)人。12岁出家,24岁成为佛图澄的弟子。后在襄阳、长安等地总结了汉代以来流行的佛教学说,组织译场,整理了新译旧译的经典,译经达二百多卷。梁启超曾说:"使我佛教而失一道安,能否蔚为大国?吾盖不敢言"(丛培香,2006)。382年,晚年的道安,总结一生的翻译经验,在《摩诃钵罗若波罗蜜经抄序》中提出了"五失本""三不易"之说,是对佛经翻译理论的重要贡献。因其意义重大,钱锺书赞道:"吾国翻译术开宗明义,首推此篇"(钱锺书,1979)。道安提出的"五失本""三不易"内容如下:

译胡为秦,有五失本也:一者,胡语尽倒,而使从秦,一失本也。二者,胡经尚质,秦人好文,传可众心,非文不合,斯二失本也。三者,胡经委悉,至于咏叹,叮咛反复,或三或四,不嫌其烦,而今裁斥,三失本也。四者,胡有义说,正似乱辞,寻说向语,文以无异,或千五百,刈而不存,四失本也。五者,事已全成,将更傍及,及腾前辞,已乃后说,而悉除此,五失本也。

然《般若经》,三达之心,覆面所演,圣必因时,时俗有易;而删雅古,以适今时,一不易也。愚智天隔,圣人叵阶;乃欲以千岁之上微言,传使合百王之下末俗,二不易也。阿难出经,去佛未久,尊者大迦叶令五百通,迭察迭书;今离千年,而以近义量裁,彼阿罗汉乃兢兢若此,此生死人而平平若此,其将不知法者勇乎?斯三不易也。

道安晚年在《摩诃钵罗若波罗蜜经抄序》中提出了"五失本""三不易"之说,细读这篇序言可得出以下认识:第一,从本篇序文前两段来看,一开始道安就以自己以前讲《放光经》时所遇到的困难切入话题,对竺法护的拙朴和无罗叉的删削进行批评,他说:"然每至滞句,首尾隐没,释卷深思,恨不见护公、叉罗等。""其二经译人所漏者,随其失处,称而正焉。"(释僧祐,1995)可见道安并不主张翻译中随意删削的"失本"做法,对于前人已经漏缺的部分其主张补上。第二,道安在提出"五失本""三不易"之后的一句话中感慨道:"涉兹五失经三不易,译胡为秦,讵可不慎乎!"

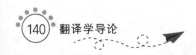

这句话的现代译文是"翻译佛经涉及五失本意和三不容易,将梵文佛经译为汉文,岂可不慎重?"(胡中才,2010)这显然在告诫译者要小心,不要造成失本。黄振定认为:"从他总结译经中的'五失本三不易'后强调'讵可不慎乎'来说,基本倾向确是应当减少失本,克服不易,做到'质直''实录'。"(黄振定,2008)第三,在接下来的一段中,他又批评了文派的翻译,"巧则巧矣,惧窍成而混沌终矣"。之后,进而假设出:"若夫以《诗》为烦重,以《尚书》为质朴,而删令合今,则马、郑所深恨者也",(释僧祐,1995)其目的在于反对文派删减原经的做法。由此三点不难看出,道安提出"五失本"的真正目的在于告诫译者:在这五种情况下译文会失去本貌,译者当力戒之! 自然,"五失本"并非是道安提出的指导佛经翻译如何去"失本"的原则。

道安"五失本"之本意是在在告诫译者不要"失本"。但因为他的"五失本"理论从语言对比上很好地总结了梵汉语言差异,又因为翻译的本质属性使然,该理论进而在佛经翻译实践中被演绎为指导如何"失本"的方法,这既是翻译实践和翻译理论矛盾运动的必然结果,又是人们对翻译本质认识不断深化的必然结果,反映出当时佛经翻译观念的演变。

鸠摩罗什(Kumārajīva,344~413),一译"鸠摩罗什(耆)婆",略称"罗什"或"什",意译"童寿"。祖籍天竺,混血,出生于西域龟兹国(今新疆库车),家世显赫,其祖上为名门。鸠摩罗什自幼天资超凡,半岁会说话,三岁能认字,五岁开始博览群书,七岁跟随母亲一同出家,曾游学天竺诸国,遍访名师大德,深究妙义。他年少精进,又博闻强记,既通梵语,又娴汉文,佛学造诣极深。博通大乘小乘。精通经藏、律藏、论藏三藏,并能熟练运用,掌控自如,乃三藏法师第一人,与玄奘、不空、真谛并称中国佛教四大译经家。位列四大译经家之首,翻译学鼻祖,语言学大师。

鸠摩罗什反对过于质直的翻译,其翻译往往不拘于原文体制,经常变易。关于文体,他说:"但改梵为秦,失其藻蔚,虽得大意,殊隔文体,有似嚼饭与人,非徒失味,乃令呕秽也。"

彦琮(557~610),俗姓李,柏仁人,今邢台隆尧县双碑人,隋代佛经目录学家、翻译家和佛学著作家。彦琮一生共译经22部,约达万卷。他每译一经,必制序,述事于经首。为了给译者制定规范,他以多年实践经验,论定了翻译外籍的楷式,有"十条八备"之说。他在《辨证论》中提出了"宁贵朴而近理,不用巧而背源"的翻译原则,坚持忠实第一,倾向直译。他还提出了"八备"说,是对译者的要求。

八备者,即

诚心爱法,志愿益人,不惮久时,其备一也;

将践觉场,先牢戒足,不染讥恶,其备二也;

诠晓三藏,义贯两乘,不苦暗滞,其备三也;

旁涉坟史,工缀典词,不过鲁拙,其备四也;

襟抱平恕,器量虚融,不好专执,其备五也;

耽于道术,淡於名利,不欲官衔,其备六也;

要识梵言,乃闲正译,不坠彼学,其备七也;

薄阅苍雅,粗谙篆隶,不昧此文,其备八也。

玄奘,唐代名僧,称"三藏法师",俗名陈祎,洛阳缑氏人。梁启超认为:"若玄奘者,则意译直译,圆满调和,斯道之极规也。"他在译经中已成功运用了补充法、省略法、变位法、分合法、译名假借法、代词还原法等多种翻译技巧。他还提出了"五不翻"的音译原则,即秘密故、含多义故、此无故、顺古故和生善故。

佛经翻译高潮之后到明末清初,即 17 世纪初至 18 世纪中叶的万历到乾隆时期,是第二次翻译高潮,这与欧洲传教士来华有关。他们的翻译活动主要以传教为目的,但同时也介绍了西方学术,客观上促进了中西科学文化的交流。这一时期的著名翻译家有徐光启、李之藻等。1742 年,雍正下令禁止天主教在华活动,同时采取闭关政策,第二次翻译高潮告终。

二、中国近现代译论

1840 年,鸦片战争爆发,西方思想随之涌入,翻译成了对抗外敌的革命利器。冯桂芬把翻译提到了为"天下第一要政"服务的地位。

马建忠(1845~1900),字眉叔,江苏丹徒人。他在 1894 年冬天写了《拟设翻译书院议》一文。他指出了翻译西书的首要目的是反抗外侮,战胜列强。在这篇文章中他提出了"善译"的标准:"译成之文,适如其所译,无毫发出于其间。夫而后,能使阅者所得之益,与观原文无异。"马氏的这一理论与现代的翻译等值论已非常相近。

严复(1845～1921),字又陵,又字几道,福建侯官人。他在《天演论》译例言中指出:

译事三难:信、达、雅。求其信已大难矣。顾信矣不达,虽译犹不译也,则达尚焉。

严复还论述了自己的"达旨"的译法。他说:

译文取明深义,故词句之间,时有所颠倒附益,不斤斤于字比句次,而意义则不背本文。题曰达旨,不云笔译,取便发挥,实非正法。

林纾(1852～1924),字琴南,号畏庐,福建闽县人。其一生翻译西洋小说约180余种,是我国近代翻译西方小说第一人。林纾主张以翻译救国,强调翻译的社会功能。他强调翻译时译者应投入自己的主观感情,达到与原作中的人物心灵交汇。他在译《黑奴吁天录》时"且泣且译,且译且泣"。

鲁迅(1881～1936)和周作人(1885～1967)一方面强调翻译对"改良思想,补助文明",引导国人进步的作用;一方面又强调文学翻译的艺术性和审美功能。他们主张直译,认为直译有利于引进新知。鲁迅认为:"凡是翻译,必须兼顾着两面,一面当然力求其易解,一面保存着原作的丰姿。"他还站在中国语言改革的高度论述了"直译""硬译"的主张,认为"欧化""洋气"可以"益智"和"输入新的表现手法"。

茅盾(1896～1981),原名沈德鸿,字雁冰,浙江桐乡人。他既强调翻译的目的和功能,又强调翻译作品的艺术要素,他说:"文学作品最重要的艺术色就是该作品的神韵。"在回答关于"形貌"与"神韵"二者不能两全,该以谁为重的问题时,他说:"就我的私见下个判断,觉得与其失'神韵'而留'形貌',还不如'形貌'上有些差异而保留了'神韵'。"

郭沫若(1892～1978),原名郭开贞,四川乐山人。他提出了"风韵译"的说法,他说:"诗的生命,全在他那种不可把握之风韵,所以我想译诗的手腕于直译意译之外,当有种'风韵译'。"他还十分注重译者的主观感情投入,他说:"译雪莱的诗,是要使我成为雪莱,是要使雪莱成为我自己。""我和他合而为一了。他的诗便如像我自己的诗。我译他的诗,便如像我自己在创作的一样。"

陈西滢(1896～1970),原名陈源,字通伯,江苏无锡人。他从美术的临摹中悟出了翻译的三种境界:形似、意似、神似。

林语堂(1895~1976),原名和乐,福建龙溪人。他提出了翻译的三条标准:忠实、通顺、美。据此他又提出了译者的三种责任:对原著者的责任、对中国读者的责任、对艺术的责任。关于翻译的"忠实标准"他又提出了四义:非字译、须传神、非绝对、须通顺。他认为要做到通顺,要做到两点:须以句为本位;须完全根据中文心理。他同意"翻译即创作"的说法。

艾思奇(1910~1966),原名李生萱,云南腾冲人。他说:"翻译的原则总不外是以'信'为最根本的基础,'达'和'雅'对于'信',就像属性对于本质的关系一样,是分不开的然而是第二义的存在。"

朱光潜(1897~1968),安徽桐城人。他指出在翻译中"信"最难达到,首先因为"字义"难以彻底理解。他列出了词的六种不同方式的意义:直指的或字典上的意义;文学作品中结合上下文产生的特殊意义;在长久的发展中每个字有了"特殊的情感氛围",具有了使人产生种种特有的心理反应和联想的意义;字音与节奏的情感表现意义;字义的历史变迁;字义的引申及其在隐喻、双关语、典故、惯用语等方面的意义。他认为:"理想的翻译是文从字顺的直译。"

傅雷(1908~1966),字恕安,上海南汇人。他强调理解和体会原作的重要性。他在《翻译经验点滴》一文中写道:

想译一部喜欢的作品要读到四遍五遍,才能把情节、故事记得烂熟,分析彻底,人物历历如在目前,隐藏在字里行间的微言大义也能慢慢琢磨出来。

他还强调译者本身的条件、气质对于原作的"适应力"。他在 1951 年写的《〈高老头〉重译本序》中说:"以效果而论,翻译应当像临画一样,所求的不再形似而在神似。"

钱锺书(1910~1998),字默存,江苏无锡人。他提出了"化境"说。他认为:

文学翻译的最高理想可以说是"化"。把作品从一国文字变成另一国文字,既能不因语文习惯的差异而露出生硬牵强的痕迹,又能完全保存原作的风味,那就算入得"化境"。

下面是钱锺书自己的一些翻译,读者可以从他的翻译实践中体味一下"化境"的妙处。

(1) I have lived too long near Lord Byron and the sun has extinguished the glowworm.

吾与拜伦游处,不复能作诗,如萤火为旭日所灭。

(2) "Every little helps!" as the old lady said, when she pissed in the sea.

老妪小遗于大海中,自语曰:"不无小补!"

(3) You are like the donkey that listen to the lyre and wags its ears.

汝若听琴之驴,扇动两耳而已。

(4) Now reigns/Full-orb'd the moon, and, with more pleasing sight,/Shadowy sets off the face of things — in vain,/If none regard.

圆月中天,流光转影,物象得烘托而愈娱目,然了无人见,平白地唐捐耳。

(5)   In summer I'm disposed to shirk,

    As summer is no time for work.

    In winter inspiration dies,

    For lack of outdoor exercise.

    In spring I'm seldom in the mood,

    Because of vernal lassitude.

    The fall remains. But such a fall!

    We've really had no fall at all.

炎夏非勤劬之时;

严冬不宜出户游散,无可即景生情,遂尔文思枯涸;

春气困人,自振不得;

秋高身爽,而吾国之秋有名乏实,奈何!

(6) The immortals apportion to man two sorrows for every boon they grant.

上天赐世人一喜,必媵以二忧。

(7) Why, at the height of desire and human pleasure — worldly, social, amorous, ambitious, or even avaricious — does there mingle a certain sense of doubt and sorrow?

入世务俗;交游酬应,男女爱悦,图营势位,乃至贪婪财货,人生百为,于兴最高,心最欢时,辄微觉乐趣中杂以疑虑与忧伤,其故何耶?

三、西方传统译论

在西方,对圣经的翻译是早期的一次翻译高潮,这和我国的佛经翻译高潮十分相似,都是由宗教经典翻译所形成的翻译高潮。宗教文本的神圣性和神秘性使译者难以摆脱"字对字翻译"和"意对意翻译"的反复争论。谭载喜(2004)认为:西方翻译理论体系主要是由两条线构成:文艺学翻译理论路线和语言学翻译理论路线。前者认为,翻译是一种文学艺术,翻译的重点是进行文学再创作,原作的文学特色必须受到重视,译文要符合译语的规范,译者要具备相应的文学天赋;后者关注的是语言,它将翻译和语义、语法功能、语言结构特征等结合起来,目的是要产生一个与原文对等的译语文本。

西方文艺学派翻译理论家多关心经典文献和文学作品的翻译,他们争论的核心是字对字译和意对意译或直译与意译孰是孰非的问题,他们讲究译文的风格和文学性,要求译者具有文学天赋,认为翻译是艺术,重点是进行艺术的再创造。

古罗马翻译家在对待如何处理被征服的希腊帝国的文化和文学作品时,基本上都将原作置于较低的地位,采取比较自由的翻译方法。西塞罗(Cicero)提出了"解释员"与"演说家"的翻译方法,认为重要的是传达原作的意义和精神,而非形式,文学翻译就是一种再创作。

That is to say I translated the most famous orations of the two most eloquent Attic orators, Aeschines and Demosthenes, orations which they delivered against each other. And I did not translate them as an interpreter, but as an orator, keeping the same ideas and the forms, or as one might say, the "figures" of thought, but in language which conforms to our usage. And in so doing, I do not hold it necessary to render word for word, but I preserved the general style and force of the language.

贺拉斯(Horatius)把希腊文化看成是公共财产,主张对它们进行改编、占有。他说忠实原作的译者不会逐字死译,这反映出他意译、活译的翻译观点。昆体良

(Quintilianus)则提出了译作要和原作竞赛的"竞赛论",认为翻译是创作,译作要和原作搏斗、竞赛,力争超出原作。

在《圣经》文本的翻译中,译论家们争论的焦点是应该面向原文,去死扣原文,还是面向读者,多用意译。哲罗姆(St. Jerome)提出了文学用意译,圣经用直译,不逐字对译的观点。他认为文学翻译中译者可以加入自己的风格特点,使译作像原作一样优美。

Now I not only admit but freely announce that in translating from the Greek — except of course in the case of Holy Scripture, where even the syntax contains a mystery — I render, not word for word, but sense for sense.

马丁·路德(Martin Luther)在翻译《圣经》时采用了通俗、明了、为大众所接受的原则,注重使用民众的语言来翻译《圣经》。他认为译者要尊重原文,深入原文的精神本质,只有意译才能将它再现。

16世纪法国翻译家埃迪安·多雷(Etienne Dolet)在《论如何出色的翻译》中对译者提出了五条基本原则:完全理解原作;通晓两种语言;避免字字对译;语言通俗易懂;译文与原文效果相当。

17至18世纪,英国出现了两位翻译家约翰·德莱顿(John Dryden)和泰特勒(A. F. Tytler)。德莱顿提出了翻译的三分法,即把翻译的方法分为逐字译(metaphrase)、意译(paraphrase)和拟作(imitation)。他认为翻译是艺术,译者必须要考虑读者,也要绝对服从原作的意思。他本人认为意译是较好的翻译方法。

Dryden reduces all translation to three categories:

(1) metaphrase: "word by word and line by line" translation, which corresponds to literal translation.

(2) paraphrase: "translation with latitude, where the author is kept in view by the translator, so as never to be lost, but his words are not so strictly followed as his sense"; this involves changing whole phrase and more or less corresponds to faithful or sense-to-sense translation.

(3) imitation: "forsaking" both words and sense; this corresponds to Cowley's very free translation and is more or less adaptation.

泰特勒则提出了翻译的三原则:译作要完全传递原作的思想;译作的风格和手法要和原作一致;译作应具有原作的流畅。

进入 20 世纪，文艺学派的翻译理论进一步发展。

意大利美学家克罗齐（B. Croce）认为翻译必须要再创造，和文学翻译不能太自由、专业翻译不能太拘谨的观点。

英国语言学家、翻译理论家西奥多·萨瓦里（Theodore Horace Savory）把翻译分为四类：完美翻译（perfect translation）、恰切翻译（adequate translation）、综合翻译（composite translation）和应用翻译（translation of learned, scientific, technical and practical matter）。完美翻译是指布告、通知类单纯传递信息的翻译；恰切翻译指不考虑形式，重在传递内容的翻译；综合翻译是指既要重形式又要重内容的翻译；应用翻译则指内容远远胜过形式的翻译。

捷克翻译理论家吉利·列维（Jiri Lery）认为文学翻译是艺术，需要译者根据自己的个性进行再创作，译文要像原文一样有感染力，提供给读者应有的知识、智慧和艺术审美享受。他进而提出了"错觉"理论，即文学作品的翻译要让读者产生一种像是在阅读原作一样的感觉。

1955 年苏联的卡什金（Kashkin）在《为现实主义翻译而奋斗》一文中提出了"现实主义翻译"的说法，认为译者要忠于原作者、忠于读者和忠于现实，即翻译要努力再现原作所反映的现实，译者要领悟到原作语言文字背后所要表达的思想、事物、现象等。

纵观 20 世纪前的翻译史，宗教文本翻译和世俗文学翻译占据了中外翻译家的大部分时间，其译论也主要由之而发，其共同特点是原文被奉为至尊，译者只是"戴着脚镣跳舞"的"仆人"，并且总是处于"美与不忠"的困境之中。

四、西方现当代译论[①]

20 世纪以来，翻译学科迅猛发展，为我们提供了众多的翻译理论，将这些理论财富进一步与我们的翻译实践和翻译教学结合起来必将产生更加深远的影响。

---

① 本节主要根据陈德鸿、张南峰、李文革、顿官刚等相关著作整理而成。

(一) 语言学派翻译理论

奥古斯丁(Augustine)根据亚里士多德(Aristotle)的"符号"理论提出了语言符号的"能指""所指"和译者"判断"之间的三角关系,标志着西方语言学派翻译理论的开始。20世纪初,索绪尔(Saussure)的普通语言学理论标志着现代语言学的开端。韩礼德(Halliday)的系统功能语法、布龙菲尔德(BloomField)的结构语言学、乔姆斯基(Chomsky)的转换生成语法都为语言学派翻译理论提供了理论支持。语言学派翻译理论家不满于文艺学派重美感传递轻语言分析的做法,他们以语言为研究核心,从语言的结构特征出发,在词、短语、句子、篇章(话语)等层面上研究翻译如何能使译文和原文达到"对等"。语言学派主要研究翻译中各种各样的"对等"或"等值"。

1. 雅可布逊

雅可布逊(Roman Jakobson)1896年生于莫斯科,1941年移居美国,是布拉格语言学派创始人之一。该派主要关注的焦点之一是语言的交际功能和语言成分的区分功能,主张分析实现不同交际功能的语体。1959年,他发表了《论翻译的语言学问题》(*On Linguistic Aspects of Translation*),从符号学的角度论述了翻译的问题。他认为可以用三种方法解释语言符号:① 可以翻译成同一种语言内的其他符号;② 可以翻译成另一种语言符号;③ 可以翻译成非语言系统的符号。由此他首次将翻译分成了三类:语内翻译(intralingual translation)、语际翻译(interlingual translation)和符际翻译(intersemiotic translation),这一分类开拓和深化了人们对翻译的认识。他认为:"从一种语言到另一种语言的翻译是用其他某种语言的完整信息来取代原文信息,而不是使用分离的符号单元。这种翻译是一种间接引语:译者从另一种语言中接受了信息,再将其重新编码和转换。这样就涉及两种不同符号系统中的两组对等信息"(谢天振,2008)。可见,语言学派关注的核心问题是不同的对等问题。他认为任何现存语言中的所有认知经验和分类都是可以在翻译中再现的,甚至一些语法形式也可以在译语中用词汇表达,因而任何不可译的说法都是站不住脚的。他还认为"文字游戏"主宰着诗歌,因而诗歌是不可译的,只能进行创造性转换。

2. 奈达

奈达(Eugene Nida,1914~2011)著述丰富,他在《翻译理论与实践》(*The Theory and Practice of Translation*)一书中从交际学和语言学角度出发,对已有的重形式对应的翻译观进行了扬弃,宣称翻译的重心已从重信息的形式转向了重接受者的反应,并进而在"等效原则"的基础上提出了动态对等的翻译观:译文接受者对译文信息的反应与原文接受者的反应基本相同。他对翻译的定义是:"翻译是在译入语中用最切近的自然对等语再现源发语的信息,首先是语义,其次是形式。"可见对等仍是奈达翻译思想的核心部分,为了达到对等,他对语法和词义详加分析。他将词义区分为二:所指意和蕴涵意。所指意是指词用来指示事物时的意义;蕴涵意是指词在交际中激起参与者某种情感反应的意义。前者可以通过上下文中的句法标志和语义标志来确定,而后者主要受三方面因素的影响:词语的言说者、词语使用的实际情景和词语所在的词语组合的特点。他认为词义只有在上下文的语境中才能最终决定。

奈达在该书中还灵活运用了转换生成语法,很有创意地提出了"逆转换"(back-transformation)的概念,指在翻译过程中,译者可以先把原文表层结构(现实中使用的较复杂的句子结构)转变成其深层结构,即一些核心句(语言中最简单、最基本的句子结构),这样有利于排除语言结构造成的障碍,方便译者完整地传递语义信息。

他在《论对等原则》(*Principles of Correspondence*)一文中提出,翻译中不存在绝对的对等,要根据信息的本质、作者的目的和译者的目的、受众的类型来确定具体的翻译方法,实现不同的对等。他认为对等有两种形式:形式对等和动态对等,前者既关注形式又关注内容,后者则建立在等效的原则之上,要使两种接受者的感受相类似;前者以原文为中心,尽可能显示原文信息的形式和内容,而后者侧重接受者的反应,不完全集中于原文的信息。奈达的理论对于文学翻译可能有褊狭之处,但对于应用翻译来讲却有良多启发。

3. 纽马克

纽马克(Peter Newmark)在《翻译问题探讨》(*Approaches to Translation*)一书中提出和对比了语义翻译和交际翻译,前者指在译入语语义和句法结构允许的前提下，尽可能准确地再现原文意义和语境，而后者指译文对译文读者产生的效果应尽量等同于原作对原文读者产生的效果。他认为在艺术文本的翻译中采取语义翻译的方法会更合适一些，因为译者对那些审美元素的展现不一定要去满足某一读者。他还认为交际翻译在实践中可能存在操作的偏向性、不好操作性，还可能导致失误。

1994 年，他又定义了"关联翻译法"(a correlative approach to translation)，认为原作或译语文本的语言越重要，就越要贴紧原文来翻译。他认为语言的重要可以表现在语言、语气、文体、形式、隐喻、音韵等方面。他的定义最终演化成了一系列的关联关系：① 文本的语言越重要，翻译就越要贴紧原文；② 原文的语言或任何一个层面的语法单位越不重要就越无需贴紧原文翻译；③ 原文文本的意义的细微差别越不重要，其信息就显得越发重要，越有理由来欠译，以达到译文流畅的目的；④ 原文本写得越好，不论其语言的重要性如何，就越要贴紧原文；⑤ 普通的信息文本原文写得越糟糕，译者越可以发挥创造性来重组或重写；⑥ 译文读者的受教育程度越高就越能接受属于原语的表达方法；⑦ 意识形态的东西越少，译文越要贴近原文；⑧ 文本文化性越少，译文越要贴近原文。

纽马克的关联理论对于应用翻译理论研究和实践有很大的指导意义。

4. 豪斯

豪斯(Juliane House)的翻译质量评估模式建立在韩礼德话语分析模式的基础之上，这种话语分析模式视语言为交际，通过作者的用语选择发现意义并将这些选择系统地与更大的社会文化结构相联系。韩礼德认为社会文化环境(sociocultural environment)调控体裁(genre①)，而体裁又决定语域(register②)。语域包括语场、语旨和语式，它们三者相对应的三种元功能(metafunctions③)是意义元功能(ideational metafunction)、人际元功能(interpersonal metafunction)和语篇元功能(textual metafunction)，这三种元功能共同构成了语篇的话语语义。因此通过对语篇中词语结构、情态语气和主题结构与连贯的分析，可以更好地知道语篇是怎样表达意义的。(Munday,2001)

---

① 体裁指具有某种交际功能的约定俗成的文本类型。
② 语域包括语场(所写内容)、语旨(交际者)和语式(交际方式)。
③ 这些元功能主要是通过词汇语法(lexicogrammar)，即措辞和句法结构的选择来实现。

豪斯据此设计出了自己的翻译质量评估模式,她的评估模式主要是通过词汇、句法和语篇手段对源语文本和目标语文本的语域进行分析,看其实现情况如何。她所说的语篇构成手段包括主题结构与连贯、句子连接成分和平行结构。据豪斯的理论,语场主要是指所论事件与行为,包括词汇的具体含义;语旨是指言者所处的时空与社会背景和他的智力与好恶;语式指交际的渠道方式(口语/书面语)等。她还区分了显性翻译和隐性翻译:显性翻译不给读者造成在阅读原著的感觉,原著信息不是直接传递给他们的;隐性翻译则是指译文在目标语文化中享有原著在源语中一样的地位。其理论意义在于将语篇分析、语篇意义放在更大的背景中考虑,让人们认识到翻译着重考虑的不只是词的对应,而是要与更大的语言结构、文体特征、交际者、言说方式以及社会文化背景等都结合起来。

5. 贝克

贝克(Baker)主要从语用的角度阐发了翻译的问题。她对语用学的定义是:"语用学是对使用中的语言的研究。它是对意义的研究,但该意义不是按照语言学系统所产生的意义,而是由处于某一交际情境下的参与者所传递和使用的意义。"(Baker,1998)三个主要的语用概念是连贯(coherence)、预设(presupposition)和会话含义(implicature)。贝克认为语篇的连贯依赖于听者或接受者对现实世界的期待和经验。显然,源语和目标语读者所认为的语篇连贯并不一致,因此翻译中要进行相应的调整。预设与连贯密切相连,它是"语用推断",与信息发出者假设信息接受者所具有的语言知识和超语言知识相关,或者说是与理解发出者的信息所必需的语言知识和超语言知识相关。会话含义是指说话者所要表达的意思或蕴涵的意义,而不是他(她)所说的话。

保尔·格里斯(Paul Grice)发展了会话含义,提出了合作原则(co-operative principles)及其几个原则:量的原则、质的原则、关联原则和方式原则。他认为人们在交际时违背以上原则会产生言外意或特殊含义。译者应了解不同语言及文化中的合作原则。

(二) 功能目的学派翻译理论

20世纪六七十年代,德国译学界深受结构主义语言学的影响,对翻译的研究

多囿于各种形式的对等,束缚了翻译研究和翻译学科的发展,与翻译实践相脱节。功能派翻译理论反思了语言学派的弱点,借鉴了交际理论、行动理论、信息论、语篇语言学和接受美学的思想,将研究重点转向了目标语文本。

功能派翻译理论摆脱了原文中心主义,推翻了原文的权威地位,解除了对等论对译者的羁绊,在翻译史上有重要意义和深远影响,在翻译教学、译员培训和商业文本翻译、政治文本翻译等诸多领域都取得了很大成功。

1. 莱丝

凯瑟琳娜·莱丝(Katharina Reiss,1923~)是德国功能学派翻译理论的早期创始人之一,她早期的理论主要围绕对等概念展开,认为对等应在语篇层面而非词句层面,主张根据语言功能、语篇类型以及文章体裁来选定不同的翻译策略,根据原文功能和译文功能之间的关系将文本功能实现的程度作为评价译文好坏的标准。

她将语篇类型分为三类:信息型(informative)、表现型(expressive)和祈使型(operative)。一个语篇可能兼有不同的语篇特点,但是只有一个占主导地位,翻译要根据不同语篇的特点来采用不同的翻译方法。

她将不同文本的主要特点归纳如下:

(1) 信息型文本。这类文本主要是交代一些事实,如信息、知识、观点等。其语言富有逻辑,多用所指意,交际的重点是内容或话题。参考资料是典型的信息型文本。

(2) 表现型文本。这类文本是有创造力的文本——作者主要关注了语言的审美层面。这类文本的作者和信息的形式被前景化,被给予了特别的关注。诗歌是典型的表现型文本。

(3) 祈使型文本。该类文本意在诱发行为反应,起到召唤作用,恳请或说服文本读者或接受者采取某种行为。其语言形式多为对话,重点在于召唤。广告是典型的祈使型文本。

另外,她还提到了声音媒介文本,如电影、有声广告等,其中的形象与语篇的三大功能相补充。

她还针对每种文本类型提出了具体的翻译原则:

(1) 信息型文本的目标语文本要翻译出源语文本的所指内容或概念内容,译文语言应为简明易懂,不要重复啰嗦,必要时要做出解释。

（2）表现型文本的目标语文本要翻译出源语文本的美学和艺术形式,译者要站在源语文本的立场,采用与原文"保持一致"的翻译方法。

（3）祈使型文本的目标语文本要在目标语接受者中产生所需要的反应,该类文本的翻译要采用"顺应"的翻译方法,目的是在目标语读者中创造等效。

她还提出了一系列评价目标语文本的语内和语外的标准,语内标准包括语义、词汇、语法和风格等特征,语外标准包括情境、主题场、时间、地点、接受者、发出者和表达感情的一些言外意等。

她认为与信息型文本相比,表现型文本更应保留隐喻,而信息型文本只要把语义传递出来就足够了。

后来,在自己的翻译实践中,莱丝认识到翻译在实际中并不能实现真正的对等,她开始将目光转向翻译的目的,和自己的学生弗米尔一起倡导起翻译的目的论。

2. 弗米尔

汉斯·弗米尔（Hans Vermeer）是莱斯的学生,他提出了翻译的目的论(skopos theory),认为翻译的方法和策略必须由译文预期的目的和功能决定。翻译是一种人类行为,任何人类行为都有一定的目的,因此翻译是一种目的性的行为。翻译是"在目的语情境中为某种目的及目的受众而生产的语篇","（翻译）行为的目的决定达到预期目的的策略"。

客户或委托人定下了译文的预期目的或功能,但这种预期的目的或功能离不开目标语受众及目标语文化的制约,译者应根据交际时的特定目的来决定源语文本的地位,它不一定是第一位的因素。可以说目的论将原文赶下了神坛。

目的论的三大法则是:

（1）目的法则。该法则认为翻译行为所要达到的目的决定了翻译过程和翻译方法与策略的选择。翻译行为所要达到的目的主要有三种:译者的目的、译文的交际目的和使用某种特殊手段所要达到的目的。

（2）连贯性法则。指的是译文要符合语内连贯的标准,可做适合目标语接受者所处情境的解释,即让译文为接受者理解,并在目标语文化和交际情境中有意义。

(3) 忠实性法则。指译品（按照目的论法则，一个原文可根据不同目的产生若干个译品）与原文之间应该保持连贯。它类似于所说的忠实于原文，但忠实的程度和形式则由翻译的目的和译者的理解来决定。

在目的论中，翻译的目的决定了翻译的方法和策略，目的是要产生一个功能恰切的译文，弗米尔称之为译品。因此，对译者来说，弄清楚目标语文本的功能和为什么要翻译源语文本十分重要。

3. 曼塔利

霍尔兹-曼塔利（Holz-Manttari）从交际理论和行为理论中得到启发，提出了翻译行为理论（translational action），认为翻译是受目的驱使，以结果为导向的人类交往的行为。他重视翻译过程，将其视为涉及跨文化转换的信息传递者的复合行为。跨文化翻译是一个涉及多种角色和参与者的交际过程，包括发起人（the initiator）、委托人（the commissioner）、作者（the ST producer）、译者（the TT producer）、译文使用者（the TT user）和译文接受者（the TT receiver）。翻译行为理论关注如何才能使译文对于译文接受者来说交际功能恰切。这就突出了译语和译语文化的作用，翻译并不是对原文字面的照搬。

该理论提示人们，现实的翻译会受到多种参与者的作用，受不同目的的支配，很多情形下译者会采用不同的翻译策略，产生不同的译文。

4. 诺德

克莉丝汀娜·诺德（Christiane Nord）也是莱丝的学生，她将"忠诚"（loyalty）这一道德范畴的概念引入翻译，这与常说的"忠实"（faithfulness）不同，"忠实"是指译文与原文之间的关系，而"忠诚"指译者、原文作者、译文接受者和翻译发起人之间的人际关系，它强化了译者和客户之间对翻译任务的协商。她认为具体文化中有不同的惯例，惯例与译本读者的关系十分密切，译者应在违背惯例时向读者申明其在翻译中做了什么，以及为什么这样做，这是译者的责任，即"忠诚"。

图里（Toury）认为常规就是由某一社会群体共有的关于孰是孰非的普遍价值、观念转变来的适用于具体情境的行动指导。（Munday,2001）由于翻译是一种跨文化交际行为，交际中的法则、规范和惯例（就如同语法规则、文体规范、语篇类型或言语惯例一样）在翻译中同样生效。译者要考虑目标语文化中的法则、规范和惯例以及读者的接受程度。

(三) 文化学派翻译理论

翻译的文化学派又称翻译研究学派或描述学派,该学派强调译入语文化对翻译的作用,多从目标语的文化层面审视翻译现象,将翻译文学作为译语文学的一部分,采用描述性的研究范式。

文化学派的核心研究范式是描写—系统—操纵,其发展大致经历了如下几个阶段:

第一阶段,1972 年霍尔姆斯(Holmes)发表了《翻译的名与实》(The Name and Nature of Translation),划分了翻译研究的范畴,并在其纯理论范畴下划分出了描述研究和理论研究。

第二阶段,借助形式主义的概念,埃文-佐哈尔发展了多元系统理论,图里进行了实证研究。1976 年在标志文化学派成立的卢汶会议上埃文-佐哈尔提交的《翻译文学在文学多元系统中的地位》(The Position of Translated Literature within the Literary System)成为了文化学派的理论基石。

第三个阶段在 20 世纪 80 年代后,以苏珊·巴斯奈特的《翻译研究》(Translation Studies)和赫曼斯的《文学操纵》(The Manipulation of Literature)的出版为标志。勒菲弗儿发展出了"改写"理论(rewriting)。

第四个阶段开始于 20 世纪 90 年代初,勒菲弗儿和苏珊·巴斯奈特合编了《翻译、历史与文化》(Translation, History and Culture),并合著了《文化建构——文学翻译论集》(Constructing Cultures: Essays on Literary Translation),提出了翻译文化转向后的新趋向,认为翻译应该考虑更广泛的社会和文化语境,像其他各种"改写"一样,创造出他者文本的新形象。(谢天振,2008)

1. 霍尔姆斯

詹姆斯·霍尔姆斯(James Holmes)于 1972 年发表了《翻译的名与实》,文中首先翻译学科的名称为翻译学(translation studies),他认为翻译是一门实证学科,翻译学分为纯翻译研究和应用翻译研究,前者又分为描述翻译研究(描述我们经验世界中出现的与翻译和翻译作品相关的现象)和理论翻译研究(建立普遍原则,以解释和预测这些现象)。

描述翻译研究又可分为三个分支:以产品为导向的研究(对现存翻译产品的描述性研究),以功能为导向的研究(描述翻译产品在接受者的社会文化语境中的功能,是对语境的研究,而非对文本的研究)和以过程为导向的研究(描述翻译过程或行为本身,译者翻译时到底脑海中想了些什么)。

理论翻译研究又包含普遍和局部理论,后者主要包含六类:特定媒介、特定区域、特定层次、特定文类、特定时代和特定问题的翻译理论的研究。

应用翻译研究又分为翻译教学、翻译政策和翻译批评研究。

2. 埃文-佐哈尔

伊塔玛·埃文-佐哈尔(Itamar Even-Zohar)是以色列著名的翻译理论家,他的多元系统理论是文化学派的基石。所谓多元系统是指社会中各种相关的系统——文学以及文学外的所有相关系统的集成,用以解释该文化中全部的文本现象。他在《翻译文学在文学多元系统中的地位》一文中提出翻译文学是文学多元系统中不可或缺的一部分,翻译文学在特定的文学系统中的地位处于中心还是边缘,是创新还是保守,都由译语文学多元系统的特征决定。在以下三种情形下,翻译文学会处于中心位置,是创新力量:① 文学的发展尚处幼嫩状态,正在发展阶段;② 该文学在一组相关的文学体系中处于"边缘"或"弱势"的阶段;③ 该文学出现了转折点、危机或文学真空阶段。相反,翻译会处于次要地位,依附于已有的强大的文学系统,成为保守力量。翻译文学占主要位置时,译文多接近原著,多用异化的翻译方法,其他情况下译者则多屈从于已有的规范,放弃或改变原著的形式或内容,多用归化的翻译方法。

3. 图里

基蒂恩·图里(Gideon Toury)认为描写性研究对于翻译这种经验学科的发展十分重要,描写研究方法是形成理论的最好方法。翻译学研究的主要内容是现实中的事实,而不是预先假设的和理论模式中得出的推断。

图里描写翻译研究的目的之一是要发现翻译过程中译者的实际抉择,及其制约因素。图里认为译文不能忠实再现原文,主要是因为,译者要考虑译文在译语读者中的接受情况,而它又会受译语文化的调控。

他对翻译的定义是:"翻译就是在目的语系统中表现为翻译或者被认为是翻译的任何一段目的语文本,不管所根据的理由是什么。"(Toury,1980)他形成了自己以译入为导向的描述翻译研究观,注重研究译语文化及其特征和翻译间的关系。

描述翻译研究与以往的规约性的传统译论不同,它不是制定规则要人去遵循,而是通过描写翻译产生的过程,分析不同时期的译作,发现译者的抉择,得出现实中调控翻译的规则。为描述这些规则,他引入了翻译"常规"的概念,"常规"是指社会文化对翻译的约束力,是译者进行翻译时所面临的种种来自译语社会和文化的制约,它们影响了译者的翻译决定。

图里把"翻译常规"分为三类:"首要常规"(initial norms)、"初步常规"(preliminary norms)和"操作常规"(operational norms)。"首要常规"指译者总的选择,是符合源语文本中的规范还是符合译语文化和语言的规范,是照顾目标语文本充分性还是照顾其可接受性。翻译中的转换(shift)总是受到"常规"的制约。"初步常规"在翻译之前就开始起作用了,主要关涉特定文化中某一时期影响翻译选材的政策。"操作常规"指目标语文本所展现出的特点(如篇章中的省略与调序,语篇切分和添加篇章或脚注等)和语言使用(包括词语选择和风格特征的选择等有关语言材料的选择)。

4. 勒菲弗儿

安德烈·勒菲弗儿(Ander Lefevere),著有《翻译、改写以及对文学名声的控制》(Translation, Rewriting and the Manipulation of Literary Fame)等。他的核心思想是把翻译研究与政治、权力、意识形态和赞助人等结合起来,触动了翻译的政治经济基础。

他提出了"折射"和"改写"的理论,强调意识形态、赞助人和诗学对翻译的操控和对翻译过程与策略的影响。他认为:作家的作品是通过"误解和误释"或者叫"折射"而曝光并产生影响的。"折射"是文学作品针对不同读者所进行的改编,意在影响读者阅读该作品的方式。翻译是明显的折射形式,不太明显的有批评、评论、历史传记、教材、文选等,这些折射对于确立一些作家或作品的声誉十分有益。

他把翻译置于广大的文化背景中研究,认为翻译必定会受到译者或社会意识形态及诗学的操控,不能真实地反映原文。他进而指出翻译是改写文本的一种形式,是创造文本另一形象的形式,改写使原文的生命得以延续。他认为翻译与权力

相关,改写是为权力服务的有效手段。

勒菲弗儿认为文学系统有两个制约因素:内部因素和外部因素,前者指文学的专业人士,后者主要指赞助人。当一些作品背离主导观念(它主要包括诗学和意识形态)时,专业人士会出来干预。他认为赞助人可以是个人、机构、群体或政府等,赞助人最关心的是意识形态问题。诗学由两部分组成:一部分是文学要素,包括文学手段、文学式样、主题、原型人物、情节、象征等;另一部分是观念,指人们认为文学在社会系统中应该是怎样的一些主导价值观念。

他认为翻译的忠实绝不仅仅是语言层面的对等。文学翻译在本质上是社会的和历史的研究。

5. 巴斯奈特

苏珊·巴斯奈特(Susan Bassnett)认为翻译是一个文化内部和文化之间的交流,它并非只关涉语言。她提出了翻译等值是原语和译语二者在文化功能上的等值。所谓的文化功能等值是指"译文文本在译文文化中发挥或承担的功能和方式与原文文本在原语文化中的一致"。(Bassnett,Lefevere,2004)她认为要达到功能等值需考虑翻译服务的对象,即译文读者,对象不同就应该采取不同的翻译方法,同时还要考虑原语文本在原语文化中所起的功能,最终确保译文和原文所达到的效果相同。科技文本可以从文化角度直译,而文学文本则可以较自由地处理。应结合不同的文本类型,对原语文本进行文化调整,保证在译入语文化中实现功能等值。

6. 斯奈尔-霍恩比

玛丽·斯奈尔-霍恩比(Mary Snell-Hornby)以格式塔(gestalt)的整体研究方法为基础,认为翻译不是语际转换而是跨文化转换。她认为原文是一个语言、文化、经验、情感等的融合体,翻译应该将这个整体呈现出来。她的研究方法被称为翻译研究的"综合法"。

斯奈尔-霍恩比建议从事翻译研究的学者们抛弃唯科学主义的态度,把文化而不是文本作为翻译的单位,把文化研究纳入到翻译研究中来,这一提法开启了翻译研究的"文化转向",具有划时代意义。

文化翻译论者认为文本不是静止不变的语言现象,它需要译者理解并创造性地在另一种文化中再现作者的意图。翻译不是复制和模仿原作,而是不同文化间的协调和操控。

她批评语言学派把翻译的核心问题看成仅仅是个"等值"问题,认为"等值"建立在语言间存在对称关系的假设之上,这扭曲了翻译研究。

她认为翻译是综合性的跨文化学科,翻译应以文化做背景,文本分析要从宏观的语篇开始,再到词语。翻译是动态的过程,对词的分析要结合它在整个语篇中的地位和作用,要译者去理解原文并在另一种文化中再进行创造。

(四) 阐释学派翻译理论

阐释学(hermeneutics)是关于理解、解释及其方法论的学科。它最早产生于古希腊,应用于宗教、文学经典著作的解释及逻辑学和论辩术,以消除文本的歧义和误解。

弗里德里希·施莱尔马赫(Friedrich Schleiermacher,1768~1834)融合了以往阐释学的思想,并通过语法解释和心理解释将古典解释学系统化,形成了普通阐释学。他认为为了能正确理解原文,确定语义时要以文本所处时代的共识和语境为依据,同时剖析原作者的精神过程,力求与其达成共识。其阐释学的主旨是要译者积极地创造而不是消极地接受原作。他提出了翻译的两种途径:一种是尽量不打扰原作者,让读者靠近作者;另一种是尽量不打扰读者,让作者靠近读者。他认为作者和读者终究会相遇。

阐释学作为关于理解的学科,和翻译有着天然的联系,其思想为翻译研究开拓了视野,提供了方法指导。

1. 海德格尔

海德格尔(Martin Heidegger,1889~1976)和伽达默尔(Hans-Georg Gadamer,1900~2002)把理解视为人的存在方式,而非认识方式,实现了阐释学从认识论向本体论的转变。海德格尔认为理解不仅受制于主观性而且受制于"前理解"(pre-understanding),理解不是去把握一个不变的事实,而是去理解和接近人存在的潜在性和可能性。他们的哲学解释粉碎了科学主义寻求纯客观意义的梦幻,发现了解释者的主观能动性。

海德格尔认为翻译的关键在于表达词语后的"道说"(sage),而它又是只靠字面的直译所无法传达的。关于理解,他认为人的理解会受到历史和语言的影响。人和文本都是历史的,因而人的理解要受到人所处的历史和文本所处的历史的影响。只有了解历史,清除历史对人的认识产生的迷雾,才能理解文本。

2. 伽达默尔

伽达默尔在《真理与方法》一书中提出了理解的历史性、视界融合和效果历史的三大阐释学原则。他认为人和文本都处于历史中,因而人的理解受制于历史的特殊性和局限性,所以理解是历史的,理解的历史性又构成了人认识的偏见,包括误读等现象,但是偏见不一定就是不合理的和错误的,相反正是这些偏见构成了人们认识世界的基础,成为人们有创造力的表现,真正的理解不是去克服历史的局限而是去正确地评价和适应它。而译者作为具有不同历史背景的理解者,因具有不同的偏见,必定会创造出独特的译本,展示出翻译的创造性。

视界融合(the fusion of horizons)认为理解就是文本所拥有的所有过去视界与主体的现在视界的融合。视界是指理解的起点、角度和可能的前景。理解意味着两种视界的差异、碰撞和交融,最终形成一个新的视界。在翻译中,原作者的视界和译者的视界也存在一个融合的过程。

效果历史是指理解者和理解对象都处于历史之中,是历史的存在。文本是开放的,文本的意义并不固定,它和理解者一起随历史不断形成,因而文本可以为不同时代的人所理解,同时理解的方法也会有所不同。这样就肯定了译者主观能动性的作用和意义,也把历史与现实、原文与译者结合了起来。

3. 斯坦纳

乔治·斯坦纳(George Steiner,1929~)于1975年发表了《通天塔之后:语言与翻译面面观》(*After Babel:Aspects of Language and Translation*),提出了"理解也是翻译"的概念,将翻译看作阐释活动(the hermeneutic motion),把翻译分为四个步骤——信赖(trust)、侵入(aggression)、吸收(incorporation)和补偿(restitution)。

信赖是指翻译之前译者相信原文言之有物。如果原文空洞无物,或者含混不清,这种信赖就会动摇。

侵入是指在理解原文时所遇到的两种语言和文化间的冲突。这个步骤带有暴力性,是袭击和掠夺。理解的途径天生具有挪用性、暴力性,也就具有侵略性和摧毁性。译者对原文人侵后占为己有。有的文本因为译者的侵入而失去原貌,自身遭到否定,但其译文却变得井然有序,赏心悦目,超出原文。

吸收是指对原文意义和形式的引进。受本土语义场的作用,译本要对很多成分同化,从而丰富译入语,但如果吸收不当也会有被引入的外来事物掌控的危险。

补偿是指因为译者在翻译的前三个步骤中,多次使原文和译文处于失衡状态,因此必须在原文和译文之间进行调停,使其相互交流,恢复二者的同等地位。

4. 赫施

赫施(E. D. Hirsch)与伽达默尔的观点相左,他强调文本的客观性,认为读者应努力追寻作者的本意。赫施认为通常说的"意义"又可区分为"含义"(significance)和"意义"(meaning)。"含义"存在于符号所表达的事物中,因此可以通过符号再现。"意义"则是指"含义"与其他人或事物之间的关系。作品的含义不会变化,变化的是意义。

关于理解、解释和历史,他认为说话者和解释者必须要精通一个语言话语所预设的习俗系统和共有的意义联想。理解是构建意义而不是含义,阐释则是对意义的解释。阐释具有历史性,因为阐释者必须考虑一些历史事实——语言以及读者关心的问题是随时代变化的。

关于解释的有效性,他提出了如下原则:

(1) 最适合原则。它指有效的解释应该是所有解释中最值得肯定的解释。在有多种可能性时要选取相对来讲更有可能性的解释。

(2) 逻辑性原则。解释有效性的逻辑原则包括可能性原则和证据原则。证据的可接受性由相关性标准决定。

(五) 解构学派翻译理论

解构主义兴起于 20 世纪 60 年代,它质疑理性,打破结构主义,消解逻各斯中心主义,颠覆了二元对立的西方传统哲学,主张多元地看问题。在翻译领域,它表现为否定所谓"忠实"的传统翻译观,突出译者的地位和作用,强调在翻译中存异,

而非求同。

1. 本雅明

瓦尔特·本雅明(Walter Benjamin，1892～1940)在《译者的任务》中提出文学作品的本质不是陈述或传递信息，译者在文学翻译中不应顾及读者，否则就会沦为对信息的翻译。他认为译作是原作的"来世"，原作的生命通过译作来延续。

他还引入了"纯语言"的概念，认为原作和译作都好似"纯语言"这个花瓶上的碎片，它们是平等互补的关系。

2. 德里达

雅克·德里达(Jacques Derrida，1930～2004)创造了"延异"(differance)来说明存在与意义之间的差异，并以此来否定传统的逻各斯中心主义存在的条件，进而否定意义的确定性。因为意义的不确定性，翻译就不可能再复制原文，译作和原作的关系就不再是传统的逻各斯中心主义哲学影响下人们所追求的译作要忠实再现原文的关系，而是变成了一种译作不断在原作中创生新意，原作生命通过译作不断延续的关系。

3. 韦努蒂

韦努蒂将解构主义的思想运用到具体的翻译实践中，他窥察到文本背后的权力关系，指出帝国主义国家通过翻译进行了文化霸权和殖民。他说以往西方的翻译传统往往使用"通顺翻译"或"归化"的翻译方法，以民族中心主义和帝国主义的价值观改造外国文本。在这种翻译中，看不到译者的痕迹，读者仿佛在读本国作品，译者因此处于隐身状态。因而他主张发展一种抵御性的翻译策略——异化翻译，反对以目的语文化价值占主导地位的翻译，反对译入语国家的民族中心主义和种族中心主义对外族文本的篡改。

(六) 后殖民学派翻译理论

在漫长的殖民活动中，翻译协助构建了殖民者的主体地位和被殖民者的附庸角色，被殖民者逐渐认同了这种殖民话语，在这个过程中翻译扮演了一个不光彩的角色——"翻译是帝国主义的殖民工具"。后殖民理论家的任务就是追溯文本生成的历史和社会条件,解析翻译在形成殖民话语中的作用,揭穿殖民者的谎言,警醒被殖民者,唤起民族自信。

1. 罗宾逊

道格拉斯·罗宾逊(Douglas Robinson)在《翻译与帝国:后殖民理论阐释》(*Translation and Empire*:*Postcolonial Theories Explained*)一书中认为为了探讨翻译与帝国的关系必须超越将翻译看作语言或文本转换活动的传统看法。翻译的后殖民视角可以揭示翻译是如何在后殖民语境中建构殖民主体和如何沦为殖民工具的。

2. 尼南贾纳

特佳思维妮·尼南贾纳(Tejaswini Niranjana)在《为翻译定位:历史、后结构主义和殖民语境》(*Sitting Translation*:*History*,*Post-Structuralism and the Colonial Context*)一书中认为翻译不再只是语际转化,而是建构殖民主体的方法,它维系着不同民族、种族和语言间不平等的权力关系。翻译是殖民工具,它制造了遏制他者的策略,为被殖民者文化定型,通过构建历史谎言建立殖民主体。所以翻译研究不仅是考虑忠实的问题,更要弄清译者是谁、翻译方法和翻译目的是什么等问题。

3. 谢莉·西蒙

谢莉·西蒙(Sherry Simon)是女性主义翻译理论的代表之一。女性主义翻译观认为传统翻译观视翻译为女人,翻译依附原作,就像女人依附男人,这是对女性和翻译的歧视,因此主张翻译应与原作享有同样的地位,探讨翻译被女性化的过程,打破维系这种状况的观念——以男性和理性为中心的价值观。

她反对将原作和译作完全对立的传统观点,否定传统的忠实——译文对原文的忠实,认为忠实是对于写作方案而言的,而这个写作方案需要作者和译者共同参与。

传统翻译理论强调译者完全依附于原作和原文作者,而女权主义翻译理论则强调译者的存在和对原文的占有和操纵。

4. 德坎坡斯兄弟

巴西的德坎坡斯兄弟(Harold & Augusto De Campos)创立了"食人主义"的翻译理论,来反对西方的霸权话语。他们否定存在任何预先注定不变的原文,把翻译看成是超越原文的一种形式。

所谓的"食人主义"的翻译理论是指译者吞食消化原文,吸取精华,为我所用,最终产生独立自由的译文。通过这种策略,德坎坡斯兄弟为巴西人民夺回了重释欧洲经典的权力。

问题与思考

1. "文质之争"的争论焦点是什么?为什么会产生"文质之争"?
2. "五失本""三不易"对当今翻译有何启示?
3. 严复既然认为"达旨"翻译方法"实非正法",为什么还要用这种翻译方法呢?"达旨"的翻译方法是一种什么样的翻译方法?有什么价值?
4. 对比主要的中西译论,它们各有什么样的主要特点?
5. 对比主要的今古译论,它们各有什么样的主要特点?

第八章

翻译的失误

第八章

習題解答

翻译是一门跨时空、跨语言、跨文化、跨社会的人类交际活动。由于任何一种跨越都会给译者带来重重困难，所以翻译堪称世界上最复杂的人类社会活动，其复杂性、困难性也造就了它持久的魅力，人类似乎总喜欢在解决复杂问题的过程中寻找快乐。如此复杂的活动，要想不出错误也难，因此翻译也常常被称为"让人遗憾的事业"。本章主要探讨翻译中失误的种种情形，以区分失误的类型，分析原因，提高翻译的质量。

一、遭遇"伪空白"

接受美学认为，文学文本有很多空白点，它们在文本中形成了对读者的召唤结构，召唤他们参与到文本意义的构建中来。同时，在阅读之前读者头脑中已有的知识、经验等构成了他们的期待视野。对文学作品的阅读由此可以解释为读者利用已有知识构建文本意义的过程。但是当读者视域与作者视域差距过大时，往往会使这种意义的构建停止或扭曲，即不能理解或错误理解。历史名胜景点介绍文本虽不像文学文本那样具有大量的空白，可供读者驰骋想象，构建自己对文本的解读，但因其文字与所记述的事与物为历史时空所隔，久离当前语境，因而造成能指与所指之间的关联越来越弱，最终使语义模糊起来，产生了类似接受美学空白点的空白，我们称之为"伪空白"。因为一旦读者利用自己当前的知识和生活经验填补了这些空白，就会割断或改变这些文字和它们所指的事物间的关系，误解就产生了。文学作品中的空白是作家和读者交流的渠道，而"伪空白"则是时空迷雾布下的陷阱，任何不肯进入历史时空考证史实的读者都会深陷其中。

林语堂是脚跨中西文化的一位大翻译家，学问功底深厚，即便如此也会一不小心跌入"伪空白"的陷阱。在《浮生六记》中有："乘骑至华阴庙。过华封里，即尧时三祝处。"如何理解尧时三祝处？林语堂将它理解为"尧帝为百姓三次祈福的地方"，所以他的译文是："One day we went on horseback to the Huayin Temple, passing through the Huaifeng Village, the place where old Emperor Yao prayed three times for his people."可是"尧时三祝处"是一处"伪空白"，汉语中有"华封三祝"的成语,出自《庄子·天地》,"尧观乎华,华封人曰:'嘻,圣人。请祝圣人,使圣人寿。'尧曰:'辞。''使圣人富。'尧曰:'辞。''使圣人多男子。'尧曰:'辞。'封人曰:'寿、富、多男子,人之所欲也,女独不欲,何邪?'尧曰:'多男子则多惧,富则多事,寿则多辱。是三者非所以养德也,故辞。'"其释义为:"唐尧在华州巡游,守卫华州封疆的人对他说:'咦,这不是圣人吗。请让我为您祝福。啊,请求上天让这位圣人长寿。'唐尧说:'我请求你不要这样说。''那我请求上天让你富有。'唐尧说道:'我请求你不要这样说。''那我请求上天让你子孙繁多。'唐尧再次说道:'我请求你不要这样说。'守卫封疆的人问他说:'长寿、富有、子孙繁多,都是人们所希望得到的,您偏偏不希望得到,这是为什么呢?'唐尧回答说:'子孙繁多就会使人增加畏惧,富有就会使人招惹更多的祸事,长寿就会使人蒙受更多的屈辱,这三件事都不是可以用来滋长德行的,因此我拒绝了你的祝福。'"

如何应对"伪空白"? 不仅要有质疑精神,要善于发现问题,而且要有一种诚实的态度,阅读原作时对不理解的语句、短语、字词一定不能敷衍应付,要花功夫去查证,了解文字背后的事实真相。

二、时间维错位

时间维错位指译者要回溯源语文本中的时间存在,不能以译者自身所处的时间存在来替代或掩盖源语文本的时间存在,如若不然就会导致时间维错位。

在翻译古代的文本时尤其要注意不要时间维错位。在爱晚亭的简介中引用了杜牧的诗句"停车坐爱枫林晚,霜叶红于二月花",译者在翻译时就要思考杜牧诗歌中的"二月"是否等同今天我们所说的"二月"。今天我们说的"二月"可以翻译成"February",但是唐朝人们使用的历法基本上沿袭了夏朝的历法,建立在对月亮盈亏变化观察的基础之上,因此最好翻译成"the second lunar month"。

《水浒传》第十六回有:"此时正是五月半天气,虽然晴明得好,只是酷热难行。"在登特-杨(John and Alex Dent-Young)父子合译的新英文全译本 The Marshes of Mount Liang 中被译为:"It was half way through the fifth month, and the weather, though beautifully clear, was excessively hot and made the travelling arduous."在这个译文中译者同样没有注意到原文在时间维上与目标语文化间的差异,直接将"五月半"译为"half way through the fifth month"。虽然比译为"half way through May"要好一些,但是仍然无法提示出东西方在历法上的本质不同,因此最好要说明是中国农历的五月。

同样在第二十三回中有:"此时正是十月间天气,日短夜长,容易得晚。"他们的译文是:"This was real November weather, when the days are short and the nights long, and it's easy for nightfall to catch you unawares."在这个译文中译者将中国的"十月"直接转换为英语文化中的"November",从等值角度考虑这也算是一种权宜之计。但最好在一部译作中保持译法的统一,不然很容易造成一些逻辑上的混乱。

时间维上的错位在于译者忽视了时间的文化性,不同的民族、文化有自己独特的观察、记录和表示时间的方式,世界上的历法也是多种多样,有公历、农历、伊斯兰历、佛历、日本历、伊朗历、印度历、希伯来历等,可以说历法是人类文明的独特体现,翻译时译者应该充分关注不同文化在历法、时间等方面的不同。

三、空间维错位

翻译的空间维错位指译者不能回溯、复原源语文本中的空间存在,以译者自身所处的空间存在来替代或掩盖源语文本的空间存在而导致的理解和翻译错误。

译者存在于一定的空间之中,对自己周遭的空间环境十分熟悉,但是对超出自己所处空间之外的空间则较为陌生。翻译是一种跨越文化、跨越空间的交际活动,对异域文化和空间的陌生会对翻译造成一定的困难,如果译者没有一种了解源语文化和空间的行动,就无法真正理解源语,译文在空间维度就容易出现差错。其差错的原因就是译者用想象代替了当地的地方性空间知识。

英国人类学家马林诺斯基所写的 *Argonauts of the Western Pacific: An Account of Native Enterprise and Adventure in the Archipelagoes of Melanesian*

New Guinea 是人类学的经典作品，在中国有三种汉译本：于嘉云译本、梁永佳和李绍明合译本、张云江译本。梁永佳和李绍明合译本题为《西太平洋的航海者》，该译本总体上体现了原作思想，但仍然存在一些不可忽视的漏译及误译问题，尤其是在空间维上的失误。

原著第29页写道："The Southern portion, I find convenient to divide further into two divisions by a vertical line, leaving to the East Misima, Sud-Est island and Rossel island."译者将它译为：南部可以方便地用一条纵线分割为东西两部分，把东米斯马（East Misima）、东南岛（Sud-Est）和罗塞尔岛与其余岛屿隔开。可是从空间维度上看，当地不存在东米斯马，事实上这里的"leaving to the East"意思是"在……的东边"，因此应该译为：我以为南部很方便用一条纵线划分为东西两部分，米斯马、东南岛和罗塞尔岛在东边。

原著第72页写道："In matters of inheritance and handing over possessions, a man always shows the tendency to do as much for his children as he is able, considering his obligations to his sister's family."译文为：在继承和交出财产方面，男人都尽其所能为他的儿女着想，并把这当成是对姐妹家庭的义务。文中所说的这些人还处于母系制度的生活方式中，他们不仅要尽量照顾自己的子女，还要照顾自己姐妹的生活，这就是他们的生活特点之一。参考译文如下：在财产继承和移交方面，男人总是表现出尽其所能照顾自己儿女的倾向，同时也会考虑自己对姐妹家庭应尽的义务。

在岳麓山风景名胜区简介中有：爱晚亭之幽，岳麓书院之深，麓山寺之古，云麓宫之清，以及白鹤泉、禹王碑、二南石刻、隋舍利塔、印心石屋等无不引人入胜。这段文字中，"二南石刻"和"印心石屋"分别被翻译成了"the stone inscriptions by 2 Nan's"和"the Stone House of Yinxin"。在翻译前，先将它们放回所处的历史时空。首先来说"二南石刻"，在岳麓山爱晚亭附近有一放鹤亭，亭正中立有一块方柱型石碑，名曰"二南诗刻"或"二南石刻"。石碑的第一面书："宣统三季秋，补葺爱晚亭，刻南轩、南园二先生诗，并征罗鸿胪故事，书'放鹤'二字，以永嘉游。程颂万并记"。在剩下的三面上刻有南轩、南园二先生的诗句。这里的"南轩、南园二先生"又是谁呢？据史载，张栻（1133～1180），字敬夫，一字钦夫，又字乐斋，号南轩，世称南轩先生，著名理学家和教育家，湖湘学派集大成者，著有《南轩集》。钱沣（1740～1795），号南园，字东注，一字约甫，后来入选翰林词馆，度过了十年的翰苑生涯。后两任湖南学政,都察院湖广道监察御史。由此可见,"二南石刻"其实是张栻和钱沣诗文的碑刻,似乎取其意译为"the inscriptions of Nanxuan's and Nanyuan's poems"。

再来说"印心石屋"。说到"印心石屋",先要知道陶澍。陶澍,字子霖,号云汀,湖南安化人,道光十五年入觐,赐御书"印心石屋"匾额。关于"印心石屋"的来源,姚莹《印心石屋图说》跋文说:"……上以公督两江地方,军政漕河鹾务庶绩,咸懋褒嘉之,所以慰劳公者殊厚。既询公家世,公悉以对。且请一月假省先墓,蒙俞可。上复询所居,公对:'在安化东北乡之滨。幼从父读书,江上两岸石壁屹立如门。潭心一石高出水面,四方如印。'上对读书所,因以'印心石屋'名其室。上欣然,亲作四字以赐。"由此可见,这里的"屋"是陶澍书斋,而"印心石"是书斋的名称。另有记载说,印心石,其名出于郦道元《水经注》卷三十八《湘水》,有云:"三湘水又北历印石,石在衡水县南,湘水右侧。盘石或大或小,临水,石悉有迹,其方如印,累然行列,无文字,如此可二里许,因名为印石也。"此即为印心石之得名。其实湘水外,资水也有印石。据《湖南方物志》卷二载:"资水在安化县境,亦有方石,其形如印,谓之印心石,陶文毅尝读书于此,名其斋曰印心石屋。"究其实,这里不妨将"印心石屋"译为"the Yinxinshi(Seal-stone) Study"。

人们常常把时空划分为自然时空和社会时空,人类社会对自然时空的依存性自不待言,同时,"社会时空作为社会存在的基本形式,是对社会内部结构变迁的一种衡量形式",反映着"社会事件、社会主体生存状况"(汪天文,2004)。因此,自然物质和社会事件的存在与时间和空间密不可分。历史名胜景点介绍文本所记载的事件与史实也就必定与当时的历史时空紧密相连,是它们赋予了那段历史时间与空间以客观性。

四、人物维错位

翻译中的人物维错位是指译者在翻译时对人物的姓名、身份、品性、外貌等未能作出符合历史事实或上下文的理解和翻译。

麓山寺简介中说:麓山寺由敦煌菩萨竺法护的弟子笠法崇始建于西晋泰始四年(公元268年),为湖南最古老的寺庙,寺初名慧光明寺,唐初改名为麓山寺。其译文为:"The original temple was built by Li Fachong, disciple of Bohdisattva Li Fahu of Dunhuang, in 268 (the 4th year of Emperor Taishi's reign). As the oldest temple of Hunan, it was firstly named the Wisdom-Light Temple, and then was given the present name in the early 7th century."

这段译文又有什么问题呢? 这里有两个问题:首先,此文本记载的是历史史实,译者不能止步于文本,而应以文本为桥梁,走向文本所展现的史实,否则很容易被文本遮目,与文本一同出错。对于这里的"敦煌菩萨笠法护的弟子笠法崇",译者应当穿越历史时空,借助史料的帮助,去拜访一下。

据《敦煌高僧》介绍,竺法护,又称昙摩罗刹(梵 Dharmaraksa),西晋译经僧,月支人,世居敦煌,人称"敦煌菩萨",于武帝泰始元年(265年)来华,译经多部。他八岁出家,随了师傅竺高坐的姓"竺"(屈直敏,2004)。由这段记载推理可知,这个所谓的"笠法护"应为"竺法护"。更为有趣的是,2009年11月12日,湖南省佛教协会会长圣辉大和尚在"拜祖庭、弘文化、促和谐"系列活动新闻发布会上的发布词说道:"佛教自两汉之交传入中国,魏晋之际就播及湖南一带,由敦煌菩萨竺法护的弟子竺法崇创建于西晋武帝泰始四年(268年)的麓山寺,就是湖南最早的佛教寺院,有'汉魏最初名胜,湖湘第一道场'之誉,距今已有1700多年的历史。"可见是有人在传抄中一时疏忽抄错了字,这种情形在古书传播中并不鲜见,重要的是译者要有为原文本"除尘"的思想,而不是受其蒙蔽。原文要改为"敦煌菩萨竺法护的弟子竺法崇",译文也就成了"Zhu Fachong, a disciple of Dunhuang Bohdisattva — Zhu Fahu"。

译文的另一处错误在于把"泰始四年"翻译成"the 4th year of Emperor Taishi's reign"。265年司马炎逼退魏元帝曹奂,建立西晋王朝,改元"泰始"。"泰始"(265~274)是西晋皇帝晋武帝司马炎的第一个年号,共计10年。年号是指用于纪年的名号,一般由皇帝发起,但不是皇帝的名称。所以这里应该译为"the 4th year of Emperor Jinwu's reign"。①

因为文化差异,人物的文化身份有时也会在翻译中发生错位。在《孔乙己》的

---

① http://baike.baidu.com/view/626849.htm

法语译本中,译者敬隐渔将"丁举人"译为"Ting the M. A."他还做了一个注释:"英语中没有和 agrégé 对应的词,该词意指在法国和中国最终通过教师资格考试的人"。在古代中国,没有今天所谓的教师资格考试,科举是为了选拔政府官员,这里显然有误解。至于在法国,根据权威的拉鲁斯字典,agrégé 指取得高中教师以及大学部分学科(法律、经济、医学、药学)教师资格的人,这显然也不符合"举人"的原意。米尔斯将之英译为硕士(M.A.),也比较勉强。(顾钧,2019)杨宪益夫妇译文将它译为:Mr. Ding, the provincial-grade scholar,虽然显得模糊,但是避免了与国外概念之间不伦不类的置换。

小说中的人物大多都有鲜明的性格特点,有的豪爽,有的睿智,有的多疑……人物性格是理解文意的重要依据之一,忽视这一点同样会导致误译。在《水浒传》第十五有:晁盖道:"一定是嫌少!你便再与他三二斗米去。"登特-杨父子的译文是:"He obviously doesn't think it's enough. Give him two or three pounds more."对此,温秀颖评价到:

这段文字写公孙胜来见晁盖说劫取生辰纲之事,晁盖以为他是来化斋粮的,于是先让庄客给他三五升,公孙胜不要,执意要见晁盖,晁盖便说了上面的话。登译本将"升"译为 liter,将"斗"译为 pound。"升"和"斗"都属于中国古代特有的容量单位,一升相当于一公斤,一斗等于十升。因此,将"三二斗米"译为 two or three pounds,且不说字面词义不对等,就连原文升小斗大的概念也完全译错。笔者认为,这一误译并不是因为译者在知识认知上的理解错误,而是译者按照自己的逻辑或自己认为更正确的逻辑,对原文进行故意的更改,而这一更改却将晁盖这一未来梁山之主的豪气改小了。(温秀颖,2012)

莫言《生死疲劳》的葛浩文译本中另有一例:"其余的都是男孩,他们的脸上都带着憨态可掬的小猪面具。"译文是:"the other parts were all boys, all of them wearing pigmasks with foolish expression."在这个译文中,译者没有正确捕捉到"憨态可掬"的词语色彩和作者对孩子可爱、逗人行为的描写,错误地将它理解为贬义词,并且添加了"foolish"来描写孩子们带上小猪面具的神态,是译者对原作的误解。

可见,在翻译中要充分认识人物的生活年代背景、人物的身份、性格等,具备了与人物相关的这些知识才能使翻译不发生错位。

五、事件维错位

事件维错位是指译者在翻译不熟悉的事件时,不能充分熟悉和认识这一新的事件,无法还原事件的过程,以想象和主观推理取代了事件的客观进程。下面是几处记录生活在太平洋西海岸的当地人制造独木舟的文字:

(1) This log is cut into the rough shape of a canoe, so as to make it as light as possible, for now it has to be pulled to the village or to the beach.

(2) Before the scooping out begins, another formula has to be recited over the kavilali, a special ligogu (adze), used for scooping out.

(3) After this, the canoe-builder proceeds to scoop out the log.

这几处文字描写了当地居民伐木做独木舟的事件,从伐木、截段、运输、念咒,直到挖空,前后关联。但下面的译文因为译者没有将整个事件作为整体考虑,其中相互抵牾之处颇多,无法还原当地人制造独木舟的经过:

(1) 这木头需要再挖空,成为独木舟的形状,这样可以减轻它的重量,接着要把它拉到村里或海边去。本句所述活动发生在野外树林。

(2) 在继续挖削之前仍需对 ligogu(扁斧)——一种特别用于挖空木材的 ligogu 念咒。

(3) 之后,造船师便着手修整木料。

挖空独木舟的工作并不在伐木的树林里进行,而是将木头拖到村里或海滩上之后才进行的。因为前面误译说原木在野外树林里就被挖空,在(2)中只好说"继续挖削"。但实际上,挖空原木的过程现在仍未开始,应该是"在开始挖空之前",而不是译文所谓"在继续挖削之前",还要对 ligogu——一种用于专门用来挖空的 ligogu(扁斧)——念一段咒语。在(3)中译文闪烁其词,是因为前面已有多句误译,只好把 scoop out 译成意义含混的"修整"。

同样书中还有这样一句:"Their somewhat precarious food supply comes partly from the poor gardens, partly from fishing with kite and fishtrap."其译

文是:至于他们不稳定的食物来源,部分来自他们并不丰足的园圃生产,部分则来自捕鱼(其法是撒网或用风筝协助)。这样的翻译并不能为读者呈现出当地人生产生活的独特风貌。以"fishing with kite"为例,将它译为"用风筝协助捕鱼"会让中国读者深感莫名其妙,因为我们从未见过这样的捕鱼方式。对此,翻译时有必要添加注释,展现当地人独特的捕鱼方式。这其实是一种将放风筝和垂钓结合起来的钓鱼方法钓鱼,将吊钩等距固定在风筝线上垂钓,一般适用于大海或巨大的湖泊上。

六、语言维失误

语言维度的回溯指译者要回溯源语文本中的语言文化,不能以译者自身所处的语言文化存在来替代或掩盖源语文本中的语言和文化存在。

岳麓山风景名胜区简介中有:岳麓山是一个巨大的"植物博物馆",山中树种非常丰富,涵盖174科,977种,其中以典型的亚热带常绿阔叶林和亚热带暖性针叶林为主,同时还保存着部分原生性常绿阔叶次生林。<u>古树名木在山中随处可见,晋朝罗汉松、唐代银杏、宋元香樟、明清枫栗,皆虬枝苍劲,生机勃勃。</u>

其中下划线的部分被译为:"Everywhere in the mountain are found old and rare trees, such as 15-century-old podocarpus trees, 13-century-old gingko trees, 10-century-old camphor trees, 5-century-old maple trees and chestnut trees. Old as they are, these trees still seem strong and lush."

现代汉语虽然与古代汉语已经有了很大不同,但必须看到它们之间的传承与联系。有时为叙事方便,行文简约,结构对称,现代汉语也会使用古诗文里常见的修辞。本句使用的修辞是互文。互文,也叫互辞、互言等,意为"参互成文,含而见文",上下两句或一句话中的两个部分,看似在说不同的事,实则是互相呼应,互相阐发,互相补充,说的是同一件事。互文的特征是"文省而意存",结构互省而语义互补,这种结构既可发生在同一句内,也可发生在相邻的句子中。如"秦时明月汉时关"(王昌龄《出塞》),"主人下马客在船"(白居易《琵琶行》),"烟笼寒水月笼沙"

(杜牧《泊秦淮》),"将军百战死,壮士十年归"(《木兰诗》),"当窗理云鬓,对镜贴花黄"(《木兰诗》)等。它在古汉语诗文中应用较多,是为了适应韵文表达内容与表达形式的需要,但它在现代汉语中并未消亡,如"中国军人的屠戮妇婴的伟绩,八国联军的惩创学生的武功"(鲁迅《纪念刘和珍君》)(杨春霖,刘帆 1995)。

在岳麓山的这段介绍中,"晋朝罗汉松、唐代银杏、宋元香樟、明清枫栗"就运用了古汉语中典型的常用的"互文"修辞手法,可理解成"岳麓山上古树众多,有晋朝、唐代、宋元、明清等历朝历代的古树,包括罗汉松、银杏、香樟、枫树、栗树等等"。译者又一次为历史时空的迷雾所蒙蔽,将其译为"such as 15-century-old podocarpus trees, 13-century-old gingko trees, 10-century-old camphor trees, 5-century-old maple trees and chestnut trees",这样翻译引起的问题是:似乎古罗汉松必为晋代所种,1500 岁,而古银杏必为唐代所植,1300 岁,如此等等。这完全是封闭在自我的时空中,不尊重文本和客观史实的结果。现拟将其改译为:"such as podocarpus trees, gingko trees, camphor trees, maple trees and chestnut trees, almost aged from 500 to 1500."

在人类语言使用和发展的过程中,出于词语意义的某种关联或延伸、隐喻、借用,经常会出现一词多义的现象,有时有些意义项之间的关联性还较为疏远,如果不认真考虑上下文语境就会出现翻译偏差。例如,"In 1886 he got leave to join an expedition to Greenland, and returned with the Arctic fever in his veins and a scheme for crossing that continent as far north as possible."这句话,译者将它误译为:1886 年,他获准参加了一次格陵兰探险,回来后静脉感染了北极热病,同时也有了从尽可能靠北的地方横穿美洲大陆的计划。译文的错误之处在于:第一,fever 的常见意义是"发烧;热病",但它在原句中并不是指疾病。如果译成"热病",明显有悖常理:热病怎么会在人的血管里?第二,从"returned with the Arctic fever in his veins and a scheme for crossing that continent as far north as possible"的句法结构可以看出,"the Arctic fever in his veins"和"a scheme for crossing that continent as far north as possible"是 with 所带的两个平行宾语,二者语义相近,可互相提示语义。所以应该译为:1886 年,他获准参加了一次格陵兰探险,回来后产生了北极探险的强烈愿望,并制定了从尽可能靠北的地方横穿美洲大陆的计划。

每种语言中都有一定量的习惯用语,习惯用语的语义经常并非其组成成分的

语义的简单叠加,很容易造成误译。例如,"She took me in her cabin and told me that she was a poor sailor and always went to bed immediately on getting on the boat."这句话很容易被误译成:她把我带到船舱内,告诉我说,她是个很差的水手,总是一上船就赶紧上床睡觉。误译的原因在于对 a poor sailor 这一习惯用语的错误理解。其实,a poor sailor 是指晕船的人。所以应该改译为:她把我带到船舱内,告诉我说,她有晕船的毛病,总是一上船就赶紧上床睡觉。还有一个例子:"The article criticized the new software, but the author had an ax to grind, as its manufacturer had fired his son"也容易被误译为:这篇文章谴责了新研发的软件,但是作者有把斧子要磨,因为该软件生产商解雇了他的儿子,他想去报复生产商。该句中"have an ax to grind"是一个习语,表示"另有企图""别有用心"之意。应改译为:这篇文章谴责了新研发的软件,但作者其实是别有用心的,因为该软件生产商解雇了他的儿子。

句法分析失误也会导致理解和翻译错误。美国著名翻译理论家奈达指出:语法分析是翻译过程中极其重要的一环。理解是翻译过程的基础,而语法分析又是理解的前提和基础。如果句子语法分析错了,必然会导致误译。例如,"He noticed a man standing alone, seemingly pensive, and walked toward him in short, quick steps."被误译为:他注意到一名神情忧郁的男子孤独地站着,以小碎步朝他这个方向走来。译文的错误在于把"walked"的逻辑主语"He"错当成"a man"对原句的句法关系理解错误导致了误译。可改译为:他注意到一个男子独自站着,神情忧郁,于是便小步快速朝那人走过去。另有一例:"Honking trucks and buses poured across the span as hundreds of barges slid along the dark brown water below."误译为:鸣着喇叭的卡车和公交车在桥上川流不息,就像数以百计的驳船在污浊的水面上滑行。在这一句中,"as"是时间连词而不是方式连词,译文混乱了"as"的性质,导致语义怪诞、缺乏关联。可改译为:鸣着喇叭的车辆在桥上熙来攘往,数以百计的驳船在浑浊的江面上川流不息。这两个例子中的语法结构并不复杂,误译的原因在于译者一是在阅读原文时粗心、不仔细,没有理清语句的内部句法结构;二是语法基础薄弱,无法做出正确的句法分析。

类似的问题也出现在《水浒传》的英译中,第二回有"史进、陈达两个斗了多时,史进卖个破绽……",被译成"The two fought for several hours. Finally Shi Jin sold some damaged goods ..."译者竟然把"卖个破绽"理解成了"卖了些损坏的货物"。

英汉语之间的差异还表现在量词的使用上,英语量词较少,使用频率不高,而汉语中量词非常丰富,使用频率也很高。在汉译英中,国外译者就比较容易出现理解和表达错误。例如,莫言《生死疲劳》的葛浩文译本中有:"我浑身的皮毛如同深红的火焰,我是一团奔跑的火,一头光芒四射的驴"。其译文是:"The hair on my hide was painted flame-red; I was a galloping ball of fire, a donkey whose head was like a burning torch."在这个翻译中,译者将汉语的量词"一头"误解为"驴子的头"。

作为跨语言转换的翻译,熟悉源语和译入语的语言特点及其文化属性是成功翻译的前提,译者应该加强语言修养,避免上述失误。

七、文化维失误

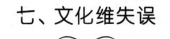

文化维失误往往是因为译者不能充分回溯文本背后的文化根源。文化维度的回溯是指译者要回溯源语文本中的文化,不能以译者自身所处的文化存在来替代或掩盖源语文本中的语言和文化存在。

《水浒传》第九回有:"两个公人看那和尚时,穿一领皂布直掇,跨一口戒刀……"其一译文是:"The two guards stared at the monk. He wore a robe of rough black cotton, and was furnished with a sword ..."这一句中的"戒刀"是一个极具文化特色的词汇。

"戒刀"指僧人的佩刀,出行所携用具之一。按戒律只供裁衣、剃发、剪爪之用,不得用以杀生,故称戒刀。据《根本说一切有部毗奈耶杂事》卷三所载,佛在室罗伐城时,有比丘欲裁三衣,便以手撕裂,损坏衣财。佛乃听许用刀子。但因六众以杂宝装饰,佛陀便规定用钝铁作刀,且分大、中、小三种规格。大的长六指,小的长四指,中的介于二者之间。形状则有弯曲如鸟羽、似鸡翎而不尖直二种。又据《大宋僧史略》卷上记载,所谓戒刀等,皆是道具,表断一切诸恶。可见戒刀除了实用价值之外,也有精神上的意义。(温秀颖,2012)

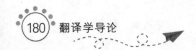

从上面的解释我们可以看出"戒刀"具有独特的文化含义,将它简单地翻译成任何一种刀具、兵刃都显得格格不入,要想说得明白译者还必须加注说明。

《水浒传》登特-杨父子译本中还有一例,在第三回:"史进便入茶坊里来,拣一副座位坐了。茶博士问道:'客官,吃甚茶?'"其译文是:"He went in, found a place and sat down. "How would you like your tea?" the other asked."博士的称号起源于战国时秦国的职官名,汉朝时为太常寺属官,掌管图书,博学以备顾问。该句中的"茶博士"最早起源自唐朝的《封氏闻见记》,原来是指《茶经》的作者陆羽,后来泛指旧时茶店的伙计,是对他们的雅称。现在多指煎茶、煮茶、沏茶、泡茶的师傅,不能望文生义认为是从事制茶的具有博士学位的人。本句中的茶博士显然是指茶馆中的服务人员,译文出现了知识性错误,同时文中多处出现的"茶博士"还被译成了茶馆的主人,另外也有些地方又译为侍者,十分混乱。

中国文化典籍是中国特色文化的汇集,即便是普通的词汇可能也会含有特殊的文化含义。翻译时必须如履薄冰,"谨小慎微",不然很容易出现差错。

《周易》又称《易经》,是我国现存的经典古籍之一,被誉为"百经之王"。它分为经部和传部,经部原名就为《周易》,是对四百五十卦易卦典型象义的揭示和相应吉凶的判断,而传部含《文言》、《象传》上下、《象传》上下、《系辞传》上下、《说卦传》、《序卦传》、《杂卦传》,共七种十篇,称为"十翼",是孔门弟子对《周易》经文的注解和对筮占原理、功用等方面的论述。

"周易"一词的解释,众说纷纭,但归纳起来主要有两种:一种认为《周易》是周代占筮之书;另一种认为《周易》是讲变化的书,英译文 The Book of Changes 就是取此义。

春秋时,就有《周易》提法,在《春秋左传》这部史书当中,多次提到"周易",但当时人们运用的《周易》只包括六十四卦的卦画(符号)卦爻辞。

战国时,以解释《周易》为宗旨的《易传》成书。《周易》和《易传》并称为《易》,如《庄子》所谓"易以道阴阳"、《荀子》所谓"善为易者不占"之"易"包含了《易传》。

西汉以降,汉武帝为了加强中央集权制,采纳了董仲舒"独尊儒术"的建议,效仿先秦与汉景帝把道家黄帝与老子的著作称经的做法,把孔子儒家的著作也称为"经"。《周易》和《易传》被称为《易经》,或直接称为《易》。自此以后,《周易》《易经》《易》混合使用,有称《周易》,有称《易经》,有称《易》,其实含义一致,均指六十四卦及《易传》,一直沿用至今,没有严格区分。有的学者为了区分《周易》经传之不同,称六十四卦及卦爻辞为《周易古经》,称注释《周易古经》的十篇著作《易传》《周易大传》。

《周易》包含了大量的文化词语,往往具有极其典型的象征、比喻等文化含义,是翻译时需把握文义内涵的关键所在。

比如,《姤》九五爻辞"以杞包瓜"中的"杞"是指杞树树叶,杞树是"高大坚实之木"(《本义》),文中用来比喻九五爻有阳刚居中的至尊地位,又具有谦下访贤的美德,即"以至高而求下,犹以杞叶而包瓜"(《程传》)。卫氏将其译为"willow leaves"(回译:柳树叶),但是,在西方文化中柳树叶并不具备"高大""尊贵"的含义,甚至有佩戴柳叶来哀悼死者的习俗。再比如,《晋》九四爻辞有"晋如鼫鼠"一语。其中"鼫鼠"是理解辞意的关键,《折中》诸家皆将其品性解释为"不中不正,贪而畏人"。卫礼贤译本选择了在西方文化中并不具备如此特质的"hamster"(回译:仓鼠)作为对应,也不能令人信服。类似地,《夬》九五爻辞"苋陆夬夬"中的"苋陆",《程传》和《本义》皆释为"马齿苋",且指出它是"感阴气之多者"的典型代表。郑汝谐则认为:"'苋陆'……一名'商陆',其根至蔓,虽尽取之,而旁根复生,小人之类难绝如此。"无论如何,在此爻中,"苋陆"都是具有特别象征意义的一种事物。卫礼贤的译文却是:"in dealing with weeds, firm resolution is necessary"(回译:针对杂草,果决是必需的),而"杂草",无论在西方,还是在东方,都没有任何"阴者"或者"难绝者"的象征意义。(包汉毅,2018)

翻译与文化的关系密切,如果翻译时不注重文化含义的传递则译文必然是流于字面的简单对应,不仅无法实现真正的文化交流,而且还会产生新的文化交流障碍。解决翻译中的文化错位最重要的是译者要保持"不我物,能物物"的文化态度,要有文化敏感性同时要尊重文化的异质性,同时还要有一些人类学家的精神和素养,能够深入到异质文化中去。

八、句子内部关系处理不当的翻译失误

在翻译中经常会遇到一些长句,译入目标语时往往需要拆句、重组,拆句、重组

时要按照分句之间的语意连贯进行拆分、重组,如果强行拆分、重组会导致语句的内在语意连贯、逻辑连贯受损,语意改变。因为汉语的造句习惯往往不是以完整的句子为单位,而是以意群为单位,英译时拆分、重组句子必不可少,这种情况更多见于汉译英。

在鲁迅的作品《药》里,有这样一句:"老栓正在专心走路,忽然吃了一惊,远远地看见一条丁字街,明明白白横着。他便退了几步,寻到一家关着门的铺檐子,蹩进去,靠门立住了。"

这两句话由八个小分句构成,两句话主要表达了老栓因为看到丁字街——将会在这里处决革命志士夏瑜——而吃惊,以及因为吃惊而尝试寻找庇护所躲藏的动作。其译文是:"Absorbed in his walking, Old Shuan was startled when he saw the cross road lying distantly ahead of him. He walked back a few steps to stand under the eaves of a shop in front of a closed door."

在这个译文中,"关着门的铺檐子"被翻译成了"the eaves of a shop in front of a closed door",如果将英译再回译成汉语则是"一扇关着的门前面的一家店铺的屋檐子,"这明显与原文语意不同,说明此处的信息在重组中发生了关系错乱。从原文看,"关着门的铺檐子"中无论是"门"还是"铺檐子",都属于这家店铺,不存在一扇独立存在的门。因此可以考虑将"in front of a closed door"改为"whose door was still closed"。

在吴敬梓《儒林外史》中有:"如今没奈何,把你雇在间壁人家放牛,每月可以得他几两银子,你又有现成饭吃,只在明日就要去了。"其英译为:"There's no way out but to set you to work looking after our neighbour's buffalo. You'll make a little money every month, and you'll get your meals there too. You are to start tomorrow."

原文是五个分句组成的一个长句,该句中王冕的母亲向王冕讲述了把他雇给邻居放牛的原因、好处等信息。第一和第二分句语意密切关联,可以拆为独立的一句。第三和第四分句语意并列,与第五句呈现转折关系,三个小句关系紧密,不能再拆分。上述译文出现了拆分过度的情形,破坏了第三、四小句和第五小句之间的转折关系,无法传递出王冕母亲的遗憾之情,甚至将第五小句变成了一种命令或安排。

汉语是动态语言,体现在它的语句中大量使用了动词。汉语语句动词虽然多,但是它们并不杂乱,原因在于它们受到了时间的调配,有先有后,顺次展开,表意明晰。在转为静态的英文语言时,要小心处理它们之间的主次及时间关系,否则容易出错。

鲁迅的《药》中有:"华大妈在枕头底下掏了半天,掏出一包洋钱,交给老栓,老栓接了,抖抖的装入衣袋,又在上面按了两下,便点上灯笼,吹灭灯盏,走向里屋去了。"其译文是:"After some fumbling under the pillow, his wife produced a packet of silver dollars which she handed over. Old Shuan pocketed it nervously, patted the outside of his pocket twice, then lighting a paper lantern and blowing out the lamp, went into the inner room."

本句中的动词有掏、掏出、交给、接了、装入、按、点上、吹灭、走,因为英语是静态语言,其中一部分动词要做非谓语处理,一部分要消除掉,剩下的少数几个做谓语。译文中点灯和吹灯的动作被处理成"lighting a paper lantern""blowing out the lamp",成了"走向里屋去了"的伴随状语,这改变了动作间的先后顺序,也让老栓的动作显得滑稽好笑且不合情理。其问题就在于该拆句的地方没有拆句。这里可以把"便点上灯笼,吹灭灯盏,走向里屋去了"拆成独立的一句,合理拆句能解决动词过多,难以处理的局面。可以译为:"After lighting a paper lantern and blowing out the lamp, he went into the inner room."

综合上述情况,英译汉中尤其要注意合理拆句,拆句的标准是句意的相对完整,小句间的语意连贯与逻辑连贯同原作协调一致。

九、群体性翻译失误

群体性翻译失误指译者群体集中展现出来的翻译失误,它更加集中地体现了译者所处的文化与异域文化间的差异,尤其表现在思想观念和意识形态上。

莎士比亚的作品中反复出现的一个主题就是人与命运之间的关系,人类无法掌管自己的命运,终究无法逃脱命运的作弄。《罗密欧与朱丽叶》《王子复仇记》《麦克白》《李尔王》等无不展现了这一主题。莎士比亚笔下的命运具有双重性,一是命运的宿命性和不可抗拒性,另一是命运的无常性,中国译者群体的译文集体性地体现出对莎士比亚宿命性的消解。

莎士比亚戏剧中最为重要的主题之一就是人与命运的关系。《罗密欧与朱丽叶》中的两对恋人始终逃不开命运的捉弄,这种对于无常的命运的深思几乎贯穿于莎士比亚的所有戏剧。奥登在关于《罗密欧与朱丽叶》的演讲中指出:"这出戏剧中,命运和选择相互交织。"茂丘西奥的死,罗密欧杀死了朱丽叶的哥哥而被判驱逐,看起来似乎是一个接着一个的意外,但却又仿佛冥冥之中有一双手扭转着人物的命运走向不死不休的悲惨结局。朱生豪将所有的"fortune"都翻译为"命运",罗密欧在茂丘西奥死后也曾经感慨:"I am fortune's fool!"朱生豪翻译为:"我是受命运玩弄的人。"朱丽叶向罗密欧表白说:"And all my fortune at thy foot I'll lay"(我就会把我的整个命运交托给你)。与此同时,译者却又往往将"fate"翻译成了"意外的变故"。和"fortune"不同,"fate"表示命运意义更加广阔,既可以表示好运,也可以表示糟糕的命运。"fate"本身含有两层意味:其一是命运的不可避免与不可抗拒性,"fatalism"就是宿命论;其二是命运无常,不可捉摸,无法预料。这两层意义在莎士比亚的笔下是无法分开的,共同构成了其复杂的命运观。《罗密欧与朱丽叶》序诗中写道:"From forth the fatal loins of these two foes / A pair of star-cross'd lovers take their life"(是命运注定这两家仇敌,生下了一双不幸的恋人)。罗密欧和朱丽叶的死亡最终改变了家族的态度,但却付出了巨大的牺牲。以人的力量抗拒命运的安排,是莎剧人文精神的直接体现。然而朱生豪、梁实秋等诸多译者都将命运的沉重性消解掉了。例如在第三幕第一场中,得知茂丘西奥的死讯后,罗密欧叹息道:"This day's black fate on more days doth depend;This but begins the woe, other must end."梁实秋翻译为:"今天的噩运会要连续下去;这只是开始,还有悲惨的结局。"朱生豪翻译为:"今天这一场意外的变故,怕要引起日后的灾祸。"梁实秋并没有纠缠于命运的翻译,而朱生豪则将"fate"翻译成"意外的变故",同时漏译了"on more days"(继续下去),因为"意外"是无法简单地继续的,继续下去就不再意外了,延续下去的其实是预言中无法逃避的悲剧结局。朱生豪的翻译强调了"fate"这个词内涵中的未知性而避开了其宿命性的特征,是译者的倾向性误读。两位译者并不排斥命运无常的观点,并将一切神秘的安排翻译为"命运"。例如在第一幕第四场中,罗密欧参加舞会前便有了预感:"I fear, too early:for my mind misgives / Some consequence yet hanging in the stars / Shall bitterly begin his fearful date."朱生豪翻译为:"我仿佛觉得有一种不可知的命运,将要从我们今天晚上的狂欢开始它的恐怖的统治……"梁实秋翻译为:"我恐怕还是太早;因为我有一种预感,某种悬而未决的恶运将在今晚狂欢的时候开始他的悲惨的程途……"曹禺翻译为:"我心里总是不自在,今晚欢乐的结果料不定就坏……"曹禺的翻译将沉重的预言消解为轻快的调侃;梁实秋的译文最为沉重,只能以宗教获得心灵安慰而纾解宿命的痛苦;朱生豪的译文采用了增译法,增加了"不可知的"这个修饰语来描述命运,死亡的结局变成了不可知的不安。三位译者都回避了原文中的"fear",也就是罗密欧预见死亡宿命后的恐惧,而变成了对于未知性的迷茫与探索。原文中并没有使用"命运"(fate)这个词,而是用"consequence"(结局)的意思,然而三种译文都将人生"结局"翻译成"命运",本身就是对宿命性的消解。除了这三位主要译者之外,其他的译者和改编者也在大量剧本中有意无意地消解着西方式的命运观,例如李健吾改编《麦克白》中的女巫预言时,就将明确的预言改成了巫婆扶乩的含糊话语,预言产生的悲剧后果从对于命运不可抗拒性的敬畏变成了闹剧和插科打诨的效果。

……

伏尔泰在写给安娜·达西夫人的信中指出:"我相信法国有两三位翻译家能把荷马史诗翻译好,但我同样确信,没人愿意读译文除非把原文中的一切都柔化(soften)并修饰。"夫人,你要为自己的时代写作,而不是为了过去的时代。"虽然在原文和译文的二元对立中,原文似乎总是处于支配地位;然而在目标语的语境中,只有当代译文才是起主导和支配作用的,使原文的逻辑关系变得容易理解或者容易接受,从而保证剧情流畅以及诗意的发展。中国群体性误译,并非因其群体性而获得合法性,而是认知发展的必经之路。两个或者两个以上主要莎剧翻译者对同一段文字所发生的共同误译,尤其是通过重心偏移和冲突柔化所产生的误译,体现了莎剧译者在大量翻译和重译中逐步确立的诗性忠实翻译原则,不仅对原文负责,更重要的是保持莎剧的诗性开放。群体性误译是中国莎剧翻译中的特殊现象,合力改变了中国翻译传统,走上了与西方翻译思想不同的道路,突破了操纵学派基于个体研究的改写理论和描述学派对于翻译规则的一般性描述,也无法完全用埃斯卡皮的"创造性叛逆"来解释,体现出中国莎剧翻译文学特有的传承和焦虑,透视出一百年来穿越不同意识形态而历久弥新的中国文学深层结构与文化基因。(刘云雁,2014)

十、有意误译

因为语言间存在的差异,翻译不可能做到完全对等,有时为了求得主要功能的对等只好有意曲解原文,有意误译就产生了。例如:

A: It is an order from President Bush.

B: I don't care if it is bush, tree or grass.

如果采取忠实再现语意的翻译就会翻译成:

A: 这是布什总统的命令。

B: 管他什么布什,树或草,我才不在乎呢。

可以看出意义忠实再现的翻译完全弄丢了原文的修辞特点,"bush"(灌木)和"Bush"(布什)谐音双关,以及因此而产生的幽默感。为了获得类似的修辞方式和幽默效果,译者需要进行"有意误译",创造新的翻译方法:

A: 这是布什总统的命令。

B: 管他什么布什,布头儿,布片儿,我才不在乎呢。

在该译文中,为了保证原文中谐音的特点和幽默的风味,译者克服了英汉语言形式的差异,创造性地进行"有意误译",在译文中创造出谐音的词汇,让中文的读者也感受到了英文读者同时感受到的幽默和风趣。

在《爱丽丝漫游奇境记》中有这么一段对话:

"Did you say 'pig' or 'fig'?" said the cat.

"I said 'pig',"replied Alice.

有如下译文:

"你说'猪'还是'无花果'?"猫问。

"我说'猪'。"爱丽丝答。

原文中"pig"和"fig"发音相似,猫没有听清楚爱丽丝说什么,所以发问。上面的译文无法显示这一点,需要从谐音入手来创造:

"你刚才是说'猪'还是'薯'?"猫问。

"我说'猪'。"爱丽丝答。

文学作品的双关语言有音韵美和诙谐幽默的效果。翻译时为了保持原文的美学效果,体现一语双关,有必要取音舍义。在这种特殊的情境下,有意的误译反而成了贴切的翻译。

再例如:"She was so fond of talking that her comrades nicknamed her 'magpie'."此句中,因为中西文化差异,"magpie"的汉语对应译文"喜鹊"并不包含原文中的"饶舌"含义,因此翻译时需要有意避开,可以译为:她是个话匣子,同伴们戏称她"麻雀"。译文巧妙地用汉语"饶舌"的麻雀来对译英语的"magpie",既是有意误译,也是成功的翻译。

十一、哲学阐释学视角看误读

误读是误译的直接原因,分析误读的原因可以帮助译者尽量避免误译。

(一) 翻译误读概念厘定:哲学诠释学视角

在方法论诠释学中,"施莱尔马赫就把诠释学称为'避免误解的艺术'","在施莱尔马赫的一般诠释学中,'误解'乃是对作者原初意图和文本含义的背离,是与理解的客观性与正确性无缘的"(彭启福,2009)。因此,按照施莱尔马赫作者中心论的标准,凡是不符合作者本意的理解都是误读。但实际操作中因为很难见到作者,询问他的本意是什么,另外有时作者本人也似乎很难说清楚自己究竟需要说什么,因此读者不得已开始求之于文本,因为文本似乎在某种程度上可以显出作者的意图,即便没有,文本自己也是一个独立体,能表达出相对完整的文本意图。今天人们对误读的判定主要是从文本出发,看所做的理解是否符合或扭曲文本的可能含义。在这种误读的定义中读者完全是被动的,只能等待原作及其作者的尺子来衡量,其主体性被忽视了,因而是不尽合理的。显然理解活动并非读者单向靠近原作者的活动,读者作为理解者具有能动性,因为在理解之初他已经拥有了先入之见,他积极地参与了文本意义的构建。哲学诠释学充分肯定了读者的这种作用,较客观地反映了理解活动,也让我们看到追求理解和诠释的绝对客观性或绝对主观性都是偏颇的,因而哲学诠释学的理解观更具科学性和解释力。需要指出的是,哲学诠释学在被用来解释误读的过程中,它本身就面临着被误读的窘境。有一种观点认为根本不存在误读。"本体论诠释学将理解视为意义的生成,所表明的是理解主体的生存状态","正因如此,就根本不存在误解问题,因为所谓的'误解'也都是在主体的意识中当下真实呈现的东西,就其表明了主体的存在方式而言,它与理解是等值的"(潘德荣,2008)。哲学诠释学的"误解"真的等于"理解"吗?真的不存在"误解"吗?事实上,伽达默尔虽然肯定了读者在意义构建中的积极作用,但他并没有从施莱尔马赫的文本中心论的极端走向读者中心论的极端。首先,他继承了海德格尔有关避免错误前见的思想,认为"首要的经常的和最终的任务始终是不让向来就有的前有、前见和前把握以偶发奇想和流俗之见的方式出现,而是从事情本身出发处理这些前有、前见和前把握,从而确保论题的科学性"。其次,他提出了面向"事情本身"的方法来尽量避免误读,要关注"事情本身",对于语文学家来说"事物本身"就是充满意义的文本(伽达默尔,2010)。最后,关于如何面向"事情本身",他主张用倾听和对话的方式最终达到读者和原文本视域的融合。因此并非像美国实用主义哲学家罗蒂所认为的"文本的真正本质"并不存在,对我们有用的是以不同手段得到的形形色色的"表述"本身(艾柯,2005),伽达默尔的本体论诠释学有着根本的不同,因为他并没有否定文本的存在及其在与读者共同构建意义中的作用。既然肯定了文本的作用,那么就等于肯定了误读的可能性,而不能像有的学者那样完全否定误读的存在,否则一切理解都是合理而正确的,翻译将失去依靠,胡译、乱译都会衣冠楚楚、挺直腰板!在《译者主体性:阐释学的阐释》一文中,作者将人们结合时代需要对文本意义的发掘与创新理解都视为误读。其实,按照哲学诠释学,这样的解读正符合伽达默尔关于理解是文本视域和读者视域的融合的思想,二者相互倾听,不断扩大自己的视域,最终靠近真理,达成真正的理解。伽达默尔认为真正的理解是文本和读者的共同参与,是沟通了过去和现在的创造,是人们存在的反映,因为文本真实的意义"总是同时由解释者的处境所规定的,因而也是由整个客观历史进程所规定的"(伽达默尔,2010)。既然理解总会在不同的历史语境中呈现出不同面貌,那为什么这样的理解会被一些学者无辜地扣上误读的帽子呢?根据伽达默尔的观点,当读者视域和文本视域无法很好地融合、不能达成一致时做出的理解才是误读。这里既肯定了文本的客观存在,也肯定了读者的能动作用,二者是平等的、平衡的,像朋友一样的关系。当然这是伽达默尔理想的理解状态,事实上,要达到这种状态很不容易,一个很重要的原因是文本总是沉默的对话者,读者在这场与文本的对话中无疑占据主导优势,因此谈话是否成功很大程度上取决于读者,取决于他的视域能否与原作的视域很好地融合。对于翻译来讲,译者作为原文本的读者,他的视域是否合适关系到是否会误读文本。下文主要分三部分探讨译者视域的形成和局限、译者视域的修正、译者视域的扩大及最终形成的合理的理解。

(二) 理解的历史性与译者视域的形成与局限

施莱尔马赫(Schleiermacher)认为理解就是重构作者心理的过程,是关于作者意图和动机的理解,为此就要消除解释者自身的成见和主观性,让他们从自身的历史性和偏见中脱身。相反,伽达默尔认为,社会历史构成了人赖以生存的背景,人是历史性的存在,历史的特殊性和局限性都会通过人展现出来。他说:"不管是认识者还是被认识物都是'历史性的',即它们都具有历史性的存在方式。"论及人和历史的关系,他后来又总结道:"其实历史并不隶属于我们,而是我们隶属于历史"。因此作为历史性存在的人,在理解时必定会受到其历史性的规约,这种历史性有助于形成解释者的前见。这种前见不是要清空和消除,而是要发挥它的积极作用,限制它的消极作用。伽达默尔认为,前见使最初的理解得以可能。海德格尔也认为理解在本质上是通过前有、前见和前把握起作用的,解释从来都不是对某个给定的东西所做的无前提的把握。"前理解或前见是历史赋予理解者或解释者的生产性的积极因素,它为理解者或解释者提供了特殊的'视域'"。视域就是看视的区域,它包括了从某个立足点出发所能看到的一切。因此,译者的视域主要建立在这些前见的基础之上。但是前见在使最初的理解成为可能后,就应该不断地受到审视,因为前见有真假之分,而"占据解释者意识的前见和前见解,并不是解释者自身可以自由支配的。解释者不可能事先就把那些使理解得以可能的生产性的前见与那些阻碍理解并导致误解的前见区分开"(伽达默尔,2010)。综上所述,人的历史性存在规定了人的理解的历史性,这种理解的历史性有助于形成解释者的前见,并进而形成解释者的视域。这样在翻译中译者的视域要想和文本视域达到融合,

一方面就要充分利用正确的前见,另一方面就要规避或调整不正确的前见,从而修正自己的视域。对此,译者需要面向"事情本身"。

(三) 面向"事情本身"与译者视域的修正

假的前见只能导致误解、误读,必须加以识别和避免,只有这样才能建立正确的前见。海德格尔对此十分清楚,他说:"首要的、经常的和最终的任务始终是不让向来就有的前有、前见和前把握以偶发奇想和流俗之见的方式出现,而是从事情本身出发处理这些前有、前见和前把握,从而确保论题的科学性。"之所以要这样,原因在于前见往往是以隐蔽的方式统治我们,使我们不理会传承物里所说的事物。因此,海德格尔认为受方法论意识指导的理解所力求的应该不只是形成对事物的某种预期,而且还要对这种预期有意识地加以控制,以便从事物本身获得正确的理解。可见要避免随心所欲的偶发奇想和受某种前见支配的难以觉察的思想习惯的局限,要想获得正确的解释,解释者就必须凝目直视"事情本身"。这里的"事情本身"对于语文学家来说就是充满意义的文本,而文本本身又会指涉事情。关注"事情本身",要求解释者在解释过程中不断克服来自于自身的精神涣散,自始至终注目于事情本身,并且要理解一个文本总是意味着要进行一种筹划。一种预先的筹划,在不断关注事情本身的过程中,会遇到一些不断出现的新东西,这些东西不断地修改这种预期,在意义的统一体被明确之前,各种筹划相互竞争,一种前把握被另一种更好的前把握取代,这种不断进行的新筹划过程就构成了理解和解释的意义生成运动。在这个意义生成的过程中,不是来自于事情本身的前见在一直起着干扰的作用。所以"理解的经常任务就是做出正确的符合于事物的筹划,这种筹划作为筹划就是预期,而预期应当是'由事情本身'才得到证明"(伽达默尔,2010)。在翻译活动中,译者在理解中的各种筹划活动也会受到那些不是来自于事情本身的前见的干扰,形成不当的预期,进而产生不合理的视域。所以译者要通过文本不断地凝视注目事情本身,不断做出更趋合理的筹划和预期,才能形成合理的视域,达到正确的理解。但是要想能够做到面向事情本身,解释者就必须以开放的态度去倾听文本,和它对话、交谈,对新经验持开放态度。

(四)向新经验开放与译者视域的扩大

在解释者和文本的关系中,文本虽然是理解产生的一个重要源泉,但它似乎总是以一种沉默的态度出现。虽然伽达默尔主张解释者和文本之间要建立一种对话关系,但是因为文本的沉默,这场对话很容易流变为解释者自己的独白——将解释者的意图与解释强加在文本的头上,所以任何解释者都必须十分谨慎,只有当他们不再颐指气使,不再一意孤行,他们才能倾听文本的声音。哲学诠释学认为人类行为中最重要的就是把"你"作为"你"来经验,对他者保持开放,听取他们所说的东西,谁想听取什么,谁就是彻底开放的,没有这种开放性,人类就不能真正地连接起来。所以,对他人和文本的见解保持一种开放的态度,是开阔解释者原有视域、避免误读误解的应有态度。伽达默尔说:"谁想理解一个文本,谁就准备让文本告诉他什么。"解释者只有愿意倾听他人和文本实际所说的东西,才能把他所误解的东西放入自己对意义的众多期待中,才能认识到自己的先入之见,才能看到文本可能会有的另一种存在,并因而有可能肯定实际真理以反对或校正自己已有的前见解,开阔自己的视域。所以,"谁想理解,谁就从一开始便不能因为想尽可能彻底地和顽固地不听文本的见解而囿于他自己的偶然的前见解中——直到文本的见解成为可听见的并且取消了错误的理解为止"(伽达默尔,2010)。对于哲学诠释学来说,只有解释者能真正倾听文本的声音,他和文本之间的交谈和对话才能开始。对话、谈话是谈话者超出自己的成见,取得一致意见的基本模式。在哲学诠释学中没有比对话更高的原则了,因为"只有在会话中,只有与另一个人的思想(这种思想也能进入我们的内心)相遇,我们才能希望超越我们当下视域的限度"(格朗丹,2009)。在解释者与文本的对话中,解释者只有以开放的态度倾听文本的解释,尊重文本与自己不同的异质成分,不断修正自己的前见,面向新的经验,使自己的视域不断开阔,这样才能逐渐与文本的视域融合,达到正确的理解。

总之,翻译误读现象是翻译研究中的一个重要现象,深入研究这一现象有助于深化对翻译误读的认识,提高翻译质量。哲学诠释学批判了神学诠释学和方法论诠释学对读者主体性的忽视,同时又不像解构主义那样认为意义不可确定、一切阅读都是误读,从而避免了理解的两个极端:唯文本的意义绝对客观化和唯读者的意义绝对主观化。哲学诠释学兼顾了文本和读者,认为理解是文本和读者二者视域的融合,好的融合会产生合理的理解,不好的融合或不能融合则会产生褊狭的或错误的理解。对于翻译研究来说,哲学诠释学的"误读"概念有助于译者在翻译活动中既发挥自己的主体能动性,又限制自己的主观随意性,从而和文本形成平等的对话关系,向文本开放。通过倾听文本的声音,和文本对话,译者得以跨越时间距离"面向事情本身",更深入地理解文本内涵,纠正自己错误的前见,向新经验开放。也只有这样,译者才能不断开阔自己的视域,最终和文本视域融合,形成合理的理解,从而尽量避免误读误译,更好地实现翻译的文化传通作用。

问题与思考

1. 误译产生的原因有哪些?请举例说明。
2. 结合道安提出的"三不易",分析时间、文化习俗、读者接受能力等因素给翻译带来的困难。
3. 结合译者素养的构成要素,分析如何避免误译。
4. 什么是群体性误译?为什么会产生群体性误译?
5. 尝试从哲学阐释学视域分析某一译本中的误译现象。

第九章

翻译的批评

第九章

実験的研究

一、翻译批评的定义

翻译批评是一个较为新近的译学术语。在谈论它的定义之前,我们可以先了解一下文学批评的概念,这或许对认识翻译批评有许多启发。

文学批评有狭义和广义两种:狭义的文学批评属于文艺学的范畴,是文艺学中最活跃、最经常、最普遍的一种研究形态。它是以文学鉴赏为基础,以文学理论为指导,对作家作品(包括文学创作、文学接受等)和文学现象(包括文学运动、文学思潮和文学流派等)进行分析、研究、认识和评价的科学阐释活动,是文学鉴赏的深化和提高;广义的文学批评属于文学理论研究的范畴,既是文学理论研究中不可或缺的重要内容,又是文学活动整体中的动力性、引导性和建设性因素,既推动了文学创造、传播与接受,又影响了文学思想和理论的发展,其涵盖内容宽泛,从作品评介到理论研究都包含其中,在西方几乎是文学研究的同义语。

翻译批评与文学批评有许多相似之处。当我们讲到翻译批评时,我们可以指评论者对译作文本的评论与赏析,包括理解的正确与错误、传达意义的完整与准确、语言特色的展现、文体风格的切合、精神风貌与阅读效果的近似度等,此类研究更像是我们通常意义上说的翻译评论、译本评析。翻译批评也可以指对译本之外因素的分析和研究,比如译者研究、译作传播与接受研究、读者研究、翻译潮流研究、翻译理论研究等,此类批评基本上可以等同于翻译研究。

杨晓荣认为"翻译批评主要是针对具体的译作或译作相关的某种翻译现象所发的评论",他对翻译批评的定义是:"依照一定的翻译标准,采用某种论证方法,对一部译作进行分析、评论、评价,或通过比较一部作品的不同译本对翻译中的某种现象做出评论。"(杨晓荣,2005)他还认为翻译批评重要的是对译作的批判性阅读(critical reading),不同于一般意义的翻译评论(translation review)。文军在林煌天"翻译批评"词条的基础上,补充修改,则给出了如下定义:"翻译批评即依据一定理论,采用相关方法,对译者、翻译过程、译作质量与价值及其影响进行分析评价。"(文军,2006)从上述学者对翻译批评的论述可以看出,他们主要是以译者和译作为中心开展的批评研究,不太涉及对翻译外围要素的研究。其实,翻译外围要素的批评也属于翻译批评的范围。借鉴文学批评的概念,我们也可以将翻译批评分为狭义和广义两种。狭义的翻译批评主要指研究者围绕译作展开的批评、欣赏、判断、解析等活动。广义的翻译批评则指对译本之外与翻译相关的不同方面的评析、解释、论证等活动。

二、翻译批评的主体

　　翻译批评的主体指从事翻译批评的群体,主要包括翻译学者、译文读者和译者。翻译学者指以翻译研究为主体工作内容的群体,他们一般经过了较为专业的学术训练,系统学习了翻译领域的知识和理论,掌握了翻译批评的基本方法和路径,对批评对象有着较为深入的了解,能够科学、客观地分析和评价批评对象。翻译学者一般是一些科研机构的研究员或高校的教师。译文读者是翻译批评的又一重要主体,他们是译文的读者、受众,也是译者在翻译之初就应该预先设定好的服务对象。译文读者是一个复杂的群体,他们的性别、年龄、受教育程度、阅读爱好、阅读目的等都有很大的差异,因此他们对同一翻译作品的评价可能会呈现出较大的差异。同时,因为他们不像翻译学者那样掌握了翻译批评的理论与方法,他们的评论更多的是感悟式、印象式的评价,以自我感受为评价依据,虽然缺乏科学与客观性,但是他们往往能敏感地发现译文中存在的问题,言辞不多却能切中肯綮,他们的评论是翻译批评中重要组成部分。译者本身也往往是翻译批评的主体,他们不仅可以评论自己的翻译,还可以将自己翻译的思想与方法阐释出来,分析自己译文的精妙和局促之处。译者因为有丰富的翻译经验和亲身体验,对译作的批评更多会从翻译实践的角度出发,着重于字、词、句等的翻译,重点考虑译文的忠实准确性。

　　以翻译学者王寅为例,他曾经运用认知语言学"体验性概念化"的概念印证和分析了古诗《枫桥夜泊》的40种译文,在翻译中所体现出来的主客观性。他首先在兰艾克(Langacker)提出的"意义概念化"的基础上结合他所观察到的翻译现象提出了"体验性概念化"的概念,并以此为理论视角分析了《枫桥夜泊》翻译过程中的主观性和客观性。他借用了认知识解中"辖域、视角、突显、详略度"等概念,重点分析了《枫桥夜泊》中的客观性限制和主观性变化。以"枫桥夜泊"中的"泊"字为例,研究者发现其对应的英译选词有"moor/ anchor/ stop/ park/ tie up"等,研究者认为根据当时的社会背景和诗歌产生地的地理环境来看,"moor"因为有将船用绳索系到岸上的含义比其他几个词更符合当时的社会、地理背景,所以使用该词的翻译占到80%。从视角来看,该诗应该是从张继的视角出发,书写对周围事物的观察和感受,展现他落榜后返乡途中的忧郁的心绪和难以排遣的忧愁。约有48%的译者选用了从张继的视角出发,但是也有从旅行者、乘客、渔人、流浪者等视角出发的,这就展示出了翻译中的客观性和主观性并存。

根据认知突显的概念,王寅分析了不同译文展现出来的不同的突显内容。以"对愁眠"为例,它可以指睡觉这一动作的不同阶段:① 想入睡(感觉到很瞌睡);② 入睡过程(没睡着);③ 入睡结果(睡着了)。第一阶段可以翻译为 asleep I feel;第二阶段可以翻译为 lie/keep me from sleep/sleepless night/keep me awake;第三阶段可以翻译为 fall into sleep/was sleeping/in sad dream。选用的英语表达方式不同,表达的入睡阶段也就不同。详略度也是评论译文差异的一个认知语言学标准,以"对愁眠"为例,其译文有"I lie/ I lie in bed/ I sadly lie in bed/ I sleepless lie/ facing sadness I lie/ I lie awake in sorrow",这反映了译者识解详略度的差异。

从王寅对《枫桥夜泊》40 篇英译文的认知识解分析来看,翻译学者对译文的批评首先应该确定要研究的问题,再根据要解决的问题选择一定的科学理论和方法为批评的依据,然后确定研究的过程,开展研究,得出结论。这种翻译批评的方法具有科学依据,论证严谨,结论具有科学性和说服力。

译文的普通读者往往是一个庞大而复杂的隐匿性的群体,因具有不同的文化知识背景、宗教信仰,其对文本及其翻译有着不同的理解和期待,他们在接受译本时有着不同的视域和理解的前结构,这样即便是同样的译文也会在他们中间产生不同的接受度和评论。译文读者作为翻译批评主体,其评论方式多属于随感式的点评,缺乏理论依据,没有系统性,但有时也不乏珠玑和真知灼见。以《道德经》的读者评论为例,刘殿爵《道德经》英译的读者评论就有不少洞见。下面对刘殿爵《道德经》英译的 39 篇普通读者网络评论①略作分析和评述。

首先,一般来说对刘殿爵译本评价较高的读者对老子思想或原作有一定的认识,他们能用已有的知识来判断刘殿爵译本对原作的"忠实"情况,这是他们的一个特点。另外一个特点是他们能将老子文本和刘殿爵的翻译分开来谈,而不是混在一起。他们认为刘殿爵的翻译很好,有人觉得它保留了原作文字的特点,有人认为它忠实于原作。这类读者更为注重译作的学术价值。相比之下,对刘殿爵译本评价较低的读者未就译本的学术价值进行适当的评论,评论内容单薄,显示出对原作及其思想了解的有限性。这类读者一般不会将老子文本和刘殿爵的翻译分开来谈,而是混淆在一起。

其次,对刘殿爵译本评价较高的读者具备一定的相关知识,因而做出的评价较为翔实客观。他们认为刘殿爵的译本忠实原作,未在翻译中掺杂个人观点,充分尊重原作,释义较为中立、不偏颇,保持了原作的完整。刘殿爵学识渊博,译文具有学术性,刘译本没有将译本导向神秘的方向,而是与现实世界相关联,做出较为客观和现实的诠释。在风格上,刘殿爵译本非常简洁、雅致而富有诗意。Volkswagen Blues 认为刘殿爵译本具有除弊功能,因为他最初读过斯蒂芬·米切尔的译本,其中充满了宗教化的解读,而刘殿爵的译本恢复了《道德经》作为政治文本的面貌; Michael A. Bjornson 认为刘译具有良好的学术性,且富有诗意。

由以上读者评论可见译文读者在理解接受译文中具有积极性、复杂性和渐进性。译文读者作为媒介受众的一部分并非像以往媒介传播研究者所认为的那样——他们只是信息的被动接受者,会被信息发出者的"枪弹"击中,应声而倒。相反,他们具有积极主动性,主要表现在他们在信息接受中的选择性注意、选择性理解和选择性记忆。这些选择都是根据译文读者的预存立场,即前见做出来的。预存立场或前见形成了译文读者头脑中的文化过滤器,使他们可以选择符合他们要求的信息。他们的知识水平、外语能力、文化背景、兴趣爱好等都相差很大,构成了不同的理解的前结构,以及接受译文的能力。译文读者受到其理解的前结构影响,同时他们的理解接受能力也有强弱之分。能调整自己的前见、与原作视域较好融合的读者,他们接受译文的能力就会强一些,反之则较弱。译文读者对译文的接受能力并不一致,他们对译文的评价也不会相同。

①　http://www.amazon.com/Tao-Te-Ching-Lao-Tzu/dp/014044131X/ref=sr_1_1?s=books&ie=UTF8&qid=1402296717&sr=1-1&keywords=d.c.+lau

译者是翻译批评的另一重要主体,他们不仅可以对自己的译作进行批评,而且可以依据自己的翻译知识和经验对他人的翻译作品进行批评。

面对敌人的指责,哲罗姆大胆地阐明了自己翻译的读者对象、目的和方法,捍卫了自己的翻译。欧阳桢则批评了米切尔的《道德经》翻译:

第一,关于译者的资质。米切尔在译本前言中说,他长达十四年的禅宗修行使他能与老子及其门徒面对面地交流,非常有助于他翻译老子《道德经》。针对米切尔的这一解释,欧阳桢认为虽然禅宗和道家思想有关联,但是它们毕竟是一佛一道,仍有不小差别,精通一个不一定就会精通另一个。另外,欧阳桢还批评米切尔对自己不懂中文的情况只字未提,并否定了米切尔把圣人的性别解释为既包含男性又包含女性的说法。高尔丁则认为像米切尔这样不懂源语的译者是"不知而言",他们的翻译属于"伪翻译"。由此可见,是否精通源语及其文化是专家读者评价译作的重要尺度。

第二,关于采用的翻译方法。欧阳桢认为米切尔的译本中还有大量"整行或整段照搬别人译文"的情况,有多处译文照搬了陈荣捷的译文。从本质上讲,米切尔的译本属于对原作的改写,其中还夹杂着对优秀译本字句的照搬现象。

第三,关于译本的特点。欧阳桢认为米切尔"编了一个可读性强的版本,没有学者译本的那种麻烦,所用英语自然流畅"(Eugene Chen Eoyang,1990)。

由上可见翻译评论者更注重译本的质量,他们的批评往往更能切中译本在文本、文字处理上的问题,是维护译本质量和坚守翻译工作职责的中流砥柱,是翻译批评者的重要组成部分。

三、翻译批评的客体

翻译批评的客体主要包括译作和译者。译作批评指对译作及其相关问题的批评,具体包括理解的准确性、表达的忠实完整性、译文语言的地道流畅、与原文风格的切合、翻译方法的特色、译者的阐释方法、译本语言特色、传译的效果等。上述各个方面是翻译批评经常涉及的主题,它们可以整合为许钧提出的原作与译作之间

三个可比较的方面:

(1) 译者从原作中观、感的世界与原作者意欲表现的世界是否吻合(对思想内容的理解、感受是否正确),也即译者对原作的理解问题。

(2) 译者的语言手段与原作者的创作手法是否统一(表现手法是否准确),这主要指翻译中的语言处理问题。

(3) 译作效果与原作效果是否一致,包括对读者的期待及读者反应(效果是否等同),这主要与读者的阅读体验有关。(杨晓荣,2005)

这三个方面也可以简化为理解、再现和效果,总的来说主要以原作为参照,向原作靠拢。但在解构主义的影响下也有以译作效果为中心的批评研究,他们抛开了原作,把译作视为独立的个体,单纯研究译作的特点和社会影响,这是一个新的动向。

译者是翻译批评的又一客体。译者是译作的生产者,是翻译活动的核心,只有完成了对译者的批评才能深入地更好地理解他们的译作。对译者的研究可分为对同一原本的不同译者的对比研究、对某一译者的专门研究、对某类译者的群体化研究、对某个特殊时期的译者群体的研究。

(一) 对同一原本不同译本的对比研究

复译是翻译中的一个独特又常见的现象,尤其是一些经典著作,有着独特的价值,穿越时空而又能历久弥新,因为时代的变迁,译者会持续不断地翻译此类经典,不同译者对同一部著作的翻译持续发生,形成多个译本。译本因为译者的见识、译本的功能、其读者的差异而呈现出差异性,对译者的研究可以在一定程度上解释这些差异性存在的原因,甚至可以揭示更为深层的社会、政治、意识形态、文化等动因。复译所产生的众多译本之间又会形成一本经典复译史,晚出译本的译者和早出译本的译者之间存在着一些隐性的关联,他们的译本之间也存在着一定的关联性,有继承、发展,也有否定、背反,这些都可以成为翻译批评的对象。

(二) 对某一译者的专门研究

一些有重要影响的译者翻译过大量有影响的著作,在翻译过程中积累了不少

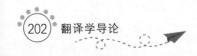

经验，总结了若干翻译的规律，形成了一些具有代表性的翻译思想、理论。对此类译者的批评研究可以从内外两条路径开展，内部研究就是从其译本的语言文字、翻译策略与方法、翻译的效果等方面出发分析和评价译者的相关行为和主张，外部研究就是从译者所处的社会环境、生存境遇、家庭、教育、交游等方面出发分析和批评译者的翻译行为。当然还存在着将内部研究和外部研究交叉融合的研究方法，这种研究更能实现译者、译本和环境的结合，宏观与微观的结合，使分析和解释更具客观性和深入性。

（三）对某类译者的群体化研究

对译者的群体化研究建立在译者群体划分的基础之上，根据译者知识储备、翻译方法、翻译思想上的一些主要共性特征进行分类研究。以《道德经》的译者为例，根据译者的知识储备可分为学者型译者和非学者型译者，学者型译者又可分为老学学者和非老学学者；根据他们的翻译指导思想和所采用的翻译方法可以将他们分为文字性翻译和译释性翻译，前者要求紧贴原文，后者则与原文有一定疏离；根据他们的翻译侧重不同，可以将他们区分为以原典为中心的翻译和以当下应用为中心的翻译。对译者群体的研究有利于发现群体共性的存在、表现、成因、影响等方面。

（四）对某个特殊时期的译者群体的研究

人类历史的发展进程中有一些特殊时期，在这些时期翻译者的活动具有强烈的时代特色，表现出若干共同趋向。记述和分析这些译者的生活与翻译活动往往可以揭示出翻译的某种社会属性，可以从中透视译者的翻译活动和社会语境之间的种种关联。

四、翻译批评依据的标准

首先翻译具有多面性,它关涉原文作者、原作、赞助人、译者、译文、编辑、审查员、读者等诸多人员及其中的复杂关系,不仅关涉源语和译入语及其文化,还关涉政治、意识形态等多种因素。翻译批评者进行批评活动时必须从中选择自己的切入点,这就意味着他要从某一方面来分析问题,很难做到面面俱到。而从不同的角度出发,又会产生不同的评价标准,因此翻译批评的标准具有多样性。

在翻译史上曾经出现过不少翻译标准,本书将略作梳理。

"信达雅"的翻译标准出自严复的《天演论》译例言,虽然严复仅是把"信达雅"当作翻译中很难达到的三件事,或者说是三个目标,但他又说"海通已来,象寄之才,随地多有,而任取一书,责其能与于斯二者则已寡矣",这说明他已经有了将"信达雅"当作翻译标准的取向。后来因为"信达雅"的说法言简意赅,影响逐渐扩大,被越来越多的人当作翻译标准来倡导,遂成为人们判断译文优劣的根据。仅仅取严复的只言片语或许很难对他的翻译思想以及他所说的"信达雅"有全面的了解,现摘取他的《天演论》译例言如下:

译事三难:信、达、雅。求其信已大难矣,顾信矣不达,虽译犹不译也,则达尚焉。海通已来,象寄之才,随地多有,而任取一书,责其能与于斯二者则已寡矣。其故在浅尝,一也;偏至,二也;辨之者少,三也。今是书所言,本五十年来西人新得之学,又为作者晚出之书。译文取明深义,故词句之间,时有所颠倒附益,不斤斤于字比句次,而意义则不倍本文。题曰达旨,不云笔译,取便发挥,实非正法。什法师有云:"学我者病。"来者方多,幸勿以是书为口实也。

西文句中名物字,多随举随释,如中文之旁支,后乃遥接前文,足意成句。故西文句法,少者二三字,多者数十百言。假令仿此为译,则恐必不可通,而删削取径,又恐意义有漏。此在译者将全文神理,融会于心,则下笔抒词,自然互备。至原文词理本深,难于共喻,则当前后引衬,以显其意。凡此经营,皆以为达,为达即所以为信也。

《易》曰："修辞立诚。"子曰："辞达而已。"又曰："言之无文，行之不远。"三者乃文章正轨，亦即为译事楷模。故信、达而外，求其尔雅，此不仅期以行远已耳，实则精理微言，用汉以前字法、句法，则为达易；用近世利俗文字，则求达难。往往抑义就词，毫厘千里。审择于斯二者之间，夫固有所不得已也，岂钓奇哉！不佞此译，颇贻艰深文陋之讥，实则刻意求显，不过如是。又原书论说，多本名数格致及一切畴人之学，倘于之数者向未问津，虽作者同国之人，言语相通，仍多未喻，矧夫出以重译也耶！

新理踵出，名目纷繁，索之中文，渺不可得，即有牵合，终嫌参差，译者遇此，独有自具衡量，即义定名。顾其事有甚难者，即如此书上卷《导言》十余篇，乃因正论理深，先敷浅说。仆始翻"卮言"，而钱唐夏穗卿曾佑，病其滥恶，谓内典原有此种，可名"悬谈"。及桐城吴丈挚甫汝纶见之，又谓"卮言"既成滥词，"悬谈"亦沿释氏，均非能自树立者所为，不如用诸子旧例，随篇标目为佳。穗卿又谓如此则篇自为文，于原书建立一本之义稍晦。而悬谈、悬疏诸名，悬者玄也，乃会撮精旨之言，与此不合，必不可用。于是乃依其原目，质译导言，而分注吴之篇目于下，取便阅者。此以见定名之难，虽欲避生吞活剥之诮，有不可得者矣。他如物竞、天择、储能、效实诸名，皆由我始。一名之立，旬月踟蹰。我罪我知，是存明哲。

原书多论希腊以来学派，凡所标举，皆当时名硕。流风绪论，泰西二千年之人心民智系焉，讲西学者所不可不知也。兹于篇末，略载诸公生世事业，粗备学者知人论世之资。

穷理与从政相同，皆贵集思广益。今遇原文所论，与他书有异同者，辄就谫陋所知，列入后案，以资参考。间亦附以己见，取《诗》称嘤求，《易》言丽泽之义。是非然否，以俟公论，不敢固也。如曰标高揭己，则失不佞怀铅握椠，辛苦迻译之本心矣。

是编之译，本以理学西书，翻转不易，固取此书，日与同学诸子相课。迨书成，吴丈挚甫见而好之，斧落徽（征）引，匡益实多。顾惟探赜叩寂之学，非当务之所亟，不愿问世也。而稿经新会梁任公、沔阳卢木斋诸君借钞，皆劝早日付梓，木斋邮示介弟慎之于鄂，亦谓宜公海内，遂灾枣梨，犹非不佞意也。刻讫寄津覆斠，乃为发例言，并识缘起如是云。

光绪二十四年岁在戊戌四月二十二日

严复识于天津尊疑学塾

严复的信达雅对后世的翻译标准确定影响很大,为纪念严复提出"信达雅"标准一百周年,沈苏儒专门出版了自己研究严复翻译理论的专著——《论信达雅》。郭著章将信达雅三个字英译为:faithfulness,expressiveness,elegance。张培基等人在翻译教程中对初学翻译者提出的"忠实、通顺"标准除"雅"之外,也与之基本保持了一致。

钱锺书结合《法句经序》指出严复的信达雅三字在支谦的《法句经序》中就已经出现了,一则说明支谦对翻译问题的洞察力,二则说明严复的信达雅理论是植根于中国传统思想的基础上的。但钱锺书先生也表达过对信达雅的某种质疑,他认为一个"信"字就包含了后面的"达"和"雅"。他说:"译事之信,当包达、雅;达正以尽信,而雅非为饰达。依义旨以传,而能如风格以出,斯之谓信。支严于此,尚未推究。雅之非润色加藻,识者犹多;信之必得意忘言,则解人难索。译文达而不信者有之矣,未有不达而能信者也。"(罗新璋,陈应年,2009)

在严复信达雅标准提出之前,英国学者泰特勒在《论翻译的原则》(*Essay on the Principles of Translation*)一书中提出了翻译的"三原则",被认为是在英国较早提出的翻译标准,不仅在西方翻译理论界有广泛影响,也引起了中国译者与学者的持久关注。他提出的著名的翻译三原则是:

(1) A translation should give a complete transcript of the ideas of the original work.(译文应完全复写出原作的思想。)

(2) The style and manner of writing should be of the same character as that of the original.(译文的风格和笔调应与原文的性质相同。)

(3) A translation should have all the ease of the original composition.(译文应与原作同样流畅。)

此外,钱锺书提出来的"化境"说可以看作翻译的高标准。他在《林纾的翻译》中论述了翻译所向往的境界和最高标准"化",认为译文要是能够摆脱语言使用的差异所带来的桎梏,又能完全保存原作的风味就算是达到"化"的标准了。

汉代文字学者许慎有一节关于翻译的训诂,意蕴颇为丰富。《说文解字》卷六《口》部第二十六字:"囮,译也。从'口','化'声。率鸟者系生鸟以来之,名曰'囮',读若'讹'。"南唐以来,"小学"家都申说"译"就是"传四夷及鸟兽之语",好比"鸟媒"

对"禽鸟"所施的引"诱","譌""讹""化"和"囮"是同一个字①。"译""诱""媒""讹""化"这些一脉通连、彼此呼应的意义,组成了研究诗歌语言的人,所谓"虚涵数意",把翻译能起的作用、难于避免的毛病、所向往的最高境界,仿佛一一透示出来了。文学翻译的最高标准是"化"。把作品从一国文字转变成另一国文字,既能不因语文习惯的差异而露出生硬牵强的痕迹,又能完全保存原有的风味,那就算得入于"化境"。17世纪有人赞美过这种造诣的翻译,将它比为原作的"投胎转世",躯壳换了一个,而精神姿致依然故我②。换句话说,译本对原作应该忠实得以至于读起来不像译本,因为作品在原文里决不会读起来像经过翻译似的③。但是,一国文字和另一国文字之间必然有距离,译者的理解和文风跟原作品的内容和形式之间也不会没有距离,而且译者的体会和他自己的表达能力之间还时常有距离。从一种文字出发,积寸累尺地度越那许多距离,安稳到达另一种文字里④,这是很艰辛的历程。一路上颠顿风尘,遭遇风险,不免有所遗失或受些损伤。因此,译文总有失真和走样的地方,在意义或口吻上违背或不尽贴合原文。那就是"讹",即西洋谚语所谓的"翻译者即反逆者"。

无论是"信达雅"说还是"化境"说,从整体上来看都还是植根于文学文艺学派对翻译的定义和描述,其优点在于整合性,缺点在于缺乏对语言的具体分析。美国著名翻译理论家尤金·奈达是从语言学角度分析翻译问题的杰出代表,他提出了"动态对等"的翻译标准。所谓动态对等,"是指译文读者对译文的反应等值于原文读者对原文的反应"(谭载喜,1999)。这一标准将翻译批评的中心从原文和原作者改换到了译文的受众,并且还要求译文受众的反应与源语读者的反应等值。因此,

---

① 详见《说文解字诂林》第 28 册 2736-2738 页。参看《管锥编·全晋文》卷,论潘岳《射雉赋》。

② 乔治·萨维尔(George Savile First Marquess of Halifax)《散文集》译者考敦(Charles Cotton)书,瑞立(W. Raleigh)编萨维尔《全集》185 页。近代德国学者(Wilamowitz-Mollendorff)和法国诗人(Valery)也用了同样的比喻,知道的人比较多。

③ 因此,意大利大诗人列奥巴迪(Leopadi)认为好翻译应备的条件看来是彼此不相容乃至相矛盾的(paiono discordanti e incompatibili e contraddittorie):译者得矫揉模仿(ora il tra duttore necessari amente affetta),对原文亦步亦趋,以求曲达作者的天生自然(inaffetato naturale ospontaneo)的风格。详见所著《笔记》(Zibaldone),弗洛拉(F. Flora)编本第 1 册 288-9 页。

④ 维耐(J·P·Vinay)与达勃而耐(J·Darbelnet)合著的《英法文风格比较》(Stylistique Comparee du Fancais et de l'Anglais)(1958)第 10 页称原作的语言为"出发的语言"(language de depart)、译本的语言为"到达的语言"(langue d'arrivee)。徐永煐《论翻译的矛盾统一》(《外语教学与研究》1963 年 1 期)也分为"出发的语言"和"归宿的语言"。这比英美习称的"来源语言"(source language)和"目标语言"(target language)似乎在比喻上更配合。

奈达的动态对能理论追求的是译文在目标语文化中所起的作用与源语中的效果等同,也即追求功能对等的翻译标准。和前面提到的翻译标准相比,这是一种崭新的翻译标准。

翻译标准是进行翻译批评的重要依据,翻译标准的改变必然会引起翻译批评的变化。因此,翻译批评经常是"横看成岭侧成峰"的事情。

五、翻译批评的实施方法

翻译批评的具体实施方法应该包括以下几个主要环节:① 翻译批评对象的选择;② 发现与提出要研究的问题;③ 找到要分析的问题的切入角度和切入点;④ 选择适当的理论分析工具;⑤ 制定详细的翻译批评方案;⑥ 实施翻译批评;⑦ 得出较为客观合理的结论。

(一)翻译批评对象的选择

翻译批评对象的选择要突出典型性,这里所说的典型性是指这个批评对象集中呈现了翻译领域的某些特点、现象、特征、问题等,能为翻译批评活动提供丰富的材料支撑,可以展现出问题的多个侧面,具有代表性。

(二)发现与提出要研究的问题

对象确定后,研究者要仔细研读所获得的译本材料及相关研究材料,从中获得自己的切身体悟,这是能够提出所要研究问题的关键。研究者可以进一步明确自己的想法或者把自己的感悟概念化,最终形成一个明确的问题。研究者还可以从不同的角度审视研究的相关材料,将不同的材料进行归类,提取它们的主要观点,发现它们的逻辑思路,分析它们的论证方式,从中找到研究的不足之处、逻辑失误或相互矛盾之处,进而提出自己的问题。

(三) 找到要分析的问题的切入角度和切入点

问题提出后,重要的是找到一个合适的角度或点切入自己的研究。什么是合适的切入角度和切入点? 如果这个角度或点最有利于分析和阐明问题,最有利于抓住问题的主要特点、反映问题的本质,那么它就是合适的。

(四) 选择适当的理论分析工具

对于翻译批评来说,最常见的理论工具主要涉及语言学、文学、文化、传播、历史、政治、哲学阐释学等不同的学科领域。以语言学为例,批评工具可能涉及语义学、社会语言学、语用学、认知语言学、话语分析等更加具体的学科分支,需要从各个分支学科中获取最有力的分析工具,展开研究。

(五) 制定详细的翻译批评方案

理论工具选定之后,应该根据研究对象和内容制定详细的研究方案。不少理论具有总体抽象性、混杂性,如果想要结合到自己的研究中去,对理论做出细化、筛选和调整是必不可少的,也就是说在理论应用前需要有一个理论调试的过程。把理论工具具体化、层次化,使它显得更加科学、周密,然后从理论的不同维度出发审视和分析研究对象。

实施翻译批评就是将理论和研究对象结合,进行分析、阐释、探究,最后得出较为客观合理的结论。

六、翻译批评实例一

(1) 题目:《认知语言学的"体验性概念化"对翻译主客观性的解释力——一项

基于古诗〈枫桥夜泊〉40篇英语译文的研究》

(2) 批评依据:该研究基于体验哲学的基本原理,将认知语言学家 Langacker 的"意义概念化"修补为"体验性概念化","体验性"突出了翻译中存在的客观性因素,"概念化"则表明了翻译中存在的主观性因素,这说明翻译活动是一个融主观和客观于一体的活动。

(3) 批评对象:《枫桥夜泊》40篇英语译文。

(4) 批评目的:该文通过"体验性概念化"或"体验性识解观"透析了《枫桥夜泊》40篇英语译文,详解翻译中既有体验性和客观性,同时揭示了主观性在翻译认知活动中的主要体现,尝试为翻译主观性的研究提供理论框架。

(5) 批评方法:研究者首先阐明了认知语言学中的识解概念,识解是指"人们可用不同方法认识同一事态的能力(Langacker,1987),具体是指人们通过确定不同辖域、选择不同视角、突显不同焦点、权衡不同精细度来观察事态和解释场景的一种认知能力,是形成概念体系、语义结构和进行语言表达的必经之路"(王寅,2008)。然后根据人们进行语言表达活动时所要选择的话题范围确定辖域,再考虑论述的视角,因为人们对世界的认知行为总会使他们选择对某一部分进行突显和具体化。据此,研究者从上述几个方面对《枫桥夜泊》40篇英语译文进行逐字逐行分析。

(6) 批评过程:在构建好文章的理论基础和分析角度后,研究者继而分析了翻译中的客观性和主观性。在论述翻译的主观性中其阐述了翻译和译者世界之间的紧密关联。为了说明翻译中所包含的译者的主观性,研究者分别从辖域和背景、视角、突显、详略度四个方面对《枫桥夜泊》40篇英语译文进行了详细分析。从辖域和背景方面分析时,研究者首先明确了辖域的概念,"辖域指表达式所涉及的相关经验和被激活的概念域配置"。在翻译理解活动中,人们还需要理解一个表达式所必需的百科性背景知识,没有充分考虑背景知识或缺乏此类知识会导致翻译理解中的失误。以"枫桥夜泊"中的"泊"字为例,翻译时需要译者去体验和想象当时的历史背景,理解相关的概念域。与"泊"相联系的是锚和系住船不让它飘走的绳索,译者对背景知识的理解和体验差异会直接表现在他们的翻译中,在40篇译文中对"泊"的英译有 5 种:moor/anchor/stop/park/tie up。选用最多的是 moor 和 anchor 两个词,前者指用绳索将船系住,后者指用锚将船停稳。其中80%的译者选用了 moor,这说明大多数译者认为在张继所处的历史时代,他所乘坐的船并不是很大型的船只,而是较小的舟船。这种船在当时更常见,张继进京赶考失利后返乡所乘的船更有可能是这种小型的船。基于上述判断,他乘坐的小船更有可能是用绳索系住来停泊的。选择 moor 的译者可能更好地体验和了解了原作所处时代的生活背景。从视角方面分析,观察者要选择一个视角来观察事体,视角的选择会体现在语篇人称和分句语法主语等的选择和使用上。诗中"对愁眠"的逻辑主语是谁?分析全诗的写作视角可以帮助确定它的逻辑主语。原诗的总体视角也是它叙述的出发点,是观察和思考周围世界的出发点。"作者本人在进京赶考落榜返乡途中路过苏州寒山寺,触景生情,有感而发,据此'对愁眠'的主语应该是张继本人"。在 40 篇译文中,除了 19 篇选择了张继的视角外,还有的笼统译为"我们",有的译为"旅行者""乘客""流浪者",有的译为"那个人",有的译为"渔民",还有的选择"江枫""渔火"为视角。后面的这几种视角多少有些偏离,有损原诗的意向和风格。

(7) 批评结论:一方面说明了翻译活动具有客观性,译者和译文总是受制于原作的,译者的译文不同但是也只是在一定范围内的变化,"翻译主体都是在一定的内容辖域内进行着有限的揣测和解读,受制于'体验性'的约束"。另一方面,40 篇译文也确实展示了翻译的主观性,"识解"可以作为分析翻译的主观性的一个理论框架。(王寅,2008)

七、翻译批评实例二

(1) 题目:《葛浩文式意译》

(2) 批评依据:研究者通过解读葛浩文的翻译思想,并通过分析其翻译实践活动,提出了"葛浩文式意译"的概念。葛浩文的"意译"是除了"逐字直译""一个字一个字地翻译"之外的所有翻译形式,包括译学界通常所说的非极端直译的形式,这样的直译是忠实而传神的。事实上它包括译学界所说的"直译""半直译半意译""解释性意译"和"归化式意译"。

(3) 批评对象:葛浩文的汉译英翻译思想和实践。

(4) 批评目的:葛浩文是中国文学外译的成功者,对"葛浩文式意译"的发现和研究,可以避免翻译批评中"鸡对鸭说"式的隔膜,有利于中华文化更有效地传播和翻译批评学科的健康发展。

(5) 批评方法:研究者首先通过语料库研究假设存在着一种"葛浩文式意译",它不同于翻译理论研究者所说的直译或意译,而是葛浩文自己翻译思想的体现。继而辨析了葛浩文所说的"直译""意译"和"忠实"等观念,同时调查了葛浩文的翻译实践,通过翻译思想和翻译实践之间的交互印证,指出葛浩文翻译思想和翻译实践之间的矛盾之处:葛浩文和出版社均推崇"意译",但综观葛浩文翻译语料库,却显示他以"直译"为主。研究者进而分析了造成这种矛盾的读者和市场原因,说明葛浩文式意译是一种以服务于读者为终极目的翻译观念。

(6) 批评过程:研究者首先通过语料库研究预期存在着一种"葛浩文式意译",继而从葛浩文的言论中提取出他的核心翻译思想或观念——忠实。研究者指出葛浩文认为自己是尊重原著的,也就是说他翻译时是秉持着一种忠实的翻译观念。为了实践这一翻译观念,葛浩文反对逐字对译,他主张一种意译的方式:翻出作者想说的,而不是一定要一个字一个字地翻译作者说的。但研究者通过对葛浩文翻译实践的研究发现他很多时候使用了直译的方法。研究者进而指出矛盾的原因在于"概念不同"——葛浩文的"意译"是除了"逐字直译""一个字一个字地翻译"之外所有的翻译形式,包括了译学界通常所说的非极端直译的形式,这样的直译是忠实而传神的。"葛浩文式意译"的好处是:① 可以使译文更加生动传神;② 可以增加译文语言的可读性,能吸引读者,赢得市场。然后研究者继续分析了"葛浩文式意译"的目的和作用,认为它是一种平衡原作和读者之间关系的策略,但其最终目的是要赢得读者和市场。"葛浩文声称的'同时对得起作者,对得起文本'(季进,2009),怕只能部分停留在口头上了。正是因为要平衡,才出现了矛盾的言辞。他要服务于双方,他是一个平衡者,又最终稍微偏向读者,他是使作品最终进入流通市场、服务于市场的务实者。"

(7) 批评结论:"葛浩文式意译"和译学界的概念是有出入的,他的"归化"实际成了他"意译"的一种方法,甚至他的"连译带改"也算作了"意译"的一种,这样的行为不同的译者都有过,尽管程度上不尽相同。翻译都是在对原文求真和对读者务实间平衡的。(周领顺,2018)葛浩文和其他译者一样,遵从了译者行为的一般准则,即"求真为本,求真兼顾务实;务实为用(上)、务实兼顾求真。对应的翻译目标是:原文求真(求真),译文求用(务实)。务实、求用是译者目的性行为的主要用意

之所在,也是人类行为目的性的主要体现之一。因此,务实兼顾求真。译文求用,又主要表现为务实高于求真上"(周领顺,2014)。

八、翻译批评实例三

(1) 题目:《小说翻译的情感批评——以〈祝福〉英译为例》

(2) 批评依据:该研究以 Martin 和 White 的评价理论为分析的理论依据。评价理论是对韩礼德功能语言学人际领域的延伸。它包括态度(attitude)、介入(engagement)和级差(graduation)三个系统。态度系统下又包含情感(affect)、判断(judgement)和鉴赏(appreciation)三个子系统,态度的呈现分为显性(inscribed)和隐性(invoked)两种。介入系统包括自言(monogloss)和他言(heterogloss)。级差系统包括语势(force)和聚焦(focus)。

(3) 批评对象:《祝福》的3个英译本,包括宪益译本、莱尔译本和蓝诗玲译本。

(4) 批评目的:以 Martin 和 White 的评价理论为依据,通过定量统计的方法比较分析《祝福》3个译本在情感赋值上的差异,并尝试解释差异的根源。

(5) 批评方法:研究者首先根据评价理论定量研究了《祝福》3个译本的情感赋值,"先将3个译本在态度评价方面有差异的句子全部取出,然后根据评价者和评价对象将它们归集为4类:叙事者对祥林嫂的态度;叙事者对自己的态度;叙事者对祥林嫂周围人的态度;祥林嫂周围人对她的态度"。研究中"讨论的小说情感取广义,是语言学理论中包括情感、判断、鉴赏的整个态度成分。因此本文3个译文最大的区别在于级差的不同,我们按照级差语势的高、中、低分别给出分数3、2、1,失去评价意义的给0分。然后算出总分,并考察译本间是否存在显著性差异"。继而研究者定性分析了影响翻译家情感融入译文的因素——他们的生活阅历、惯习和翻译理念。

(6) 批评过程:首先研究者介绍了评价理论及其在翻译中的应用,然后将《祝福》3个译本在态度评价方面有差异的句子全部提取出来,通过对这些句子中表示情感的词语进行定量分析,统计和对比各个译本的情感赋值,发现其中的差异。进而从译者的生活阅历、惯习和翻译理念等3个方面出发,研究它们对翻译家情感融入译文的影响。

(7) 批评结论:翻译家因为自身阅历、译者惯习、翻译理念的不同,必然会导致移情体验、移情倾向、移情再制的差异,译文的情感赋值不可能、也没必要与原文保持一致,批评者不能根据译文情感赋值是否与原文相同判断译文的艺术成就。(王树槐,2020)

九、翻译批评实例四

(1) 题目:《"达摩译者"施耐德的禅译与禅意——自〈达摩流浪者〉谈起》。

(2) 批评依据:批评的依据是研究者对施耐德个人及其24首寒山诗英译的译学研读和体悟。

(3) 批评对象:"达摩译者"施耐德寒山诗英译的特点。

(4) 批评目的:分析了施耐德的"达摩身份"对其寒山诗翻译的影响——寒山诗英译的禅译特色、禅译之道和禅意之境。

(5) 批评方法:从《达摩流浪者》和施耐德翻译的24首寒山诗作入手,研究者以概括归纳和因果分析的方法,研究了施耐德的文化身份及其寒山诗翻译中独特的禅译现象、禅译之道和禅意之境,"阐述了施耐德以'达摩译者'之身份达成'禅译'的根、道、果"。

(6) 批评过程:研究者首先探析了施耐德与寒山在精神和信仰上的一致性,"寒山及其诗中所体现出的避世心境冥冥之中与施耐德当时入禅的人生选择相呼应,跨越了时空和东西方文化的界限而交汇,使得施耐德自然承担起寒山禅诗译者的重任,并开始有选择地翻译寒山诗"。接着分析了施耐德"禅译"的方法——寒岩禅境的有意选择、诗文内意象的陌生化、佛禅思想的无形导入、"禅译"者的不懈精进。最后分析了24首寒山诗对"达摩译者"自身的回向影响,揭示了"禅译"对于译者,"除了其译介的普遍性意义,更多的是对译者个人思想乃至自身哲学体系深层次的影响,除了对禅文化进行跨语言的转换,'禅译'更是对自性无形的映射"。

(7) 批评结论:译者和原作者的精神相通、信仰相契合,他们达成了"共超世累的千年之会"。译者成功跨越时空和文化的壁垒,阐发寒山诗作的寒禅意境,成就了二者高度融合的成功译作。(朱健平,扎西措,2015)

问题与思考

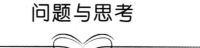

1. 什么是翻译批评?
2. 翻译批评的价值与意义是什么?
3. 翻译批评的依据是什么?
4. 如何开展翻译批评?
5. 尝试选择一个批评对象,并开展翻译批评。

第十章

翻译的研究

翻译学科是高度交叉的人文社会学科，翻译研究离不开人文社会学科研究的一般途径和方法，同时它又有自己独特的研究领域、对象和方法，因此翻译研究具有较大的复杂性。本章拟从三个角度论说这一主题，即从研究方法、研究对象和研究目的出发进行探讨。

一、翻译学科的常用研究方法[①]

（一）常用的逻辑论证方法

什么是逻辑？首先我们来看看逻辑学家是怎么说的。蒯因（Quine）说："通常含混地说，逻辑是必然推论的科学。"克林（Kleene）说："逻辑是用来组织科学的知识，并当作日常生活上推理之工具。"孟德生（Mendelson）说："逻辑最通俗的定义之一是：推理方法之分析。在研究这些方法时，逻辑的兴趣在论证的形式，不在论证的内容。"涅尔夫妇（William Kneale and Martha Kneate）在《逻辑学的发展》第一章中说："逻辑是研究有效推理的规则的。"斯科姆斯（Skyrms）在《选择与机遇——归纳逻辑导论》一书中也明确地说："逻辑是关于论证的前提与结论之间论据联系强度的学问。"

上述关于逻辑的定义，有的宽泛一些，认为逻辑学就是研究推理和论证的；有的狭窄一些，认为逻辑学是研究必然性推理或者有效推理的。但是，无论如何定义逻辑，都有这样一个共同点，即认为逻辑学是关于推理和论证的科学。具体地说，逻辑学是关于推理、论证及其规律、方法的学问。逻辑就是事情的因果规律，逻辑学就是关于思维规律的学说。逻辑通常指人们思考问题，从某些已知条件出发推出合理结论的规律。

逻辑包括形式逻辑与辩证逻辑，形式逻辑包括归纳逻辑与演绎逻辑，辩证逻辑

[①] 该部分内容部分参考了穆雷主编的《翻译研究方法概论》以及部分网络学术资源等。

包括矛盾逻辑与对称逻辑。

归纳逻辑是一种由个别到一般的推理。由一定程度的关于个别事物的观点过渡到范围较大的观点,由特殊具体的事例推导出一般原理、原则的解释方法。自然界和社会中的一般,都存在于个别、特殊之中,并通过个别而存在。一般都存在于具体的对象和现象之中,因此,只有通过认识个别,才能认识一般。人们在解释一个较大的事物时,从个别、特殊的事物总结、概括出各种各样的带有一般性的原理或原则,然后才可能从这些原理、原则出发,再得出关于个别事物的结论。这种认识秩序贯穿于人们的解释活动中,不断地从个别上升到一般,即从对个别事物的认识上升到对事物的一般规律性的认识。显然,归纳逻辑是从认识研究个别事物到总结、概括一般性规律的推断过程。在进行归纳和概括的时候,解释者不单纯运用归纳推理,同时也运用演绎法。在人们的解释思维中,归纳和演绎是互相联系、互相补充、不可分割的。(刘健明,王泰玄,1993)

在进行归纳逻辑时,研究者首先要对研究的材料和对象进行整理,整理经验材料的方法有比较、归类、分析与综合以及抽象与概括等。

比较是确定对象共同点和差异点的方法。通过比较,既可以认识对象之间的相似,也可以了解对象之间的差异,从而为进一步的科学分类提供基础。运用比较方法,重要的是在表面差异极大的对象中识"同",或在表面相同或相似的对象中辨"异"。正如黑格尔所说:"假如一个人能看出当前即显而易见的差别,譬如,能区别一支笔和一头骆驼,我们不会说这人有了不起的聪明。同样,另一方面,一个人能比较两个近似的东西,如橡树和槐树,或寺院与教堂,而知其相似,我们也不能说他有很高的比较能力。我们所要求的,是要能看出异中之同和同中之异。"

在进行比较时必须注意以下三点:

(1) 要在同一关系下进行比较。也就是说,对象之间是可比的。如果拿不能相比的东西来勉强相比,就会犯"比附"的错误。

(2) 选择制定精确的、稳定的比较标准。

(3) 要在对象的实质方面进行比较。

归类是根据对象的共同点和差异点,把对象按类区分开来的方法。通过归类,可以使杂乱无章的现象条理化,使大量的事实材料系统化。归类是在比较的基础上进行的。通过比较,找出事物间的相同点和差异点,然后把具有相同点的事实材料归为同一类,把具有差异点的事实材料分成不同的类。

分析就是将事物"分解成简单要素"。综合就是"组合、结合，凑合在一起"。也就是说，将事物分解成组成部分、要素，研究清楚了再凑合起来，将事物以新的形象展示出来。这就是采用了分析与综合的方法。

分析和综合是两种不同的方法，它们在认识方向上是相反的。但它们又是密切结合，相辅相成的。一方面，分析是综合的基础；另一方面，分析也依赖于综合，没有一定的综合为指导，就无从对事物作深入分析。

抽象是人们在研究活动中，应用思维能力，排除对象次要的、非本质的因素，抽出其主要的、本质的因素，从而达到认识对象本质的方法。

概括是在思维中把对象本质的、规律性的认识，推广到所有同类的其他事物上去的方法。

演绎逻辑是由一般到特殊的推理方法，与"归纳法"相对。推论前提与结论之间的联系是必然的，是一种确实性的推理。演绎推理是严格的逻辑推理，一般表现为大前提、小前提、结论的三段论模式：即从两个反映客观世界对象的联系和关系的判断中得出新的判断的推理形式。演绎推理的基本要求有两点：一是大、小前提的判断必须是真实的；二是推理过程必须符合正确的逻辑形式和规则。演绎推理的正确与否首先取决于大前提正确与否，如果大前提错了，结论自然不会正确。

演绎推理有三段论、假言推理、选言推理、关系推理等形式。

归纳和演绎并非割裂的，而是相互联系的。演绎推理如果要以一般性知识为前提，(演绎推理未必要以一般性知识为前提)则通常要依赖归纳推理来提供一般性知识。归纳推理离不开演绎推理，原因有二。其一，为了提高归纳推理的可靠程度，需要运用已有的理论知识，对归纳推理的个别性前提进行分析，把握其中的因果性、必然性，这就要用到演绎推理；其二，归纳推理依靠演绎推理来验证自己的结论。

(二) 定量与定性研究

定量研究（study on measurement, quantitative research）是与定性研究（qualitative research）相对的概念，要考察和研究事物的量，就得用数学的工具对事物进行数量的分析，这就叫定量的研究，是社会科学领域的一种基本研究范式，也是科学研究的重要步骤和方法之一。具体说，定量研究又称量化研究，指的是采用统计、数学或计算技术等方法对社会现象进行系统性的经验考察。这种研究的目标是发展及运用与社会现象有关的数学模型、理论或假设。定量研究中最重要的过程是测量的过程,因为这个过程根本上联结了现象的"经验观察"与"数学表示"。量化数据包括以统计或百分比等数字形式呈现的各种资料。定量研究方法一般会经历获得数据、数据预分、数据分析和分析报告四个阶段。

定量研究的方法主要有:① 调查法。调查法是一种古老的研究方法,是指为了达到设想的目的,制订某一计划全面或比较全面地收集研究对象某一方面情况的各种材料,并作出分析、综合,得到某一结论的研究方法;② 相关法。相关法是指经由使用相关系数而探求变量间关系的研究方法。相关研究的主要目的是确定变量之间关系的程度与方向。变量关系的程度,有完全相关、高相关、中等相关、低相关或零相关等;而变量关系的方向有正相关和负相关等;③ 实验法。实验法是指操纵一个或一个以上的变量,并且控制研究环境,借此衡量自变量与因变量间因果关系的研究方法。实验法有两种,一种是自然实验法,另一种是实验室实验法。

在定量研究中,信息都是用某种数字来表示的。在对这些数字进行处理、分析时,首先要明确这些信息资料是依据何种尺度进行测定、加工的,史蒂文斯(S. S. Stevens)将尺度分为四种类型,即名义尺度、顺序尺度、间距尺度和比例尺度。

(1) 名义尺度。名义尺度所使用的数值,用于表现它是否属于同一个人或物。

(2) 顺序尺度。顺序尺度是对事物之间等级差或顺序差别的一种测度。该尺度不仅可以将事物分成不同的类别,而且还可以确定这些类别的优劣或顺序。或者说,它不仅可以测度类别差,还可以测度次序差。

所使用的数值的大小与研究对象的特定顺序是相对应的。例如,给社会阶层中的上上层、中上层、中层、中下层、下下层分别标为数值"5、4、3、2、1"或者"3、2.5、2、1.5、1"就属于这一类。只是其中表示上上层的 5 与表示中上层的 4 之间的差距,和表示中上层的 4 与表示中层的 3 之间的差距,并不一定是相等的。5、4、3 等是任意加上去的数值,如果记为 100、50、10 也无妨。

(3) 间距尺度。间距尺度所使用的数值,不仅表示测定对象所具有的量的多少,还表示它们大小的程度即间隔的大小。不过,这种尺度中的原点可以是任意设定的,但并不意味着该事物的量为"无"。例如,0 ℃为绝对温度 273 ˚K、华氏 32 ˚F。

名义尺度和顺序尺度的数值不能进行加减乘除,但间距尺度的数值是可以进行加减运算的。然而,由于原点是任意设定的,所以间距尺度不能进行乘除运算。

例如,可以说 5 ℃和 10 ℃之间的差,与 15 ℃和 20 ℃之间的差是相同的,都是 5 ℃。但不能说 20 ℃是 5 ℃温度的 4 倍。

(4) 比例尺度。比例尺度的意义是绝对的,即它有着含义为"无"量的原点 0。长度、重量、时间等都是比例尺度测定的范围。比例尺度测定值的差和比都是可以比较的。例如,5 分钟与 10 分钟之间的差和 10 分钟与 15 分钟之间的差都是 5 分钟,10 分钟是 2 分钟的 5 倍。比例尺度可以进行加减乘除运算。

定性研究,也称质化研究,是社会科学领域的一种基本研究范式,也是科学研究的重要步骤和方法之一。

定性研究是指通过发掘问题、理解事件现象、分析人类的行为与观点以及回答提问来获取敏锐的洞察力。定性研究是研究者用来定义问题或处理问题的途径。它是通过观测、实验和分析等,来考察研究对象是否具有这种或那种属性或特征,以及它们之间是否有关系等。由于它只要求对研究对象的性质作出回答,故称定性研究。定性研究的具体目的是深入研究对象的具体特征或行为,进一步探讨其产生的原因。如果说定量研究解决"是什么"的问题,那么定性研究解决的就是"为什么"的问题。它是确定事物本质属性的科学研究,是科学研究的基本步骤和基本方法之一。

定性研究通过分析无序信息探寻某个主题的"为什么",而不是"怎么办",这些信息包括各类信息,如历史记录、会谈记录脚本和录音、注释、反馈表、照片以及视频等。与定量研究不同,它并不仅仅依靠统计数据或数字来得出结论,也有像"扎根理论""人种学"等正式的研究方法。

进行定性研究时,要依据一定的理论与经验,直接抓住事物特征的主要方面,将同质性在数量上的差异暂时略去。定性研究以普遍承认的公理、一套演绎逻辑和大量的历史事实为分析基础,从事物的矛盾性出发,描述、阐释所研究的事物。

研究者运用历史回顾、文献分析、访问、观察、参与经验等方法获得处于自然情境中的资料,并用非量化的手段对其进行分析,获得研究结论的方法。定性研究更强调意义、经验(通常是口头描述)、描述等。定性研究是在小规模的、精心挑选的样本个体上的研究,该研究不要求具有统计意义,但是研究者凭借的经验、敏感度以及有关的技术,能有效地洞察研究对象的行为和动机,以及它们可能带来的影响等。

定量研究和定性研究的不同体现在以下几个方面:① 着眼点不同。定性研究着重事物质的方面;定量研究着重事物量的方面;② 在研究中所处的层次不同。定量研究是为了更准确地定性;③ 依据不同。定量研究依据的主要是调查得到的现实资料数据,定性研究依据的则是大量历史事实和生活经验材料;④ 手段不同。定量研究主要运用经验测量、统计分析和建立模型等方法,定性研究则主要运用逻辑推理、历史比较等方法;⑤ 学科基础不同。定量研究是以概率论、社会统计学等为基础,而定性研究则以逻辑学、历史学为基础;⑥ 结论表述形式不同。定量研究主要以数据、模式、图形等来表达;定性研究结论多以文字描述为主。定性研究是定量研究的基础,是定量研究的指南,同时只有以精确定量为依据才能准确定性。这是二者的辩证关系。

(三) 规定性研究

规定性研究,又称规范性研究。规范性研究方法是根据假设,按事物内在联系运用逻辑推理得到结论的方法。规定和描述这两个概念在哲学上有如下区分。

表 10.1 规定和描述的哲学区分

规定	描述
应该	是
包含价值判断	不包含价值判断
理想、信仰、世界观	实在
指导实践	陈述事实
无法通过经验科学认识	可以通过逻辑证实或可以经验观察
不是经验科学的认识方法	经验科学的认识方法

在经济研究领域,规范研究是关于经济目标、经济结果、经济决策、经济制度的合意性的研究,它解决了经济过程中"应该是怎样"的问题,旨在对各种经济问题的"好""坏"做出判断。规范分析的首要任务是针对经济运行的目标,即效率与公平,提出一个最优化解。

在翻译研究领域,夏妥沃斯和寇维将规定性翻译研究定义为:"规范性的研究途径,或者说,那些制定标准、规定在特定文化下该如何译为佳的翻译研究"。

从上面的论述可以看出,规定性研究首先要以一个或若干个一般性的标准为依据,从这些依据出发观察研究对象,发现其不符合标准之处,对其进行规范和约束。

(四)实证研究

实证研究是指研究者亲自收集观察资料,为提出理论假设或检验理论假设而展开的研究。实证研究具有鲜明的直接经验特征。实证研究的方法包括数理实证研究和案例实证研究。

实证主义所推崇的基本原则是科学结论的客观性和普遍性,强调知识必须建立在观察和实验的经验事实上,通过经验观察的数据和实验研究的手段来揭示一般结论,并且要求这种结论在同一条件下具有可证性。根据以上原则,实证性研究方法可以概括为是通过对研究对象进行大量的观察、实验和调查,获取客观材料,从个别到一般,归纳出事物的本质属性和发展规律的一种研究方法。

实证研究方法有狭义和广义之分。狭义的实证研究方法是指利用数量分析技术,分析和确定有关因素间相互作用方式和数量关系的研究方法。狭义实证研究方法研究的是复杂环境下事物间的相互联系方式,要求研究结论具有一定程度的广泛性。广义的实证研究方法以实践为研究起点,认为经验是科学的基础。广义的实证研究方法泛指所有经验型研究方法,如调查研究法、实地研究法、统计分析法等。广义的实证研究方法重视研究中的第一手资料,但并不刻意去研究普遍意义上的结论,在研究方法上具体问题具体分析,在研究结论上只作为经验的积累。鉴于这种划分,我们将实证研究区分为数理实证研究和案例实证研究。

(五)语料库研究

语料库是指对海量自然语言材料进行科学取样和加工的、以供自动检索及统计的大规模电子文本库。其中存放的资源均为在语言实际使用过程中真实出现的语言材料,这些资料经过分析和处理,形成以电子计算机为载体的承载语言知识的基础资源,研究者借助计算机分析工具,可以在此基础上展开相关的语言理论及应用研究。语料库是语料库语言学研究的基础资源,也是经验主义语言研究方法的主要资源,广泛应用于词典编纂、语言教学、语言研究等方面。语料库有多种类型,依据研究目的和用途可以进行不同的划分。比如,按照语料采集原则可分为异质的、同质的、系统的和专用的,按照语种可以分为单语的、双语的和多语的,按照语料采集单位可以分为语篇的、语句的和短语的,双语和多语语料库按照组织形式还可以分为平行(对齐)语料库和比较语料库。语料库有三个特征:第一,语料库中存放的是在语言的实际使用中真实出现过的语言材料(因此例句库通常不应算作语料库);第二,语料库是承载语言知识的基础资源(因此它并不等同于语言知识);第三,语料库中的真实语料需要经过加工(分析和处理)才能成为有用的资源。

基于语料库的翻译研究,又称语料库翻译研究,是近十多年随语料库语言学发展起来的新学科分支,主要内容是用语料库语言学的方法研究翻译作为社会文化现象的特征。Mona Baker是语料库翻译研究的创始人之一,她最早提出了将语料库语言学工具用于对翻译过程进行描述性的研究。语料库翻译学包括七个研究领域:第一,译学研究语料库建设;第二,基于语料库的翻译语言特征研究;第三,基于语料库的译者风格研究;第四,基于语料库的翻译规范研究;第五,基于语料库的翻译实践研究;第六,基于语料库的翻译教学研究;第七,基于语料库的口译研究。

(六)共时与历时研究

共时研究是指对同处于某一特殊历史时期的研究对象进行研究,以期发现它们在某一具体社会历史文化背景下产生、发展、消亡等所具有的共性特点和差异性表现,并做出相应的解释。共时研究也可以是对共处同一历史时期的若干人物与事件的描述和对比研究,并解释描述所呈现出来的现象和比较中呈现出来的特征。比如在《五四时期中国女性译者群体的双重追求——民族大义的青年捍卫者和女性话语构建的引路人》中,研究者采用了共时研究的方法,对五四时期的中国女性译者群体进行了统计分析,发现在这段特殊时期内(1917~1927),署名的女性译者有陈璧君、陈翠娜、高华珠、黄静英、郑申华等,共38位,通过研究她们的翻译活动,研究者发现她们在这一特殊时期进行的翻译活动具有一些共同特点,继而研究者对发现的现象作出了相应的解释。

(该文)以五四时期中国女性译者群体为研究对象,根植于五四时期特殊的社会、文化和政治变迁,分析女性译者群体崛起的主客观必然性,省察其翻译活动及整体译作特征。聚焦社会语境下女性译者群体翻译主题的选择,探寻其与男性译者及主题选择的异同,揭示时代话语、女性话语双重追求的两难,厘定文化启蒙、思想救国五四话语的共建,植入多元女性形象、走出男权传统藩篱性别话语的构建。五四时期中国女性译者的崛起和翻译实践,已超越了译介本身,她们是国家民族大义的青年捍卫者、中国女性话语构建的引路人。(赵启红,2019)

历时研究是指在一个较长的历史时期内考察某一研究对象的发生、发展、演变的特点与轨迹,重点描述研究对象与社会历史语境之间的某种关联性,并对现象作出解释。以《译随境变:社会历史语境下的〈老子〉英译研究》为例,研究者从《道德经》长达150余年的英译历史中,选择出不同历史时期的典型译本,分析了不同译本的特点,挖掘了译本、译者和社会历史语境之间的关联,展示了《道德经》英译本的变化轨迹。

自《道德经》1868年首次被完整英译以来,在约150年间,其英译本数量已经超过140种。《道德经》英译的悠久历史和众多译本,为翻译研究提供了很好的案例,特别是可以从众多译本中选取典型译本进行历时研究,描述不同社会历史语境下产生的译本的特点,并将译者和译本放置在其所处的社会历史语境中进行考察,发现其中的关联。本文综合运用系统论、哲学诠释学、接受美学和受众理论等理论工具,对理雅各、韦利、刘殿爵、韩禄伯和米切尔等五位译者在三个不同历史时期的《道德经》英译,采取"社会历史语境+译者/译作+译文读者"的方法进行综合研究,尝试解释社会历史语境与译者及译本之间的关联。研究发现翻译作为社会大系统的一个子系统,与社会大系统有着千丝万缕的联系。社会大系统的特性规约着翻译的性质和功能,当社会大系统发生变化时,翻译就会随着发生变化。《道德经》英译经历了近150年,期间人类社会的大系统经历了巨大的变化。每一种具体的社会历史语境都会对《道德经》英译产生具体的规约,使其符合当时社会大系统的总体属性和功能。所以《道德经》英译在不同的社会历史语境下呈现出不同的面貌,出现了"译随境变"的现象。《道德经》英译的早期正值西方列强对东方进行殖民时期,基督教传教士译者的翻译活动具有明显的殖民性质。以理雅各为例,他一方面试图将《道德经》中的异质文化表现出来,加深传教士对中国的了解,方便他们在中国的殖民活动,另一方面又通过注解和诠释在译本中加入自己的宗教思想,重构《道德经》文本,所有这一切都是为了实现他的传教职责。《道德经》英译的中期,两次世界大战给世界带来了极大冲击,一方面使西方有识之士认识到当时社会的病态,另一方面也使很多殖民地实现了民族独立和国家解放。正是在这样的社会历史语境下,韦利翻译了包括《道德经》在内的诸多中华典籍,想要用中华文明之光照亮当时黑暗的英国社会。他在《道德经》英译中倡导了历史性和文字性的翻译方法,以期精确再现文本的历史本义。刘殿爵则着力于摆脱西方的文化殖民,维护民族文化的本真。他批评了先前西方译者在《道德经》英译中表现出来的宗教狂热,以精确审慎的翻译展现了老子的哲学思想。近期《道德经》英译,在多极化的社会历史语境中展开。随着中西文化交流加深和中国的快速发展,更多的西方人渴望正确地认识中国,韩禄伯的译文就是要为大众读者提供有关《道德经》的最新知识。多极化的发展又是在与西方文化霸权和西方文化工业的博弈中进行的,这一事实也影响到了《道德经》的翻译。米切尔的译本就通过对原作的种种操纵,构建了一个符合西方流行文化的译本。因此,五个译本生动展现了一百多年来《道德经》英译和其社会历史语境之间的深刻关联,揭示了翻译活动的社会属性。"译随境变"的现象是社会历史语境作用于译者而产生的,是一种间接的规约,而不是直接的规定。社会历史语境是通过影响译者视域来影响译本的。由社会因素和个体因素所形成的译者视域,既具有个体差异性,又具有社会统一性。译者的社会性使其视域具有某种社会性和历史性,其译本也与其所处的社会历史语境相应和。将《道德经》英译纳入社会大系统中,从社会历史语境视角出发,可以发现《道德经》英译的150年历史与人类社会所走过的这段历史是息息相关的。不同阶段的社会历史语境激发着译者,使其具有了某种动机和目的,进而形成某种具有特色的翻译思想和理念,并最终产生各具特色的译本。揭示社会历史语境和译者、译本之间的这种关联,有助于获得一种更宏大、更全面的视角,突破译本内部研究的局限,也有助于认识翻译活动的社会性和历史性。(吴冰,2014)

(七) 宏观与微观研究

宏观研究是根据行业、领域发展的需要,对某一专业或领域的发展历史、进程、方向、速度、规模进行全局性的总体研究。专业或学科领域的发展受经济、社会条件的制约,依赖于经济、社会的发展,同时又对经济、社会的发展起着重大的影响和推动作用。宏观研究从社会结构的大系统出发,分析专业或学科领域发展的经济、社会背景,研究经济、社会发展对专业或学科领域的需求,专业或学科领域在社会发展中的地位和作用,及其实施的主要方法和措施等。

微观研究是与宏观研究相对的一种研究,指对各类专业或学科领域内部细化与具体化的研究,是具体操作方法层面的研究,与宏观研究是相辅相成的。以翻译学科为例,宏观研究是对翻译现象的社会研究或文化研究,而微观层面的研究则是对它的语言层面和翻译方法层面的研究。宏观研究和微观研究也可以结合起来,前面所提到的《译随境变:社会历史语境下的〈老子〉英译研究》就属于宏观和微观结合的研究。

二、以研究对象为核心的翻译研究[①]

20世纪六七十年代以来,翻译学者构建了多个翻译研究学科构架,对翻译研究的独立和发展做出了重要贡献,但现有构架还存在一定的局限。比如,设计比较简单,层次比较单一,多种因素未被纳入;分类逻辑不够清晰,条目时有交叉叠合;未能与研究方法、研究视角和研究层次等要素有机结合;多数未能考虑外部因素,且对外部因素的界定范围过于狭窄;忽视了翻译的人文学科属性,片面地强调描述性研究方法,对规定性研究方法不够重视;多数构架未能考虑翻译研究的元理论研究;多数构架未能充分考虑或合理布局翻译研究学科构架所应包含的基本构成要素。

因此有必要以学科构架的构成要素为基底,构建了一个以研究对象为核心,研究对象、研究类型、研究层面、研究方法和研究视野五要素互联互动的翻译研究学科新构架,以期克服现有构架的不足。(朱健平,2019)翻译研究至少包括四个相对独立的研究对象,分别为翻译研究自身(翻译的元研究)、翻译过程研究、接受过程研究和人才培养研究。其中,最基础也是最核心的是翻译过程研究和接受过程研究。

(一)翻译的元研究

翻译研究一般可分为普通研究和特殊研究。普通研究主要是对某些翻译现象

---

① 本部分主要整理自《构建以构成要素为基底的翻译研究学科构架》(朱健平,2019)。

的研究,涉及与其有关的本质、规律、影响及其互动关系。特殊研究则主要指针对一些具体翻译问题的研究,比如翻译过程、译作的接受过程、翻译人才的培养等。在这两类研究之外,还存在着一类特殊的研究,即对翻译研究自身的研究,这就是翻译的元研究,或者叫元翻译研究。

"所谓元研究(meta-studies),是指关于研究的研究(studies of studies),即以批判的态度审视或反思某学科的性质、架构、研究方法、研究视角、研究现状等。相应地,元翻译研究(meta translation studies)是指关于翻译研究的研究,即以反思的方式和批判的态度审视翻译研究的学科性质、学科构架、研究方法、研究视角、研究历史、研究现状等问题,这也是翻译研究学科建设和发展不可或缺的重要内容。"

元翻译研究作为对研究的研究,首先是指对翻译研究的研究,其主要目的是从整体上对翻译研究学科进行建构,但同时还包括对翻译过程研究、接受过程研究和人才培养研究的研究,通过探讨这三者中各自的主要研究方法、研究视角和研究现状等内容,以期发现问题、解决问题,引领学科的发展,是学科发展的重要保障。《构建以构成要素为基底的翻译研究学科构架》本身就是一篇元翻译研究,是对翻译学科构架和构成的总结性、反思性和构建性研究,是建立在问题发现、问题研究和提出解决问题的新构想基础上的研究。

(二) 翻译过程研究

根据奈达对翻译过程的描述,翻译过程应该包含译者对源语的分析、转换、重组等环节。译者对源语文本的分析和转换是在译者的头脑中进行的,是一种复杂的思维运动,是在"黑匣子"中进行的,因此具有一定的隐秘性。不过无论在"黑匣子"里经历了什么样的思维运动,其思维结果都会在译文中呈现出来,研究者可以根据译文所呈现出来"草灰蛇线"追溯译者的部分思维方式和特点等。

目前来看,开展翻译过程研究可以利用的学科包括认知科学、语言学、神经科学、心理学等学科。以认知语言学对翻译过程的研究为例,研究者认为翻译具有认知本质,可以从认知过程的感觉、知觉、意象、意象图式、范畴、概念、意义、(理想化)认知模型、ECM、隐转喻等环节来描述和分析翻译过程,在认知翻译学的理论框架中深入探索翻译过程所涉及的具体因素。(王寅,2007)

目前对翻译过程的研究主要有以下方法:

(1) 内省与回顾法。根据准备好的材料、问题等让译者表达、思考和回顾自己的翻译过程。其中常用的两种方法是有声思维法和回顾表述法，前者要求译者在翻译的同时把自己的思考过程表述出来，进行录音并由译者研究其思维特点，后者则是在翻译完成之后立即让译者回顾自己的翻译过程，口述或完成问卷调查，然后由研究者收集材料进行分析。

(2) 行为观察法。翻译过程中，译者会有停顿、修改译文、移动鼠标、点击键盘、注视屏幕等一系列的行为活动，这些与译者的思考活动紧密相关。可以通过眼动仪、键盘记录仪等设备追踪译者的翻译过程，能够发现译者在翻译中的认知负荷和注意力分配等特点。

(3) 心理生理法。运用生理心理工具测量与认知负荷相关的生理心理表征，如心脏、血液、皮肤、眼部、肌肉和大脑的反应，这些工具的优势在于生理心理反应受到交感神经系统控制，不受人的意识干扰，是一种客观的研究方法。目前使用的心理生理测量方法有神经图像(neuro-imaging)、正电子发射断层显像(PET)、功能磁共振成像(FMRI)和事件相关电位(ERP)。(陈争峰,查建设,2019)

(4) 档案法。译者写的译本前言、后记、通信、翻译日记或翻译笔记，以及他们做过各种修改的翻译草稿，都是翻译活动相关的重要档案性资料，译者可能会对一些翻译问题直接表明心迹，有的则可能在修改、增删中表明自己的思维进程。

(三) 译文接受过程研究

译文接受过程发生在译文生产之后，是译文作为翻译产品被读者接受的情形。译文读者对译文的接受有两层含义：① 译文读者对译文的认可；② 译文读者对译文的理解和译文进入目标语文化的过程。译文接受过程则着重指译文进入目标语文化的过程，包括在接受过程中发生的种种挪用和变形等。

译文产生之后在一定意义上成为了新的个体——原作的后起生命，以崭新的面貌进入目标语文化。由于目标语文化语境和原作所处语境之间的差异性，译文在接受过程中会产生一系列的变化，包括作品含义、作者意图、文本功用、艺术性等都会产生某种变形，并且如果译者怀着某种特定目的去改写原作，则译本的接受会受到更大的影响。

译文的接受过程从哲学阐释学的角度看，是读者视域和译作视域的某种融合，是新视域的形成,也是"面向事情本身"和学会倾听和对话的过程。

理解活动并非读者单向靠近原作者的活动,读者作为理解者具有能动性,因为在理解之初他已经拥有了先入之见,他积极地参与了文本意义的构建,哲学诠释学充分肯定了读者的这种作用,较客观地反映了理解活动。

首先他继承了海德格尔有关避免错误前见的思想,认为"首要的、经常的和最终的任务始终是不让向来就有的前有、前见和前把握以偶发奇想和流俗之见的方式出现,而是从事情本身出发处理这些前有、前见和前把握,从而确保论题的科学性"。其次,他提出了面向"事情本身"的方法来尽量避免误读,要关注"事情本身",对于语文学家来说"事情本身"就是充满意义的文本。再者,关于如何面向"事情本身",他主张用倾听和对话的方式最终达到读者和原文本视域的融合。(吴冰,2013b)

(四) 人才培养研究

翻译人才培养是关涉翻译事业、行业、职业、教育等的重要问题,加强对翻译人才培养的研究是翻译研究的重要领域,但目前来看对这一领域的研究还相对薄弱,需要在研究方法、理论、深度、广度等方面深化研究。

翻译人才培养不能避开的问题就是翻译课程的设置和人才培养方案的制订,而这些问题又归结为对译者翻译能力培养的问题。在探讨这些问题之前必须明确翻译能力是如何构成的?它有哪些要素?Baush 最早研究了翻译能力的构成要素,认为翻译的构成要素主要包括语言能力、专业能力和译者能力。Deslie 进一步细化了上述分类,认为应该包括语言能力、译者能力、方法能力、专业领域能力和技术能力。西班牙翻译能力培养和评估研究小组(PACTE)认为翻译能力的构成要素应包括双语交际能力、语言外能力、转换能力、专业操作能力、心理生理能力、决策能力等。刘宓庆论述了翻译能力的五个方面:文化辨析和表现能力、语言分析和语用能力、双向转换和表达能力、审美判断和表现能力、逻辑分析和校正能力。周亚莉、何东敏则从职业笔译员胜任自己的工作所应具备的特征出发,探讨了翻译课程的设置和翻译人才培养方案的制订。她们的调查分析研究从七个方面归纳了职业笔译员胜任自己的工作所应具备的特征:知识、技能、职业操守、市场倾向、创新导向、成就取向、价值观。这七个方面又具体分为32项胜任特征,如下表。

表 10.2 职业笔译员胜任能力结构表

维度	胜任力
知识	翻译资格、双语知识、百科知识、翻译技巧、翻译经验、终身学习
技能	信息搜集能力、软件应用、学习能力、质量控制能力
职业操守	关注细节、灵活性、保密意识
市场倾向	客户服务、团队合作、高效率、管理能力、解决分歧能力、应变能力、协调力
创新导向	创新、接受新事物、分析性思维
成就取向	主动性、成就欲、承压能力、影响力
价值观	自制力、自信心、责任心、毅力、判断力

其具体含义是：

职业笔译员的胜任特征结构包括知识（笔译员在某一领域所拥有的陈述性知识和程序性知识）、技能（笔译员运用某一领域的知识指导完成特定任务与具体工作的能力）、职业操守（笔译员在其工作中是否具有职业忠诚度与翻译行业服务意识）、市场倾向（笔译员是否具有一种能最有效地为翻译客户创造出更高的价值，同时也为企业创造出优越绩效的组织行为）、创新导向（笔译员是否具备根据实际情况打破僵化局面的能力）、成就取向（笔译员有参照某一标准寻求成功的欲望，根据自己所设置的目标争取成功的一种内驱力），以及价值观（笔译员支配和调节个体认知、动机、情感和行为的心理结构的最高层次）。（周亚莉，何东敏，2013）

另外，也有研究探讨了基于市场需求的翻译人才培养模式，"为培养学生的应用翻译能力和职业素养，必须改革英语专业翻译课的口笔译课程设置，侧重培养应用翻译能力；注重翻译实践，建立与翻译机构的合作；重视翻译技术，将其融入到应用翻译的教学中；突出翻译主体地位，培养学生的思辨能力"（白莹，2014）。还有研究探讨了具体的翻译教学方法在翻译人才培养中的应用，如把翻译工作坊应用到 MTI 的教学中去，探讨该方法在凸显学生的主体性、激发他们的学习热情、培养他们的协作精神、有效提高他们的翻译实践能力等方面的作用。（高雅古丽·卡德尔，2020）

除了上述对译者能力的分析和培养外，也有对某一专门行业领域翻译人才培养的探讨。如对专业法律翻译人才的培养，研究者发现"与传统的翻译人才有所不同的是，法律翻译人才需要同时具备语言、法律、经济、国际关系等方面的综合能力，才能够胜任法律文本翻译、谈判文本翻译等多种不同的翻译实践工作。但是，应当注意到,在现阶段法律翻译人才的培养过程中,仍然存在着重外语技能、缺乏明确培养目标、教学方法落后等问题"。要解决上述问题,需从以下三方面入手:明确 MTI 法律翻译教学的跨学科特征,建立以翻译为主、法律为辅的教学体系;重视法律翻译实践的同时注重学生翻译理论与法律文化的培养;注重法律翻译人才的梯次培养。MTI 培养单位在法律翻译人才培养中,要做到:

不仅重视学生翻译实践能力的培养,还应同时传授学生翻译、法学的基本理论知识,树立学生正确的翻译和法律观念。明确 MTI 法律翻译教学的跨学科特征,建立以翻译为主、法律为辅的教学体系,并注重法律翻译人才的梯次培养,不仅有助于法律翻译人才的培养,还将形成一套良性循环并逐渐完备的法律翻译人才培养体系。当然,我们还应当注意到专业性师资和充足教学时间在高层次专业性法律翻译人才培养中能够起到的重要作用。因此,形成法律翻译人才的专业化教师团队和教学机制,亦是未来努力的方向。(许多,2017)

三、翻译研究实施

翻译研究落到实处就是要不断地广泛阅读文献,仔细观察、认真思考,发现有价值的问题,创新研究方法,获得新的研究成果。开展翻译研究主要包含以下几个重要方面。

(一) 论题确定

论题的确定是建立在大量阅读、思考的基础之上的,研究者要善于从中发现问题。怎样发现问题呢?首先,人们对问题的认识往往是一个由浅入深的过程,有的问题可以在较短时间范围内得到解决,但也有不少问题要经过相当长时间的讨论、验证才能不断接近事情的真相。就像人们对翻译概念的理解一样,最初翻译被认为是"换易言语",后来发现还要"与原作方式一致",之后又认为要寻求"自然对等语",而"目的论"的出现又开拓了人们认识翻译的新疆域。可以说,直到今天我们也并没有完全认识清楚翻译是什么，翻译时译者头脑中确切发生了什么，等等。在这个漫长的认识过程中，研究者的看法和研究结论也经常发生冲突，这些冲突或矛盾往往就意味着这些地方存在值得研究的问题，重点关注它们就有助于研究者发现有价值的论题。其次，研究者要对翻译学科研究的整个领域有一个宏观了解，整体把握翻译学科研究的现状，可以追踪学科热点研究，也可以发现未被充分重视的研究领域，甚至一些新的领域。这些较少人研究的领域往往也潜藏着巨大的研究空间。这是一种建立在宏观了解学科整体发展状况基础上的自觉的研究。再者，研究的问题也可以来自于现实工作或经历中的困惑、思考和发现。翻译教学、翻译能力培养等研究都和现实的翻译教学实践紧密关联，研究者在现实工作中会遇到一系列的问题，如学生的翻译能力是如何得到发展的？学生在学习翻译课程前后对翻译的认识发生了什么变化？翻译能力的构成要素有哪些？该如何培养？优秀的译者有什么共性的职业特征？本科翻译课程该如何设置？MTI 核心课程应该包含哪些？翻译硕士培养应如何对接社会现实需求？

综合来看，研究选题的确定应该以重要性、现实性、价值性为依据。

（二）视角选择

研究问题确定之后就要选择合适的研究角度来切入问题，因为一个问题往往是复杂的、多维的、多面的，任何一种研究都很难对问题整体妥当处理，就像蚂蚁面对一条庞大猎物一样，只能从某一点入手，慢慢深入。因此视角的选择要以"小"为特征，不要贪图在一项研究中解决所有的问题。另外，对待同一个问题，如果很多人都从某一个点切入问题，尽管多少还会有所发现，但因为前面的研究者已经做的大量的工作，留下的研究空间就会显得不足。同时，这样的研究也会给人重复感，没有新意。因此创新成为视角选择的另一要求。翻译理论和其他相关学科的理论可以为创新视角提供一定的理论支撑，比如奈达的动态对等翻译理论、目的论、归化与异化思想、深度翻译思想等都曾经或正在为翻译研究带来新的研究视角，引发了学者们一次次的思想碰撞，推进了翻译研究。但同时也要提防理论视角对现实研究的限定和固化，似乎现有的理论已经控制了研究者的思维，使他们很难跳出这些理论的限定，而任何理论都并非全域性的、普适的理论，所以从翻译研究的实际情况出发，适当脱离已经成规的翻译理论，或许也是寻找新的理论视角的途径之一。

总是,视角的选择要小而具体,避免大而散漫,重要的是要有新意。

(三) 材料收集

俗话说"巧妇难为无米之炊",这句话放到翻译研究上就是要多收集有用的研究材料。科研材料的收集要注意一下问题:第一,尽量收集一手科研材料。只有一手的研究材料才能够更好地让研究者了解研究对象的原貌和本质,那些二手材料,乃至三手、四手材料相比一手材料,科研价值要小得多,有时甚至会起反作用。第二,材料收集要做到核心材料与外围材料并重。任何一个研究对象都应该是具体的、明确的,它所涉及的核心材料也应该是明确的、有限的,这些是研究的核心内容。但是世界上不存在孤立存在的事物,它必然是和其他事物有联系的,它也必然是与过去的它紧密联系的,因此深入、全面地开展研究也需要与之相关的外围材料。第三,要学会文献挖掘。文献挖掘就是将一些被忽视的、隐蔽的文献寻找出来,可以充分利用国内外各类搜索引擎、电子资源库、各级各类大学图书馆、图书销售或代购机构、图书市场等,还可以根据已有文献中提及的文献条目作为引导,通过各种途径找寻。

(四) 阅读思考

笛卡尔说"Je pense, donc je suis(我思故我在)",阅读文献决不能"不求甚解",而是要像笛卡尔那样重视思考的价值,重视思考之于人的本质的意义。郁达夫主张的"学、思、得",也是对学习与思考关系的总结,只有二者结合,才会产生最后的"得"。科学研究的阅读不同于文学性文本的阅读,也不同于其他娱乐性、一般性的阅读,它应该具有以下特点:第一,要具有问题意识,或者带着一定的问题去阅读。第二,应该具有专题性,围绕要研究的问题选取材料,材料之间相互关联,论题集中,相互之间关涉性强,有利于深化研究。第三,要在阅读的同时做科研笔记。为了日后科研活动的顺利进行,特别是在文献引用、文献综述等方面,在阅读的同时要学会适当归纳材料的主要内容,记下特别有用的语句所在的著作及页码等信息。

（五）拟定提纲

充分阅读和思考后就可以动手列出研究提纲了。一般来说，一个研究提纲大体可以分作四个部分：引言，交代一下研究的缘起、目的、方法等；文献综述，对论题所涉及的各个方面的前期研究成果的综述或述评；论文正体，构建自己的研究路径、框架，整体部分由若干部分构成，各个部分之间形成有机的逻辑关联，每个部分又能分出若干次一级的方面，尽量使研究具有全面性和充分性；结论，将研究的主要发现概括出来，也可以预期一下研究的未来走向。

（六）论文写作

论文写作不同于一般性的书写，它有一些特点：第一，论文一般要围绕一定的问题来写，可以说论文就是对某一专业问题的回答。第二，论文的语言要具有客观性，论证一个问题不能用主观随意性的语言书写，避免使用"我认为""我觉得""随便想想就知道"等不具有客观性的语言。第三，论文写作的语言要清晰简明，富有表达力，注重条理性。第四，论文行文要有逻辑性，所谓的逻辑最基本的就是因果逻辑，因为存在着一因多果、一果多因等关系，研究者在因果论证中很容易出现差错。同样在逻辑归纳和逻辑演绎中也容易犯以偏概全、逻辑缺失等错误。

（七）论文修改

好的论文不是写出来的，而是改出来的。这句话在一定程度上是有道理的，论文写出来之后要经过一定时间的"晾晒"，把它搁置起来。过一段时间之后再回头看，就会比较容易看出文章的缺点、漏洞等问题。除了自己修改论文，还要请老师、同学、好友来帮助修改，尤其是请专业领域内的专家来修改，这样会让论文"好很多"，这也就是先圣前贤所说的"学莫便乎近其人"。最后强调一点，论文的修改也像是一个人反省自身一样，要求研究者具有反省的精神和谦逊的品格。

（八）论文投稿

论文投稿，尤其是投那些高级别的刊物，往往会是一个很耗时间的事情，因此不要很容易就变得焦躁不安。一般的刊物都会有自己的投稿格式要求，不同的刊物不完全相同，为了表示对刊物的尊重，在投稿前了解它们的相关要求，规范论文格式，这些都是必要的。翻译属于人文学科，论文审阅专家意见相左是十分正常的事情，如果你的论文没有被接受，完全可以在修改后投其他期刊。有时在被退稿时会收到一些退稿意见，要充分重视里面的合理成分，并针对论文进行修改。不要因为多次被拒而灰心，首先要反省自己的不足而不是抱怨编辑们"不识货"，再者要有坚持的信念和不断学习的行动。

问题与思考

1. 翻译研究的一般方法有哪些？
2. 什么是逻辑？尝试对比分析一篇普通期刊文章与一篇 CSSCI 期刊优秀文章在逻辑运用上的不同。
3. 如何才能收集到最相关的科研文献？
4. 翻译研究的基本要素有哪些？针对不同要素的研究各有什么特点？
5. 你认为现有的翻译研究构架全面吗？合理吗？

参 考 文 献

APPIAH K A, 1993. Thick translation[M]. London: Routledge.

BAKER M, 1998. Routledge encyclopedia of translation studies[C]. London: Routledge.

BASSNETT S, LEFEVERE A, 2004. Translation, history and culture[M]. Shanghai: Foreign Language Educational Press.

BIGUENET J, SCHULTE R, 1993. Theories of translation: an anthology of essays from Dryden to Derrida[M]. Chicago: The University of Chicago Press.

CATFORD J, 1965. A linguistic theory of translation[M]. London: Oxford University Press.

CROFT W, CRUSE D, 2004. Cognitive linguistics[M]. Cambridge: Cambridge University Press.

EDWIN G, 2004. Contemporary translation theories[M]. Shanghai: Shanghai Foreign Language Education Press.

EOYANG E C, 1990. Review of Stephen Mitchell's Tao te ching: a new English translation[J]. The journal of religion, 70(3): 492-493.

HALL E, 1977. Beyond culture[M]. New York: Anchor Book.

HARDY J, 1998. Influential western interpretations of the Tao-te-ching[C]// Lao-tzu and the Tao-te-ching. New York: State University of New York Press.

HATIM B, MASON I, 1990. Discourse and the translator[M]. London: Longman.

HENRICKS R D, 1989. Lao-tzu Tao-Te-ching: a new transaltion based on the recently discovered Ma-wang-tui texts[M]. New York: Ballantine Books.

JAKOBSON R, 2000. On linguistic aspects of translation[C]//The translation studies reader. London: Routledge.

LANGACKER R, 1987. Foundations of cognitive grammar (Vol. I): theoretical prerequisites[M]. Stanford: Stanford University Press.

LANGACKER R，1993. Reference point constractions[J]. Cognitive linguistics,4(1):1-38.

LANGACKER R，2008. Cognitive grammar：an introduction[M]. New York：Oxford University Press.

LAWERENCE V，1995. The Translator's invisibility：a history of translation[M]. New York：Routledge.

LEE D，2001. Cognitive linguistics：an introduction[M]. New Zealand：Oxford University Press.

LEGGE J，1997. Tao te ching[M]. New York：Dover Publications，INC.

MITCHELL S，1989. Tao te ching：a new English version, with foreword and notes[M]. New York：Harper Collins Publishers.

MUNDY J，2001. Introducing translation studies[M]. London：Routledge.

NEWMARK P，2001. Approaches to translation[M]. Shanghai：Shanghai Foreign Language Education Press.

NIDA E A，Taber C R，2004. The theory and practice of translation. Shanghai：Foreign Language Educational Press.

NIDA E A，2004. Toward a science of translating. Shanghai：Foreign Language Educational Press.

TEELE R E，1969. Arthur Waley[J]. Books abroad(3):367-368.

TOURY G，1980. In search of a theory of transaltion[M]. Jerusalem：Academic Press.

VENUTI L，2001. Strategies of translation[C]//Routledge encyclopedia of translation studies. London：Routledge.

VERMEER H J，1996. A skopos theory of translation (some arguments for and against)[M]. Heidelberg：TEXTconTEXT Verlag.

WALEY A，1934. The way and its power：a study of the Tao te ching and its place in Chinese thought[M]. London：Allen and Unwin.

阿英,1981.阿英文集[M].北京:三联书店出版.

艾柯,2005.诠释与过度诠释[M].王宇根,译.北京:生活・读书・新知三联书店.

巴尔胡达罗夫,1985.语言与翻译[M].北京:中国对外翻译出版公司.

白莹,2014.市场需求视域下应用型翻译人才培养模式要论[J].黑龙江高教研究(12):170-172.

包汉毅,2018.《周易》误译根源与翻译范式创新:以卫礼贤翻译为例[J].周易研究(5):85-93.

本雅明・沃尔特,1999.翻译者的任务[J].乔向东译.中国比较文学(1):71-83.

陈德鸿,张南峰,2000.西方翻译理论精选[M].香港:香港城市大学出版社.

陈福康,2000.中国译学理论史稿[M].上海:上海外语教育出版社.

陈宏薇,1998.汉英翻译基础[M].上海:上海外语教育出版社.

陈康,2009.论信达雅与哲学著作翻译[C]//罗新璋,陈应年.翻译论集.北京:商务印书馆.

陈平原,2005.晚清文学教室:从北大到台大[M].台北:麦田出版社.

陈瑜,2012.曲译"忠贞":《巴黎茶花女遗事》对晚清贞节观念的新演绎[J].妇女研究论丛(3):68-74,114.

陈争峰,查建设,2019.翻译过程研究管窥:理论、方法和思考[J].外语学刊(2):92-98.

丛培香,2006.十八高僧传[M].北京:人民文学出版社.

段峰,2006.深度描写、新历史主义及深度翻译:文化人类学视域中的翻译研究[J].西华师范大学学报(2):90-93.

顿官刚,2011.西方翻译理论文献选读[M].长沙:湖南师范大学出版社.

方梦之,2004.译学辞典[M].上海:上海外语教育出版社.

冯庆华,2008.汉英翻译基础教程[M].北京:高等教育出版社.

冯志杰,冯改萍,1996.译文的信息等价性与传递性:翻译的二元基本标准[J].中国翻译(2):20-22.

傅东华,2009.《飘》译序[C]//罗新璋,陈应年.翻译论集.北京:商务印书馆.

傅雷,1951.高老头[M].上海:平明出版社.

高鸿,2006.现代西方哲学主体间性理论及其困境[J].教学与研究(12):53-59.

高健,1995.翻译中的风格问题[J].外国语(3):7-11.

高雅古丽·卡德尔,2020.翻译工作坊在MTI教学中的应用研究[J].中国俄语教学(1):53-58.

格尔茨,1999.文化的解释[M].韩莉,译.南京:译林出版社.

顾钧,2019.《孔乙己》的几处误译:从敬隐渔到米尔斯[J].鲁迅研究月刊(11):39-41.

郭沫若,1927.雪莱诗选[M].上海:东泰图书局.

郭著章,2003.英汉互译实用教程[M].武汉:武汉大学出版社.

伽达默尔,1999.真理与方法[M].洪汉鼎,译.上海:上海译文出版社.

伽达默尔,2010.真理与方法(Ⅰ)[M].北京:商务印书馆.

胡中才,2010.道安著作译注[M].北京:宗教文化出版社.

黄振定,2008.翻译学:艺术论与科学论的统一[M].上海:上海外语教育出版社.

黄振定,2009.翻译学论纲[M].北京:外语教学与研究出版社.

季进,2009.我译故我在:葛浩文访谈录[J].当代作家评论(6):45-56.

蒋坚松,2000.词义·语境·翻译:关于《英汉翻译例句词典》[J].外国语(5):75-78.

蒋坚松,2001.古籍翻译中理解的若干问题[J].外语与外语教学(11):40-43.

蒋坚松,2002.古籍翻译中表达的若干问题[J].外语与外语教学(2):47-50.

蒋坚松,2012.湖南省译协第十七次学术研讨会开幕词[A].三湘译论[C].长沙:湖南人民出版社.

金景芳,吕绍刚,2005.周易全解[M].上海:上海古籍出版社.

柯平,2005.释意学派的翻译理论[J].中国翻译研究(1):6.

兰艾克,2016.认知语法导论[M].黄蓓,译.北京:商务印书馆.

李文革,2004.西方翻译理论流派研究[M].北京:中国社会科学出版社.

梁启超,1998.佛学研究十八篇[M].沈阳:辽宁教育出版社.

梁启超,2009.佛典之翻译[M].北京:商务印书馆.

林纾,1981.块肉余生述[M].北京:商务印书馆.

刘和平,2001.释意学派理论对翻译学的主要贡献:献给达尼卡·塞莱丝柯维奇教授[J].中国翻译(4):62-65.

刘宏照,2011.林纾小说翻译研究[M].上海:上海译文出版社.

刘健明,王泰玄,1993.宣传舆论学大辞典[M].北京:经济日报出版社.

刘丽芬,黄忠廉,2001.编译的基本原则:变译方法研究[J].中国科技翻译(1):42-43.

刘笑敢,2006.老子古今[M].北京:中国社会科学出版社.

刘云雁,2014.《罗密欧与朱丽叶》群体性误译研究[J].同济大学学报(社会科学版)(1):104-110.

刘重德,1991.文学翻译十讲[M].北京:中国对外翻译出版公司.

刘英凯,1994.归化:翻译的歧路[M].武汉:湖北教育出版社.

刘正光,陈弋,徐皓琪,2016.亚瑟·韦利《论语》英译"偏离"的认知解释[J].外国语(2):89-96.

鲁迅,2009.鲁迅和瞿秋白关于翻译的通信[C]//罗新璋,陈应年.翻译论集.北京:商务印书馆.

罗兰·巴特,2009.罗兰·巴特随笔选[M].天津:百花文艺出版社.

罗新璋,陈应年,2009.翻译论集[M].北京:商务印书馆.

马祖毅,1999.中国翻译史[M].武汉:湖北教育出版社.

茅盾,2009.《简爱》的两个译本:对于翻译方法的研究[C]//罗新璋,陈应年.翻译论集.北京:商务印书馆.

穆雷,2011.翻译研究方法概论[M].北京:外语教学与研究出版社.

倪梁康,1997.20世纪人类思想家文库:胡塞尔选集[M].北京:生活·读书·新知三联书店.

潘德荣,2008.诠释学:理解与误解[J].天津社会科学(1):34-37.

潘国文,2002.当代西方的翻译学研究:兼谈"翻译学"的学科性问题[J].中国翻译(1):32-37.

彭启福,2003.西方诠释学诠释重心的转换及其合理走向[J].安徽师范大学学报(2):125-130.

彭启福,2009.文本的误读与意义的创生[J].学术界(1):149-153.

钱钟书,1979.管锥编[M].北京:中华书局.

钱钟书,1985.林纾的翻译[J].中国翻译(11):2-10.

钱钟书,1999.谈艺录[M].北京:中华书局.

钱钟书,2009.林纾的翻译[C]//罗新璋,陈应年.翻译论集.北京:商务印书馆.

屈直敏,2004.敦煌高僧[M].北京:民族出版社.

让·格朗丹,2009.哲学解释学导论[M].北京:商务印书馆.

史景迁,2005.中国纵横:一个汉学家的学术探索之旅[M].夏俊霞,译.上海:上海远东出版社.

释僧佑,1995.出三藏记集[M].北京:中华书局.

宋晓春,2014.论典籍翻译中的"深度翻译"倾向:以21世纪初三种《中庸》英译本为例[J].外语教学与研究(6):939-948.

苏珊·桑塔格,2003.反对阐释[M].上海:上海译文出版社.

谭载喜,1999.新编奈达论翻译[M].北京:中国对外翻译出版公司.

谭载喜,2004.西方翻译简史[M].北京:商务印书馆出版.

田传茂,2005.编译的性质、特点及原则[J].编辑学刊(2):41-43.

王克非,1997.关于翻译本质的认识[J].外语与外语教学(4):45-48.

汪天文,2004.社会时间研究[M].北京:中国社会科学出版社.

王铁钧,2006.中国佛典翻译史稿[M].北京:中央编译出版社.

王雪明,杨子,2012.典籍英译中深度翻译的类型与功能:以《中国翻译话语英译选集》(上)为例[J].中国翻译(3):103-108.

王寅,2007.认知语言学[M].上海:上海外语教育出版社.

王寅,2008.认知语言学的"体验性概念化"对翻译中主客观性的解释力:项基于古诗《枫桥夜泊》40篇英语译文的研究[J].外语教学与研究(3):211-217.

温秀颖,2012.翻译目的与登译《水浒传》语言文化知识误译[J].中国翻译(5):67-72.

文军,2006.中国翻译教学五十年回眸(1951~2005)[M].北京:北京航天航空大学出版社.

吴冰,2013a.斯蒂芬·米切尔《道德经》英译通俗性研究[J].青岛农业大学学报(社会科学版)(1):94-98.

吴冰,2013b.哲学诠释学视域下的误读误译研究新探[J].湖北民族学院学报(哲学社会科学版)(6):116-120.

吴冰,2014.译随境变:社会历史语境下的《老子》英译研究[D].长沙:湖南师范大学.

吴冰,朱健平,2019.阿瑟·韦利英译《道德经》中的历史文化语境重构[J].外语教学理论与实践(2):23-24.

谢天振,1999.译介学[M].上海:上海外语教育出版社.

谢天振,2008.当代国外翻译理论导读[M].天津:南开大学出版社.

谢天振,2011.比较文学与翻译研究[M].上海:复旦大学出版社.

许多,2017.论翻译硕士法律翻译人才培养的困境与对策[J].中国外语(4):14-20.

徐金星,1983.白马寺的兴建和佛教在我国的早期传播[J].史学月刊(2):29-33.

许钧,2001.文学翻译的理论与实践[M].南京:译林出版社.

徐亚男,2000.外交翻译的特点以及对外交翻译的要求[J].中国翻译(3):36-39.

许渊冲,1999.译学要敢为天下先[J].中国翻译(2):4-9.

许渊冲,2000.新世纪的新译论[J].中国翻译(3):2-6.

许渊冲,2001.再谈《竞赛论》和《优势论》:兼评《忠实是译者的天职》[J].中国翻译(1):51-52.

杨诚,朱健平,2017.认知突显理论观照下霍译《红楼梦》中探春形象定向重构研究[J].外国语(1):91-99.

杨春霖,刘帆,1995.汉语修辞艺术大辞典[M].天津:百花文艺出版社.

杨绛,1986.失败的经验(试谈翻译)[J].中国翻译(5):23-29.

杨丽华,2012.林纾翻译研究:基于费尔克拉夫话语分析框架[D].长沙:湖南师范大学.

杨晓荣,2005.翻译批评导论[M].上海:华东师范大学出版社.

曾虚白,2009.翻译中的神韵与达[C]//罗新璋,陈应年.翻译论集.北京:商务印书馆.

张培基,1983.英汉翻译教程[M].上海:上海外语教育出版社.

张佩瑶,2003.从话语的角度重读魏易与林纾合译的《黑奴吁天录》[J].中国翻译(2):15-20.

张中楹,1961.关于翻译中的风格问题[J].学术月刊(2):54-56.

赵启红,2019.五四时期中国女性译者群体的双重追求:民族大义的青年捍卫者和女性话语构建的引路人[J].中国青年研究(12):109-114.

郑海凌,2002.解读"优势竞赛论"[J].外语与外语教学(8):42-45.

仲伟合,2001.翻译就是征服:尼采的翻译哲学[J].中国翻译(1):21-23.

朱健平,扎西措,2015."达摩译者"施耐德的禅译与禅意:自《达摩流浪者》谈起[J].外国语:38(6):89-97.

朱健平,2007.翻译:跨文化解释:哲学诠释学和接受美学模式[M].长沙:湖南人民出版社.

朱健平,2019.构建以构成要素为基底的翻译研究学科构架[J].中国翻译(1):19-30.

周大新,1999.香魂女[M].北京:中国文学出版社.

周领顺,2018.葛浩文式意译[J].中国外语(3):96-103.

周亚莉,何东敏,2013.基于职业笔译员胜任特征的翻译人才培养[J].中国翻译(6):65-67.

周作人,2009.谈翻译[C]//罗新璋,陈应年.翻译论集.北京:商务印书馆.

朱生豪,2009.《莎士比亚戏剧全集》译者自序[C]//罗新璋,陈应年.翻译论集.北京:商务印书馆.